계명교양총서 26

꿈과 정신분석

프로이트 저 • 임진수 역주

계명대학교출판부

역주자 서문

몇 년 전 프랑스에 있을 때, 학술 잡지에서 다음과 같은 제목의 특집을 본 적이 있다. '프로이트가 역시 옳았다.' 무엇이 옳았다는 것인가? 그렇다면 지금까지는 프로이트가 틀렸다는 말인가? 이러저러한 궁금증으로 어리둥절해 하고 있는데, 이번에는 다른 잡지에서 '맑시즘은 무너지는데 왜 프로이트는 되살아나는가'라는 제하의 특집을 내보낸 것을 보았다. 그래도 이 특집의 제목은 전자보다 이해하기 쉬웠다. 그 당시는 소련의 붕괴와 함께, 인문 사회과학에서 맑시즘이 찬 서리를 맞고 있었기 때문이다. 그럼에도 '프로이트가 되살아난다'라는 표현은 역자와 같은 세인을 의아하게 만들기에 충분했다.

사실 프로이트의 정신분석이 되살아나고 있다. 이것은 정신분석 자체가 되살아난다는 의미 외에, 정신분석의 여러 갈래 중에서 특히 원조격인 프로이트의 정신분석이 되살아난다는 것을 의미한다. 너나 할 것 없이 원조라고 하는 세상에, 진짜 원조에 대한 평가가 다시 이루어지고 있는 것이다. 이러한 현상은 적어도 프랑스에서는 사실이다. 어느 서점을 가봐도 정신분석 코너가 따로 있을 뿐 아니라, 그것도 버젓이 철학 옆에서 철학에 버금갈 만한 자리를 차지하고 있다. 그것은 그만큼 정신분석에 대한 서적이 많이 출판되고 있다는 것을 의미한다(이것은 또한 정신분석의 시장이 형성되어 있다는 말도 된다). 게다가 프랑스에서는 인문대학 안에 정신분석학과가 독립되어 있다. 파리에 국한해서 말하더라도, 파리의 13개 종합 대학 중에 4개 대학교-자치적으로 잘 운영되는 대표적인 대학은 2개 대학-에 정신분석학과가 있으니, 프랑스에서는 이미 정신분석이 제도적으로 보장받고 있는 셈이다.

인문대학 내에 정신분석학과가 별도로 설치되어 있다는 것은 여러 가지 의미를 함축하고 있다. 우선 정신분석이 정식 학문-그것도 인문학-으로 인정받고 있다는 것을 뜻한다. 물론 정신분석에서 치료적인 성격을 무시할 수는 없다. 프로이트도 의사였고, 그의 제자들도 대부분 의사였다. 그러나 프로이트로부터 시작된, 의학으로부터 정신분석을 독립시키려는 운동은 이제 결실을 맺고 있다는 것을 잊어서는 안 된다. 그러한 운동 중에서 가장 대표적인 것은 뭐니 뭐니 해도, 의사가 아니면서 정신분석가로 개업하여 법정 문제로 비화된 라이크(T. Reik) 사건이다(1926년). 그때 프로이트는 예닐곱 번 법정에 출두하여 그를 변호한다(이 변호록은 『비전문가의 분석의 문제(*The question of lay analysis,* 1926)』라는 책으로 출판되어 지금도 정신분석의 학문적 성격을 규정하는 좋은 자료로 쓰이고 있다). 이 사건은 결국 프로이트의 변호에 힘입어 라이크가 승소하는 것으로 끝난다. 그러나 이 사건은 단순한 라이크의 승소 이상의 의미를 갖고 있다. 그것은 좁게는 일반인에게도 정신분석가의 길이 열린 것이고, 넓게는 정신분석이 정신의학으로부터 살림을 따로 낸다는 것을 의미한다. 한마디로 정신분석이라는 지식의 공개념이 학계에 확립된 것이다. 이후 정신분석은 독자적인 학문의 길을 걸어, 이제는 모든 사람이 쉽게 접할 수 있는 하나의 사유 방법으로 정착했다고 말할 수 있다. 이것이 정신분석학과가 인문대 안에 자리 잡고 있는 의미이다.

실제로 이제는 정신 분석학과에서 의사를 찾아보기 힘들다. 교수진은 거의 철학이나 다른 인문과학을 하는 사람들로 채워져 있다. 게다가 20세기 후반을 이끌어간 프랑스의 위대한 철학자들은 대부분 정신분석의 수련을 받았거나, 학문적으로 정신분석을 거쳐간 사람들이다. 푸코(M. Foucault)가 정신분석가로 출발한 것은 잘 알려진 사실이고, 데리다(J. Derrida)는 10여 년간 정신분석을 직접 받았으며, 바르트(R. Barthes)나 크리스테바(J. Kristeva) 등과 같은 많은 철학자나 학문가들도 나중에 정신분석으로 돌아섰다. 그러니 프랑스에서 '정신분석은 이미 하나의 문화가 되었다'는 말이 나오는 것도 무리가 아니다. 그만큼 프랑스에서는 정신분석이 하나의 생활방식으로 받아들여지고 있는 것이다.

역자가 꿈의 해석에 초점을 맞추어 이 책을 엮은 것도, 그러한 생활로서의 정신분석을 보여주기 위함이었다. 정신분석은 그렇게 범접하기 어려운 고차원적인 것이 아니다. 그것은 누구나 매일 경험하는 꿈이나 회상, 망각과 같은 일상생활 가까이에 있다. 따라서 그것은 누구나 할 수 있는 아주 쉬운 것이다. 더욱이 정신분석은 자기도 모르는 자기 자신을 일깨워주는 이점이 있다. 정신분석이 가르쳐준 방법에 따라 한번이라도 꿈을 분석해본 사람이라면, 얼마나 자기 자신이 욕망의 덩어리인지 금방 알 수 있을 것이다. 그리고는 부끄러워 고개를 숙일 것이다. 그것이, 정신분석이 우리 자신을 되돌아보게 하면서 우리에게 가르쳐주는 미덕이다.

1998년 10월

역주자 씀

목 차

IV

일러두기 : 역주 중에서 문맥에 관계되는 내주는 [ ]로, 외주는 각 문단 아래 *로 표기하였음.

I

꿈에 대하여(1901)

1

과학 이전의 시대에는 꿈을 해석하는 데 어려움이 없었다. 사람들은 깨어나서 기억하는 꿈을, 초월적인 힘-신이나 악마-이 호의적으로 또는 적대적으로 표출된 것이라고 여겼다. 과학 정신의 개화와 함께, 그 모든 기발한 신화는 심리학에 자리를 내주었고, 오늘날 모든 학자들은 아주 소수를 제외하고, 꿈을, 꿈꾸는 사람의 심리 행위로 돌리는데 동의한다.

그렇지만 신화적인 가설이 폐기됨에 따라, 꿈에서 새로운 해석을 찾는 것이 필요하게 되었다. 꿈은 어떤 조건에서 일어나는 것일까? 꿈과 각성 상태의 심리 생활은 어떤 관계가 있는 것일까? 외부에서 오는 자극은 어떻게 꿈꾸는 사람에게 영향을 미치는 것일까? 왜 깨어 있는 상태에서 혐오스러운 사항들이 꿈에 들어 있는 것일까? 그리고 꿈의 표현 방식과 그것이 동반하는 감정은 왜 일치하지 않는 것일까? 도대체 꿈의 불안정 상태는 어디서 오는 것일까? 왜 깨어나자마자, 사고는 꿈을 이질적인 요소로 밀어내는 것일까? 왜 그것은 전부 또는 부분적으로 기억에서 지워지는 것일까? 이러한 문제들은 수 세기 전부터 해결을 요구하지만, 지금까지 만족스러운 답을 찾지 못하고 있다.

우선 우리의 관심을 끄는 문제는 꿈의 의미작용(significance)으로, 그것은 두 가지 양상으로 나타나고 있다. 심리학적인 관점에서 꿈은 무엇을 의미하는지와, 일련의 심리 현상에서 그것이 차지하는 위치는 어떤 것인지를 탐구하는 것이다. 그 밖에 우리는 꿈이 과연 해석될 수 있는 것인지, 그리고 꿈의 내용이 우리가 그것을 비교하고 싶어 하는 다른 모든 심리적인 산물과 마찬가지로 하나의 '의미'(meaning)를 보여주는지 알아보려고 한다.

그 문제의 현재 상태를 고려해볼 때, 세 가지 경향이 아주 선명하게 나타나고 있다. 첫 번째 경향은, 꿈에 초자연적인 기원을 설정하던 시대의 때늦은 반향으로, 여러 철학자들에게서 발견되는 것이다. 그들은 꿈이 특수한 상태의 심리 행위라는 원칙을 세운다. 즉 그들에게 있어서, 꿈은 높은 곳을 향한, 영혼의 일종의 상승이다. 예를 들어 슈베르트는 다음과 같이 생각하고 있다. "꿈을 통해 정신은 외부의 질곡으로부터 해방되고, 영혼은 관능의 사슬로부터 벗어난다." 슈베르트처럼 극단적이지는 않더라도, 다른 철학자들도 꿈은 본질적으로 심리적인 자극이라고 주장하고 있다. 그들에 따르면, 그것은 어떤 심리적인 힘의 표출이고,[1] 각성 상태는 그 힘이 자유롭게 발전하는 것을 방해한다. 사실 어떤 분야(가령 기억)에 있어서는, 꿈의 우월한 기능이 많은 관찰자들에 의해 분명히 관찰되고 있다.

* 꿈이 각성 상태의 기억보다 우월한 기억 기능을 갖고 있는 예로서, 우리는 전혀 기억하지 못했던 과거의 일을 꿈에서 보는 경우를 들 수 있다.

---

1) 쉐르너(Scherner)의 『꿈과 생활(*Das Leben des Traumes*)』(1861)과 폴켈트(Volkelt)의 『꿈의 환상(*Traumphantasie*)』(1875) 참조.

꿈에 대해 글을 쓰는 의사들에 관해 말하자면, 그들은 일반적으로 철학자와 정반대의 생각을 갖고 있다. 그들은 꿈에 심리적인 가치를 거의 부여하지 않는다. 그들에 의하면, 그것은 외부 세계나 꿈꾸는 사람 자신의 내적인 기관으로부터 오는, 육체적이고 감각적인 자극에 의해 야기된다. 그 경우 꿈의 내용은 의미가 없을 뿐만 아니라 해석되기 불가능하다. 마치 음악에 문외한인 사람이 아무렇게나 건반을 누른 악보처럼 말이다.* 그들의 꿈의 정의는 아주 단순하다. 그것은 "항상 불필요하고, 대부분 병적인 물질적 과정"(빈츠(Binz))**이다. 꿈을 특징짓는 모든 징후는, 그래서, 어떤 세포들이 지리멸렬하게 활동한 것이다. 그러한 세포들은 나머지 기관이 잠들어 있을 때, 생리적인 자극의 영향을 받아 뇌 속에서 각성 상태에서처럼 활동한다.

* 슈트륌펠(Strümpell), 『꿈의 본질과 기원』, 1877.
** 빈츠, 『꿈에 대하여』, 1878.

대중의 견해는 그러한 과학적인 판단에 별로 영향을 받지 않을 뿐더러, 꿈의 기원에 관해서도 거의 관심이 없다. 그럼에도 그들은 꿈이 미래의 예언과 관계된 의미를 갖고 있다는 믿음만을 고집한다. 그들에 따르면, 그러한 의미는 보통 막연하고 난해한 꿈의 내용으로부터 어떤 해석 과정을 거쳐 밝혀지는데, 이때 일방적으로 동원되는 해석 방법은 기억에 남아 있는 꿈의 조목조목을 거기에 맞는 '열쇠'를 이용하여 다른 내용으로 대체하거나, 꿈 전체를 그것이 상징하는 다른 전체로 바꾸는 것이다.

진지한 사람들은 그러한 노력을 비웃는다. 왜냐하면 '꿈은 거짓이기 때문이다'

2

나는 꿈에 대한 가장 바른 생각이 의당 의사에게 있어야 한다고 생각했었는데, 언젠가 그것이 아니라 반쯤 미신으로 덮여있는 대중에게 있다는 것을 깨달았을 때, 얼마나 놀랐던지! 꿈에 관한 한, 나는 새로운 결론에 도달하였다. 그것은 공포증(phobias)과 강박증(obsessions), 그리고 망상(delusions)* 등의 치료에 도움을 주었던 새로운 심리 조사 방법 덕분이었다.(나중에 그 방법은 한 학파의 연구자들에 의해, '정신분석'(psycho-analysis)이라는 이름을 얻게 된다)

* 망상은 상상적인 것을 사실로 착각하는 사고의 무질서 상태를 지칭하는 말로, 정신 질환이나 마약 중독 뿐만 아니라 고열 상태에서도 일어난다.

각성 상태에서 일어나는 온갖 심리적인 장애와 꿈 사이에는 여러 가지 유사성이 존재한다. 따라서 정신병의 이미지에 대한 조사 방법을 꿈의 이미지에 적용해보는 것은 흥미 있는 일일 것이다. 공포증이나 강박증은, 꿈이 각성 상태의 의식과 무관하듯이, 정상적인 의식과 무관하다. 그것들의 기원은 꿈의 기원과 마찬가지로 의식에 알려져 있지 않다. 정신병에 대한 조사는 대개 그것의 기원과 발달 양상에 집중되어 있다. 왜냐하면 한 개인의 병적인 관념이 나머지 심리 내용과 연결되는 무의식적인 길을 발견한다는 것은 곧 증상의 해결을 의미하고, 억제할 수 없었던 병적인 관념을 통제하는 결과를 가져오기 때문이다. 내가 심리 치료를, 꿈을 설명하기 위한 출발점으로 삼은 것도 바로 그 때문이다.

그 방식은 기술하기 쉽다. 그렇지만 그것의 적용은 경험과 숙달을 필요로 한다. 가령 공포증에 사로잡힌 환자가 있다고 하자. 그러면 우리는 우선 그에게 문제의 관념[공포]에 집중하도록 요구한다. 그러나 그것은 다른 때처럼 그 관념을 성찰하기 위한 것이 아니라, '머리 속에 떠오르는 것이면 무엇이든지' 주목해서 의사에게 말하도록 하기 위한 것이다. 환자가 집중을 해도 아무 것도 포착할 수 없다고 주장하면, 우리는 아무런 생각이 없기는 불가능하다고 강력하게 밀어붙인다. 실제로 많은 관념연상(association d'idees)*이 일어난다. 그러나 환자는 한결같이 그것을 말하기에 앞서, 그 연상이 불합리하거나 하찮은 것이라고 생각하거나, 아니면 제시된 주제와 아무런 관련이 없이 우연히 머리에 떠오른 것이라고 말한다. 그러한 사실을 통해 우리가 알 수 있는 것은, '자기비판' 이야말로 환자가 이미지를 겉으로 표현하거나 그것을 의식하는 것을 방해하는 것이라는 사실이다. 환자가 관념에 대한 비판을 중지하고, 정신을 집중해서 그의 머리에 떠오르는 모든 연상을 진술한다면, 우리는 원래의 병적인 관념과 직접적인 관계가 있는 심리적인 재료를 얻을 수 있을 것이다. 우리는 그러한 재료를 통해 병적인 관념과 환자의 심리 생활 사이의 연상 관계를 발견하고, 의사는 그 관념을 환자의 심리적 요구에 정확히 부합하는 새로운 관념으로 바꿀 수 있다.

* 의지와 상관없이 어떤 일정한 법칙에 따라, 관념들끼리 서로 연결되는 심리현상.

여기서는 그러한 실험의 근거가 되는 가설이나, 그것의 확실한 효과로부터 도출되는 결과를 자세히 설명하지 않을 것이다. 우리는 '본의 아닌' 연상과, '반성적 사고를 방해하는' 연상, 그리고 자기비판을 무의미하게 만들어버리는 연상에 주의를 집중함으로써, 병적인 관념을 해결할 수 있는 재료를 얻는 것에 만족할 것이다. 그 방법을 자기 자신에게 시도하는 가장 좋은 방식은,

납득이 가지 않는 관념이 출현할 때마다 그것을 글로 적어 놓는 것이다.

나는 이제 그 방법을 꿈의 해석에 적용해서 다다른 결과를 보여주려고 한다. 원칙적으로 어떤 꿈이든지 나의 논증에 적합하지만, 나는 특별한 이유로 해서, 간밤에 꾸었던 꿈을 택할 것이다. 왜냐하면 그것은 애매하고 의미 없어 보일 뿐 아니라, 간단하다는 이점을 갖고 있기 때문이다. 다음은 내가 깨어나자마자 즉시 적은 그 꿈의 내용이다.

'식탁, 아니면 손님 테이블(table d' hôte)*에서의 모임.' 시금치가 나온다. E. L. 부인이 내 옆에서 완전히 내 쪽을 향해 앉아 있다. 그녀가 친숙하게 내 무릎 위에 손을 얹는다. 나는 그녀의 손을 치운다. 그랬더니 그녀가 나에게 말한다. "당신은 여전히 아름다운 눈을 가지고 있군요!"… 나는 그때 두 눈을 그린 그림, 아니면 안경 같은 것이 희미하게 떠올랐다.

* 호텔이나 식당 등에서 손님들이 일제히 식사하는 식탁.

이것이 꿈의 전부이다. 아니면 적어도 내가 그것에 대해 기록할 수 있는 전부이다. 나는 그 꿈이 애매하고 하찮고 약간 놀랍게 여겨졌다. E. L. 부인은 나와 막역한 친구 관계를 갖고 있던 사람으로, 내가 아는 한, 결코 다른 관계[성적인 관계]를 원치 않는 사람이다. 오래 전부터 나는 그녀를 보지 못했을 뿐 아니다, 최근에 그녀의 이름이 거론되는 것을 들은 적도 없다. 게다가 그러한 꿈의 과정은 어떠한 정동(情動, affect)*도 동반하지 않았다.

* 정신분석이 독일 심리학에서 차용한 용어로, 주체가 갈등하는 중에 억압되거나 다른 것으로 이동된 감정을 말한다.

그 꿈에 대해 숙고하면 할수록, 그것은 나에게 더욱 더 이해할 수 없는 것처럼 보였다. 나는 이제 자기관찰을 통해, 편견 없이 그리고 비판 없이, 나에게 떠오르는 관념을 적을 것이다. 그러한 과정에서 내가 깨달은 것은, 우선 그 꿈을 요소들로 분해하여 그 단편들과 결부된 관념들을 모으면, 그러한 작업이 한결 수월해진다는 것이다.

'식탁, 아니면 손님 테이블에서의 모임.' 우선 어제의 야회(夜會)를 장식한 사건이 떠오른다. 친구와 함께 조그마한 모임을 떠날 때, 친구는 택시를 잡자고 제안하면서, 나를 집에 데려다주겠다고 말했다. 그리고 그는 덧붙였다. "나는 택시미터기의 발명을 아주 좋아하고 있다네. 눈으로 그것을 좇으면서 시간을 보내며 기분 전환할 수 있으니 말이야…." 우리가 택시에 올라타자마자, 운전사는 다이얼을 처음으로 되돌렸다. 그랬더니 60헬러(hellers)*라는 기본요금 숫자가 나타났다. 나는 농담을 했다. "우리는 자리를 잡자마자, 빚졌네 그려. 택시미터기는 마치 손님 테이블 같아. 불어나는 빚을 생각하면 인색한 이기주의자가 되는 느낌이야. 너무 빨리 불어나서, 한 푼도 남지 않을 것 같네 그려. 나는 손님 테이블에서도 계산이 나에게 불리하게 되지 않을까, 약간 우스꽝스러운 걱정을 쭉 갖고 있었네." 그리고 나는 적절한 것은 아니었지만, 괴테의 시 두 구절을 인용했다.

* 그 당시 돈으로 12.5센트에 해당됨

당신은 우리에게 생명을 주셨습니다,
당신은 불쌍한 우리를 빚지게 만드셨습니다.
Ihr führt ins Leben uns hinein,
Ihr lasst den Armen schulding werden.

이 구절은 괴테의 『빌헬름 마이스터(*Wilhelm Meister*)』에 나오는 하프 연주자의 노래의 일부로 원래 하늘의 힘에 비쳐진 노래이다. 그것을 글자 그대로 번역하면 다음과 같다. “당신은 우리를 생명으로 인도하셨습니다. 당신은 불쌍한 피조물을 유죄로 만든 것입니다.” 그러나 ‘Armen’과 ‘schuldig’라는 시어는 다른 의미를 띨 수 있다. 재정적인 의미에서 ‘Armen’은 ‘가난한’(poor)이라는 뜻이 되고, ‘schuldig’은 ‘빚진’(in debt)이라는 뜻이 된다. 따라서 마지막 구절은 다음과 같이 번역될 수도 있다. “당신은 가난한 사람을 빚지게 만들었습니다.”(프로이트는 이 시구를 『문명과 불만』의 7장 끝에서 다시 인용하고 있다.)

‘손님 테이블에 관한 두 번째 생각.’ 몇 주 전 나는 티롤(Tyrol)의 한 여인숙 식탁에서 아내와 논쟁을 한 적이 있다. 나는 그녀가, 내가 절대로 거래하고 싶지 않은 사람들에게 가불해준 것이 불쾌했다.* 나는 그 이방인들을 제쳐두고 나를 돌봐달라고 그녀에게 간청했다. 어쩐지 그 손님 테이블이 나에게 불만스럽게 보였다. 지금도 인상에 남는 것은, 그 테이블에 앉아 있는 내 아내의 자세와, 꿈에서 완전히 나를 향해 돌아앉았던 E. L. 부인의 자세가 정반대였다는 사실이다.

* 『일상생활의 정신병리학』(7장)도 이 에피소드를 참조하고 있다.

‘또 다른 사실.’ 꿈에서 있었던 사건은, 내가 아내에게 은밀히 구애하던 시절, 그녀와 나 사이에 있었던 조그마한 사건의 재현이다. 그녀가 나에게 했던 테이블 밑의 애무는, 나의 청혼 편지에 대한 그녀의 일종의 답변이었다. 그러나 꿈에서는 상대적으로 낯선 사람인 E. L.이 나의 아내를 대신하고 있다.

E. L. 부인은 옛날에 내가 돈을 빌렸던 사람의 딸이다. 여기서 내가 주목하지 않을 수 없는 것은, 그 사실로 말미암아 그 꿈의 내용과 나의 연상이 예기치 않게 연결 되었다는 것이다. 이렇게 꿈의 요소들 중의 하나로부터 출발해서 연상의 사슬을 따라가다 보면, 곧 다른 꿈의 요소에 이르게 된다. 달리 말하면, 꿈에 의해 환기된 연상들은 꿈 자체에서는 볼 수 없었던 관계를 밝혀준다.

어떤 사람이 자신은 조금도 수고하지 않으면서 다른 사람의 도움을 기대할 때, 보통 어떤 말로 꾸짖을까? 일반적으로 "당신의 '아름다운 눈'을 위해 우리가 여기에 있는 줄 아십니까?"라고 말한다. 따라서 꿈에서 E. L. 부인이 한 말-"당신은 여전히 아름다운 눈을 가지고 있군요"-은, "사람들이 그런 짓을 하는 것은 당신의 사랑을 얻기 위한 것입니다. 당신은 당신이 원하는 것을 항시 '공짜로' 얻겠군요."라는 말에 다름 아니다. 물론 사실은 그 반대였다. 그래서 나에게는 어제 저녁 나의 친구가 공짜로 나를 택시로 바래다준 것이 예외적으로 인상적이었던 것이다.

다른 한편, 어제 우리가 저녁을 먹은 집의 주인[친구]은, 내가 자주 빚을 지는 사람이었다. 일전에 나는 그에게 빚을 갚으러 간 적이 있었다. 나는 그에게 단 한 번 선물을 했는데, 그것은 표면에 눈이 그려져 있는 고대의 술잔이었다. 그것은 악마의 눈으로부터 보호해주는 '오키알레'(Occhiale)라고 알려진 것이었다. 게다가 내가 지금 말하고 있는 그 친구는 안과 의사였다. 어제 저녁에도 나는 안경 문제로 내가 그에게 보낸 여자환자의 소식을 물어보았다.

나의 꿈의 거의 모든 요소가 위에서 진술한 관념 속에 등장하고 있다는 데에 주목하자. 이제 손님 테이블에 나온 시금치가 무엇을 나타내는지 자문하는 일만 남았다. 시금치는 지난번에 내 집의 식탁에서 일어난 조그마한 장면을 생각나게 한다. 그때 어떤 어린아이-그런데 그 아이의 아름다운 눈은 진실로 감탄할 만했다-가 시금치를 거절했다. 나도 어릴 때, 그 채소를 먹는 것을 싫어했다. 나중에서야 나는 입맛이 바뀌었고, 그것을 음미할 수 있었다. 따라서 그 음식은 내 자신의 어린시절의 이미지와 결부되어 있다. 나의 그런 태도를 인정하지 않는 어머니는. "시금치를 먹을 수 있는 것을 행복하게 생각해라. 많은 아이들이 너였다면 아주 만족했을거야!"라고 말씀하셨다. 그 말씀은 나에게 자식들에 대한 부모의 의무를 생각나게 했고, 그러한 맥락에서 괴테의 시는 나에게 새로운 의미로 다가왔다.*

* 이 2행시의 제1행을 통해, 우리는 이 시가 부모에게 바쳐진 것임을 알 수 있다.

당신은 우리에게 생활비를 주셨습니다.
당신은 가난한 우리를 빚지게 만드셨습니다.

여기서 일단 멈추어 보자. 그리고 지금까지의 분석을 통해 도달한 결과를 한번 돌이켜보자. 나는 꿈의 내용을 잇고 있는 끈을 자름으로써, 그것을 분리시키는 것부터 시작했다. 그런 다음, 각각의 요소로부터 출발하여, 나에게 일어나는 관념 연상을 따라갔다. 그러한 방식으로 나는 일련의 생각과 기억들을 얻어냈고, 그것들은 나의 정신적인 삶의 중요한 산물이라는 것을 알 수 있었다. 그렇게 꿈의 분석에 의해 밝혀진 재료는 꿈 자체와 밀접한 관련이 있다. 그러나 꿈의 내용에 대한 간단한 검사로는 그러한 사실을 발견할 수 없다. 꿈은 지리멸렬하고 이해할 수 없고 감정이 없다. 오히려 그것의 배경으로 떠올린 관념으로부터, 근거 있는 강렬한 감정이 일어난다. 그러한 관념들은 완벽한 논리로 연결되어 있고, 그 관념 연상에서 중요한 이미지들은 다른 것들보다 더 빈번하게 반복된다. 우리가 예로 제시한 꿈에서도, '이기적인 것'과 '비이기적인 것'의 대립과 '빚'과 '공짜'라는 요소는, 꿈 자체에는 나타나 있지 않지만 [관념 연상에서 반복되고 있기 때문에] 본질적인 관념들이다. 분석을 통해 나에게 떠오른 실마리들을 서로 더 근접시킨다면, 나는 그것들이 하나의 매듭으로 귀결된다는 것을 보여줄 수 있다. 그러나 과학에 대한 나의 관심 곁에는, 그러한 분석을 발표하지 못하도록 하는 개인적인 이해의 문제가 있다. 다시 말해 그러기 위해서는 분석에 의해 드러난 나의 내적인 감정을 전부 밝혀야 하는데, 나는 그것을 고백하고 싶지 않다. 침묵하는 것이 더 낫다고 나의 내면이 말하고 있는 것이다. 그렇다면 왜 내가 무제한으로 분석할 수 있는 꿈을 택해서, 독자가 꿈의 재료의 의미와 맥락을 더 잘 이해할 수 있도록 하지 않았는지 묻는다면 대답은 간단하다. 내가 택할 수 있는 다른 모든 꿈들도, 결국 말하기 어려운 요소들로 환원되어 나를 조심스럽게 만들기 때문이다. 내가 다른 사람의 꿈을 분석한다 하더라고 그보다 덜 하지는 않을 것이다. 나는 적어도 어떠한 상황에서든지, 나에게 꿈을 이야기해준 사람을 저버리지 않으면서 그의 모든 베일을 벗겨야 하기 때문이다.

우리는 이제 꿈을, '분석을 통해 도달할 수 있는 감정적이고 지적인 관념 연상의 대체물(substitute)'이라고 정의할 수 있을 것이다. 그러나 우리는 아직 그러한 관념들이 어떤 과정을 거쳐 꿈으로 태어나는지 알지 못하고 있다, 그렇지만 내가 단언할 수 있는 것은, 꿈을 오직 물질적인 현상으로만 보는 것은 잘못이라는 사실이다. 그런 물질적인 현상은 잠자는 동안에도 계속되는 어떤 뇌세포의 활동에서 기인하는 것으로, 심리에서는 별로 중요하지 않다.

여기서 주목할 것은, 첫째, 꿈의 내용은 그것이 대체하는 갖가지 관념보다 훨씬 짧다는 것이다. 둘째, 분석이 우리에게 가르쳐준 바에 따르면, 꿈을 야기한 것은 그 전날 저녁의 하찮은 상황이라는 것이다.

물론 단 하나의 꿈의 분석으로부터 일반적인 결론을 도출해서는 안된다.

그러나 나의 경험에 따르면, 어떤 꿈이든지 위에서 말한 분석을 적용시키면, 그와 비슷한 관념의 사슬이 나타날 것이다. 그러한 관념들의 일부분은 꿈의 요소로 다시 나타날 것이고, 또한 그것들은 서로 합리적으로 연결되어 있을 것이다. 그런 관계로 나는 처음으로 관찰된 관념이 우연의 효과일 가능성은 희박하다고 주장하고 싶다.

이제 나는 나의 새로운 발견에 새로운 용어를 부여하고자 한다. 내 생각으로는, 기억 속에 있는 꿈은 분석에 의해 나중에 나타나는 재료와 대조를 이룬다. 그래서 나는 전자를 '꿈의 발현 내용'(manifest content of the dream)으로, 후자를 전자와 특별히 따로 구분하지 않고 '꿈의 잠재 내용'(latent content of the dream)으로 명명할 것이다.

이제 우리는 지금까지 말하지 않은 두 가지 새로운 문제에 직면하게 된다.

1) 꿈의 잠재 내용은 어떠한 심리적인 과정을 거쳐, 깨어날 때 기억 속에 남아 있는 발현 내용으로 변형되는 것일까?

2) 어떠한 이유로 해서 그러한 변형이 필연적으로 일어나는 것일까?

잠재적인 꿈이 발현된 꿈으로 변형되는 과정을, 나는 '꿈의 작업'(dream-work)이라고 명명할 것이다. 역으로 나는 반대의 작업, 즉 반대 방향으로 변형을 거슬러 올라가는 작업을 '분석 작업'(work of analysis)이라고 명명할 것이다. 꿈의 자극의 본질과, 꿈의 재료의 기원, 그것의 개연적 의미, 그것의 기능 그리고 그것을 쉽게 망각하는 동기에 관한 문재들은, 발현된 꿈의 문제에서 잠재적 내용의 문제로 넘어갈 때 다룰 것이다.

그래서 우리는 우선, 발현된 꿈과 꿈의 잠재적 사고*의 혼동을 피하는데 온 신경을 쏟을 것이다. 왜냐하면 글을 통해 마주치는 꿈에 대한 잘못되고 모순된 많은 자료들은, 대부분 저자들이 꿈에 함축되어 있는 잠재적 사고를 분석을 통해 우선적으로 도출해내는 것의 중요성을 모르는 데서 기인하기 때문이다.

* '꿈의 잠재 내용'을 '잠재적 사고' 또는 단순히 '꿈-사고'(dream-thoughts)라고 하기도 한다. 왜냐하면 잠재 내용은 연상을 통해 떠오른 관념에 다름 아니기 때문이다. 같은 문맥에서 프로이트는 '꿈의 발현 내용'을 줄여서 '꿈-내용'(dream-contents)이라고 하기도 한다(『꿈의 해석』 제5장 참조).

3

꿈의 잠재적 사고가 발현 내용으로 변형되는 것에 주목해보자. 그것은 심리 재료가 하나의 표현으로 넘어가는 것 중에서 가장 알려진 예이다. 말하자면, 그것은 완전히 이해할 수 있는 표현형식에서, 조직적인 작업을 통해서만 인식에 도달할 수 있는 다른 표현 형식으로 넘어가는 방식이다.

꿈의 잠재 내용과 그것의 발현 내용 사이의 관계를 고려할 때, 꿈은 세 개의 범주로 나뉜다.

첫째, 의식적인 심리 생활에서 직접 빌려온 것처럼 보이는 명확하고 합리적인 꿈이 있다. 그러한 꿈은 자주 일어난다. 그것들은 간명하다. 그것이 우리의 흥미를 별로 끌지 못하는 것은, 상상력을 자극하는 놀라운 것이 포함되어 있지 않기 때문이다. 그와 같은 꿈이 있다는 사실은, 꿈을 별도의 뇌세포의 활동으로 보는 이론에 대한 가장 좋은 반론이 될 수 있다. 왜냐하면 그러한 꿈들은 꿈이 축소되거나 조각난 심리 행위라는 징후를 조금도 보여주지 않기 때문이다. 그럼에도 불구하고[그렇게 명확하고 합리적임에도 불구하고] 우리는 그것들이 꿈이라는 사실을 지체 없이 알 수 있고, 그것들을 각성 상태의 산물과 결코 혼동하지 않는다.

둘째, 조리가 정연하고 의미가 분명하면서도 우리를 몹시 놀라게 하는 꿈이 있다, 우리 마음 속의 어떤 것도 그러한 꿈으로부터 야기되는 걱정을 설명하지 못하기 때문이다. 가령 사랑하는 부모가 페스트로 돌아가시는 것을 기대하거나 두려워하거나 가정한 적도, 가정할 이유도 없는데, 그러한 꿈을 꾸는 경우가 있다. 그래서 우리는 놀라면서 자문한다. "내가 어떻게 이런 생각을 할 수 있지?"

마지막으로 세 번째 그룹의 꿈은 의미도 조리도 없는 꿈이다. 그것은 지리멸렬하고 애매하고 불합리하다. 그러나 대부분의 꿈이 여기에 속한다. 그 때문에, 꿈을 별로 중요시하지 않는 의사들은, 꿈을 축소된 심리활동이라고 생각한다. 솔직히 말해, 일반적으로 약간 길고 복잡한 꿈 중에서 지리멸렬하지 않은 경우는 아주 드물다.

우리는 앞의 사실로부터, 꿈의 잠재 내용과 발현 내용 사이의 대립은, 두 번째 꿈과 특히 세 번째 범주의 꿈에 대해서만 중요성을 띤다는 결론을 내릴 수 있다. 그러한 꿈들에서 마주치는 수수께끼만이, 발현 내용을 잠재 내용으로 대체함으로써 해결할 수 있다. 우리가 앞에서 보여준 분석은, 막연하고 이해할 수 없는 범주의 꿈에 대한 것이었다. 그러나 우리의 기대와는 반대로, 우리는 분석을 끝까지 밀고 나가지 못하고, 신중을 요하는 동기에 부딪쳤다. 그 결과 우리는 그와 같은 종류의 경험을 여러 번 반복한 뒤에야, 비로소 다음과 같은 사실을 깨달았다.

'막연하고 이해할 수 없는 꿈의 내용과, 그것에 대한 잠재적 사고를 이어가면서 느끼는 저항(resistance) 사이에는 은밀하고 필연적인 어떤 관계가 있다.'

우리는 그 관계가 어떤 성질의 것인지 알아볼 것이다. 그렇지만 우선 우리의 주의를 좀 더 단순한 첫 번째 범주의 꿈으로 돌려보자. 그것들은 발현 내용과 잠재 내용이 일치하기 때문에, 꿈의 작업이 없는 것처럼 보인다.

게다가 그러한 꿈에 대한 검토는 다른 관점에서 이점이 있다. 왜냐하면 어린아이의 꿈이 그러한 유형에 속하는데, 그것은 일관성 있고 항시 명확하기 때문이다. 또한 그것은 꿈을 뇌의 부분적인 활동-잠자는 동안에 이루어지는-으로 귀결시켜서는 안 된다는 또 하나의 증거가 될 수 있다. 왜냐하면 잠자는 동안에 심리 기능의 축소가 일어난다면, 그것은 왜 어른에게만 적용되고, 어린아이에게는 적용되지 않는 것일까? 아무튼 어린아이의 심리 과정은 극히 간단하기 때문에, 그것에 대한 연구는 성인의 심리에 대한 연구에 준비 과정이 될 수 있다.

내가 수집한 몇몇 어린아이의 꿈을 예로 들어보자.

19개월 된 여자애가 아침에 토해서, 하루 동안 단식을 했다. 하녀의 말에 따르면, 딸기가 원인이었다. 단식한 날 밤, 그녀는 꿈속에서 자신의 이름을 부르면서, "딸기…버터빵…죽…"(fraise…tartine…bouillie)*이라고 잠꼬대했다. 그 어린아이는 먹는 꿈을 꾼 것이 분명했다. 정확히 말해 그녀는 그녀에게 금지되어 있는 것을 꿈에서 메뉴로 보고 있었던 것이다. 마찬가지로 20개월 된 남자애가 금지되어 있는 성찬의 꿈을 꾸었다. 그는 전날 밤 하나밖에 먹을 수 없는 버찌를, 삼촌에게 한 바구니 드리는 꿈을 꾼 것이 분명했다. 아침에 일어나자마자, 그는 홀린 듯이 "헤르만이 모든 버찌를 먹어 치웠어"라고 말했다. 3살 3개월 된 꼬마 소녀가 배를 타고 산책을 했다. 그 아이의 생각에, 그것은 아주 짧은 산책이었다. 그래서 그녀는 배에서 내리면서 울기 시작했다. 그 다음날, 그녀는 밤새도록 호수를 항해했다고 이야기했다. 따라서 그녀는 중단된 소풍을 꿈에서 계속한 것이다. 5살 3개월 된 남자애가 다흐슈타인(Dachstein)**부근을 산보하는 중에, 기분이 나쁜 듯이 보였다. 새로운 산에 오를 때마다, 그는 여기가 다흐슈타인이냐고 물었다. 결국 그는 다른 사람들과 함께 폭포에 가는 것을 거부했다. 피곤한 탓이라고 생각했던 그의 태도는, 그 다음날이 되어서야 비로소 이해가 될 수 있었다. 그는 깨어나자마자 다흐슈타인에 오르는 꿈을 꾸었다고 말했다. 그러한 사실로 미루어 보아, 그는 산책의 목표가 다흐슈타인의 등정이라고 믿고 있었던 것이다. 그래서 그는 산이 보이지 않으니까 불만을 느꼈던 것이고, 그 후에 꿈을 통해 그날의 실망을 보충한 것이다. 아버지와 함께 산책하다 시간이 늦어 목표 지점까지 가지 못하고 돌아온 6살 난 소녀의 예도 마찬가지였다.*** 돌아오는 길에 그녀는 아버지에게 다른 지명이 씌어 있는 이정표를 가리켰고, 아버지는 그녀에게 다음 번에 거기에 데려가겠다고 약속했다. 그 다음날 아침, 그녀는 아버지와 함께 두 장소를 모두 산책하는 꿈을 꾸었다고 이야기했다.

* '타르틴'(tartine)은 버터나 잼을 바른 빵이고, '부이이'(bouillie)는 우유에 보릿자루를 넣어 끓인 죽이다.
** 오스트리아의 알프스 산맥에 있는 산.
*** 이 꿈은 『꿈의 해석』에도 보고되어 있는데, 거기에서는 소녀의 나이가 두 번이나 8살로 나와 있다.

어린아이의 모든 꿈은 한 가지 점에서 공통적이다. 그것들은 한결같이 그 전날에 일어났던 충족되지 않은 욕망을 실현하고 있다. 따라서 단도직입적으로 말해 그것은 '욕망의 실현'(Wunscherfüllung. wish-fulfilments. désirs réalisés)이다.*

* 지금까지 이 용어는 '소원충족(또는 소망충족)'이라고 번역돼 왔다. 그러한 번역에 근거가 없는 것은 아니다. 왜냐하면 독어의 'Wunsch'는 우리말로

'소원(소망)' 이라는 말에 가깝기 때문이다. 그러나 프랑스의 정신분석가인 라캉(Lacan)이 그것을 '욕망' (désir)이라고 번역하면서부터, 라캉의 재해석은 이제 정설로 굳어지고 있다. 그에 따라 우리도 '소원충족' 을 '욕망의 실현' 으로 번역했다.

그렇지만 언뜻 보기에 이해할 수 없는 어린아이의 꿈도 있다. 그러나 그것도 욕망을 실현하고 있는 것에 지나지 않는다. 네 살 가량 된 소녀가 소아마비 때문에 시골에서 도시로 보내졌다. 숙모집에는 아이가 없었기 때문에, 그녀는 키가 닿지 않는 큰 침대에서 하룻밤을 보내야 했다. 다음날 아침, 그녀는 누울 자리가 없을 만큼 침대가 작아지는 꿈을 꾸었다고 말했다. 이 꿈의 수수께끼도 욕망의 실현으로 쉽게 설명될 수 있다. 무엇보다도 어린아이에게만 있는 꿈이 하나 있다. 그것은 키가 크는 것이다! 그런데 불쾌하게도 침대의 크기가 그 소녀에게 그녀의 왜소함을 상기시킨 것이다. 그래서 그녀는 꿈에서나마 그러한 창피한 상황을 서둘러 고친 것이다. 이제는 그녀가 너무 커져서 큰 침대조차 그녀에게 맞지 않도록 말이다.

복잡하고 세련된 어린아이의 꿈일지라도, 그것은 항상 욕망의 충족으로 환원된다. 8살 된 소년이 디오메데스(Diomedes)*가 모는 마차를 타고 아킬레스(Achilles)**에게 가는 꿈을 꾸었다. 그는 그 전날 그리스의 영웅 신화에 푹 빠져 있었다. 그래서 그는 그 두 영웅에 고무되어, 그들과 같은 시대에 살지 않은 것을 유감스럽게 여기고 있었던 것이 분명하다.***

* 호머의 『일리아드』에 나오는 전쟁의 신으로, 가장 무서운 전사 중의 하나.

** 호머의 『일리아드』에 나오는 트로이 전쟁의 영웅으로, 그의 행적은 호머의 시에서 중심을 이루고 있다. 특히 그는 그의 유일한 약점인 '아킬레스건' 으로 유명하다.

*** 이러한 종류의 어린아이의 꿈은 『꿈의 해석』(3장)과 『정신분석입문』(8장)에 상세하게 보고되어 있다.

이러한 예는 어린아이의 꿈의 두 번째 특징을 우리에게 보여주고 있다. 즉 어린아이의 꿈은 일상생활과 직접적인 관계가 있다. 보통 어린아이의 꿈에서 실현되는 소원은, 그 전날로부터 아주 강렬한 감정과 함께 이월된 것이다. 사실 어린아이는 그의 마음에 무의미하거나 무관한 것은 결코 꿈꾸지 않는다.

어른에게도 그러한 유형의 꿈은 많다. 그러나 우리가 이미 말했듯이, 그것들은 거의 언제나 아주 간명하다. 예컨대 많은 사람들은 자면서 목이 마르면, 마시는 꿈을 꾼다. 그런 식으로 사람들은 욕망을 잠시 물리친 뒤, 계속 잠을 잔다. '편의적인 꿈'(dream of convenience)이라고 부를 수 있는 그러한 꿈은, 대개 잠자는 사람이 깨어나기 직전에 일어나야겠다고 예감할 때 꾼다. 그래서 이미 일어나서 화장을 하고 있거나, 학교나 사무실 등 가야 할 장소에 이미 도착해 있는 꿈을 꾼다. 마찬가지로 여행을 가기 전날 밤에도, 목적지에 이미 도착해 있는 꿈을 꾸는 경우가 많다. 그리고 연극을 보러 가기 전이나 친구들을 만나기 전의 꿈도, 앞으로 있을 기쁨을 미리 내다보는-말하자면 참지 못하는-경우가 종종 있다.

꿈에서 욕망의 실현은 가끔 간접적으로 표현된다. 그래서 잠자는 사람의 진짜 생각을 밝히기 위해서는, 그 사슬에서 빠진 연결 고리를 이어주어야 한다. 그것이 꿈의 해석의 첫걸음이다. 가령 어떤 남자가 자신의 젊은 부인의 꿈을 나에게 이야기해준 적이 있다. 월경이 생기는 꿈이었다. 나는 그 젊은 부인이, 월경이 멈추는 것의 의미-즉 임신의 징후라는 것-를 알고 있을 것이라고 생각했다. 따라서 그녀의 꿈은 임신이 당분간 늦춰지기를 바라는 욕망을 실현하고 있는 것이 분명했다. 그러한 문맥에서 그녀의 꿈은 임신을 알리고 있는 꿈이다.*

* 『꿈의 해석』(3장)에는 생략되지 않은 이 꿈의 전편이 실려 있다.

특히 극단적인 경우에 어린아이의 꿈과 같은 꿈이 자주 나타난다. 가령 극지 탐험대장의 말에 따르면, 빙원에서 겨울을 나는 동안 항시 적은 양의 똑같은 식사만 하던 부하들이, 어린애처럼 매일 밤 푸짐한 식사에 산더미 같은 담배에 난로의 즐거움을 곁들이는 꿈을 꾸었다고 한다.*

* 이 문단은 1911년에 첨가된 것이다.

비교적 길고 복잡하고 대체로 막연한 꿈속에도, 누가 보아도 욕망의 실현임을 알 수 있는, 특히 명확한 부분이 있는 경우가 있다. 그렇지만 그것은 대개 이해할 수 없는 다른 재료와 밀접한 관련을 맺고 있다. 가령 아주 '자명해' (durchsichtigen)* 보이는 어른의 꿈을 자세히 분석해보면, 놀랍게도 그 꿈은 어린아이의 꿈처럼 단순하지 않을 뿐더러, 분명해 보이는 욕망의 실현 뒤에 불가사의한 의미를 숨기고 있다.

* 초판에는 'durchsichtigen' (투명한)으로 제대로 되어 있었으나, 재판 이후에는 'undurchsichtigen' (불투명한)으로 되어 있다. 그러나 문맥으로 보아 'undurchsichtigen' (불투명한)은 분명히 오식이다.

꿈의 수수께끼를 만족스럽게 해결할 수 있는 가장 간단한 길은, 분석을 통해 무의미하고 애매한 어른의 꿈을 어린아이의 꿈의 유형으로 환원시키는 것이다. 다시 말해 그것을 그 전날에 강렬하게 느꼈던 욕망의 실현으로 돌리는 것이다. 그러나 그것은 적어도 겉으로는 기대하기 힘들다. 어른의 꿈은 거의 항상 불합리하고 잡다한 재료들로 가득 차 있고, 욕망의 실현의 흔적이 전혀 눈에 띄지 않기 때문이다.

욕망의 실현인 어린아이의 꿈을 떠나기 전에, 꿈의 주된 특징을 다시 한

번 언급해두자. 그것은 오랫동안 분명한 사실로 인정돼 온 것으로, 첫 번째 그룹의 꿈에서 가장 잘 나타나는 특징이다. 그 그룹의 모든 꿈은 다음의 희구법(希求法, optative clause)*으로 표현될 수 있다. “호수의 여행이 좀 더 지속되었으면!-내가 이미 일어나 옷을 입고 있었으면!-버찌를 삼촌에게 주지 않고 내가 먹었으면!” 그러나 꿈은 그러한 희구법 이상의 것을 우리에게 제공한다. 그것은 이미 실현된 욕망을 우리에게 보여주고 있고, 욕망의 실현을 현실적으로 재현하고 있다. 그리고 꿈의 재현에 사용된 재료는, 대개 구체적인 상황과 감각적인 이미지-거의 언제나 시각적인 이미지-로 이루어져 있다. 따라서 어린아이의 꿈에서조차, 우리가 꿈의 작업이라고 부르는 일종의 변형이 없는 것은 아니다. 왜냐하면 어린아이의 꿈에서는 ‘희구법으로 되어 있는 생각이 실제 이미지로 대체되기 때문이다.’

* 그리스어에서 기원을 나타내는 표현법.

4

우리가 꿈에서 자주 마주치는 아주 지리멸렬한 이미지도 변형의 결과이다. 그렇지만 그것이 욕망이 변형된 것인지는 아직 말할 수 없다. 그럼에도 위에서 인용한 분석을 끝까지 밀고 나가면, 적어도 두 곳에서 그러한 가정을 확인할 수 있다. 나의 꿈[식탁의 꿈]의 분석이 보여주듯이, 나는 나의 아내가 손님 테이블에서 나보다 다른 사람에게 신경을 쓰는 것이 기분 나빴다. 그러나 꿈은 그 반대였다. 즉 꿈에서 나의 아내를 상징하는 사람이 완전히 나를 향해 있었다. 그러나 고통스러운 사건이 잉태하고 있는 욕망이 있다면, 그것은 바로 반대되는 일, 정확히 말해 꿈과 같은 일이 일어나는 것을 보고 싶은 욕망이다. 분석을 통해 드러난 고통스러운 감정, 즉 한 번도 공짜를 얻어 본 적이 없다는 생각과, 꿈속의 여자가 한 말-"당신은 여전히 아주 아름다운 눈을 갖고 있군요!"-사이에는 밀접한 관계가 있다. 따라서 꿈의 발현 내용과 잠재 내용 사이의 부분적인 대립도, 욕망의 실현으로 볼 수 있다.

물론 아주 지리멸렬한 꿈을 만드는 꿈의 작업은 훨씬 더 놀랍다. 어떤 꿈이든지, 그 이미지의 수를 세어보거나 글로 적은 다음, 분석을 통해 그 꿈에 흔적을 남기고 있는 잠재적 사고를 드러내서 비교해보면, 꿈의 작업이 압착(compression)이나 압축(condensation)을 행하고 있다는 것을 알 수 있다. 그러한 압축의 빈도를 선험적으로 판단하기는 어렵다. 그렇지만, 꿈의 분석이 깊어지면 깊어질수록, 압축 작업은 우리를 더욱 더 놀라게 한다. 왜냐하면, 꿈을 구성하는 요소 중에서 두세 가닥으로 갈라지지 않은 것이 없고, 어떠한 꿈의 상황도 현실 생활의 기억으로부터 둘 또는 여러 요소를 빌려오지 않는 것이 없기 때문이다. 가령 나는 수영장에서 수영하는 사람들이 사방으로 흩어지는 꿈을 꾸었다. 어떤 사람이 수영장의 한 모퉁이에서, 수영을 하고 있는 사람들을 향해 뛰어들려고 했기 때문이다. 마치 그는 물에 빠진 여자를 구해내려고 하는 것처럼 보였다. 여기에는 내 사춘기의 기억과 두 그림이 결부되어 있다. 한 그림은 슈빈트(Schwind)의 멜뤼진(Mélusine)* 연작 중의 하나인 「수영장에서의 뜻밖의 사건」(사방으로 흩어지는 수영객들과 비교할 것)이고, 다른 하나는 이탈리아 거장(Italian Master)**의 「노아의 대홍수(*Deluge*)」였다. 나는 그 그림 중의 하나를 며칠 전에 본 적이 있다. 조그만 사건에 관해 말하자면, 그것은 수영 교실에 관한 추억으로, 남자들을 위한 시간이 되었는데도 늑장을 부리고 있는 부인을, 수영 선생이 물 밖으로 데리고 나오는 장면이었다.

* 멜뤼진은 토요일마다 다리가 뱀으로 변한다는 켈트 신화에 나오는 선녀를 말하고, 슈빈트(Moritz von Schwind: 1804~1871)는 오스트리아 비엔나 출신의 화가임.

** '이탈리아의 거장'이 누구를 말하는지는 정확히 알 수 없으나, 대개 「대홍수」하면 미켈라젤로를 떠올리는 것이 보통이다.

앞에서 이미 분석한 나의 꿈의 상황도, 여러 기억의 결합으로 이루어져 있다. 그 각각의 기억은 꿈-내용에 기여하고 있다. 우선 내가 말한 바와 같이, 식탁 밑에서 무릎 위에 손을 얹은 일에 대한 기억은, '식탁 밑에서'라는 요소를 꿈에 제공하고 있다. 또한 '나를 향하고 있는' 사람에 관해서 말하자면, 그것은 의심할 여지가 없이, 역으로 된 욕망의 실현일 뿐 아니라, 손님 테이블에서의 내 부인의 태도와 관계가 있다. 다른 한편, 그러한 최근의 기억 뒤에는 그것과 아주 비슷하지만, 그것보다 훨씬 더 비극적인 장면이 숨어 있다. 그것은 우리의 약혼식까지 거슬러 올라가는 것으로, 우리를 하루 종일 갈라놓았던 장면이다. 그 당시 나의 무릎 위에 손을 올려놓는 친근한 동작은, 전혀 다른 문맥에 속할 뿐 아니라, 전혀 다른 사람과 관계되어 있다. 이렇게 그 꿈의 요소는 다른 두 기억을 연결하는 출발점이 되고 있다* 등등.

* 하나는 프로이트의 청혼 편지에 대한 답변으로 부인이 손님 테이블에서 프로이트의 무릎 위에 손을 얹어놓았던 일이고, 다른 하나는 똑같이 무릎에 손을 올려놓은 일이지만 이번에는 비극적으로 그들을 갈라놓은 장면이다. 그러나 프로이트는 후자에 대해 '다른 문맥에 속할 뿐 아니라 다른 사람과 관계되어 있다.'고 말할 뿐, 구체적으로는 이야기하고 있지 않다.

물론 잠재적 사고에서 빌려온 재료들은, 그 자체로 꿈의 상황을 함께 건설한다는 목적에 부합해야 한다. 그러기 위해서는 모든 구성 요소에, 하나 이상의 '공통 요소'(common element)가 있어야 한다. 꿈의 작업은 그것을 이용하여, 프란시스 갈톤(Francis Galton)이 그의 가족사진에서 한 것과 같은 방법을 사용한다.* 말하자면 그것은 요소들을 중첩시켜, 모든 이미지에 공통된 요소는 한결 선명하게 강조하고, '상반된' 이미지는 약화시킨다. 그러한 꿈의 생산 방식을 통해, 우리는 꿈속의 수 많은 요소들이 보여주는 천차만별의 선명도를 설명할 수 있을 것이다.

* 프란시스 갈톤(1822-1911)은 영국의 생리학자이면서 심리학자로, 다윈의 사촌이다. 그는 유전과 개인의 차이에 대한 연구에 통계적인 방법을 적용한 최초의 학자일 뿐 아니라, 우생학의 창설자 중의 하나이다. 또한 그는 개인적인 변이의 정도를 알기 위해 사진을 이용하기도 하였다. 즉 그는 가족들 사이의 유전과 변이를 밝히기 위하여, 가족의 독사진의 음화들을 여러 층으로 겹쳐놓은 뒤 위에서 빛을 쬐어 현상함으로써, 공통된 부분은 더욱 분명하게 나타나게 하고, 다른 부분은 희미하게 만드는 방법을 사용하였다.

이러한 관찰을 통해, 우리는 꿈의 해석에 관한 한 가지 규칙을 세울 수 있을 것이다. 꿈의 분석에 양자택일-'~이거나'(or)-은 위장에 지나지 않기 때문에, 우리는 그것을 '~과'(and)로 바꾸고, 그것의 두 항목을 각각 새로운 연상의 출발점으로 삼아야 한다.

잠재적 사고가 공통점을 가지고 있지 않은 때조차, 꿈의 작업은 언제나 그 사고들을 하나로 융합해 하나의 이미지를 만들어낸다. 공통점이 없는 두 사고들을 합칠 때 꿈이 사용하는 전략은, 그것 중의 하나의 언어 형태를 변화시켜 다른 언어와 타협하게 만듦으로써, 새로운 형태의 말을 주조해내는 것이다. 그것은 마치 소리의 일치에서 통일성을 찾아내는 각운 조립자[각운을 맞추는 시인]의 기능과 같다.

대부분의 꿈의 작업은 그러한 종류의 중간사고를 만든다. 그 중간사고는 종종 견강부회하는 것처럼 보이기도 하지만, 가끔 아주 창의적이기도 하다. 그것은 꿈-내용과 형태와 본질이 아주 다르고 자극의 요인에 의해 결정되는 잠재적 사고를 꿈-내용으로 연결시키는 데 이바지한다.

우리의 모델이 된 꿈의 분석도 그러한 종류의 예-즉 하나의 꿈-사고가 그것과 완전히 이질적인 꿈-사고와 접촉하기 위해서 새로운 형태로 변형되는 예-를 제공하고 있다. 분석이 진행되면서, 나는 다음과 같은 꿈-사고를 만날 수 있었다. '나도 다른 사람들처럼 공짜로 무언가를 얻고 싶다.' 그러나 그러한 형태의 꿈-사고는 꿈-내용에 사용될 수 없다. 그래서 그것은 다음과 같은 형태로 대체된다. '나도 비용(Kosten)이 들지 않는 기쁨을 누리고 싶다.' 그렇게 바뀜으로써 '비용'(Kosten)이라는 말은 그것의 이차적인 의미를 통해 '손님 테이블'에 속하는 꿈-사고의 군과 어울려, 꿈에서 대접받은 '시금치'로 나타날 수 있는 것이다. 실제로 어린아이들이 식탁에 오른 요리를 거부할 때, 어머니는 보통 그들을 달래서 그것을 조금이라도 '맛보게'(kosten)*하려고 애를 쓴다. 이렇게 꿈의 작업은 동일한 단어의 두 의미를 서슴지 않고 이용한다. 우리의 경험에 의하면, 그러한 작업은 아주 빈번하다.

* 독어의 'kosten'은 '비용'이라는 뜻의 명사도 되고, '맛보다'라는 뜻의 동사도 된다.

마찬가지로 각성 상태에서는 전혀 알려지지 않은, 꿈에 독특한 이미지들도 압축 작용으로 설명할 수 있다. '집합적'(collective)이고 '합성적인 얼굴'(composite figures)이 그것이다. 그 이상한 '합성물'은 동양적인 상상력에 의해 창조된 합성 동물과 비슷하다.* 그러나 후자는 이미 결정되어 있는 데 반해, 꿈의 창조물은 새로운 형태로 무궁무진하게 만들어질 수 있다. 우리 중의 누가 그러한 종류의 이미지를 자신의 꿈에서 만나는 경험을 하지 않겠는가?

* 중국의 고전인 『산해경』에 나오는 온갖 괴물들을 상상해볼 것.

그렇게 꿈에서 여러 얼굴이 하나로 결합되는 방식에는 여러 가지가 있다. 가령 하나의 얼굴을 만듦에 있어서 두 사람의 특징을 빌려오는 경우를 생각해 볼 수 있다. 즉 '외관' 이 잘 알려진 사람에게 전혀 다른 사람의 '이름' 이 붙어 있거나, 아니면 사람은 맞는데 그 사람이 전혀 다른 사람의 상황 속에 처해 있는 경우가 그것이다. 이렇게 여러 사람을 단 한 사람으로 압축시키는 것은 그들을 등가 관계에 놓는 것이고, 원래의 인물을 그 꿈에 특수하게 나타난 각각의 사람과 비교하는 것이다. 그렇게 결합된 인물들 사이의 공통 요소는 오직 집합 인물을 통해서 꿈에 나타날 뿐 아니라, 오직 분석에 의해서만 밝혀질 수 있다.

그러한 다양한 구성 방식과 법칙은, 꿈에 수없이 나타나는 모든 합성물에 적용될 수 있다. 그래서 어쩌면 실제 예를 드는 것조차 불필요한 일인지 모른다. 그것들이 생소하게 보이는 것을 해소하기 위해서는, 그것을 각성 상태의 감각 대상으로 분류하지 말고, 꿈의 압축의 소산이라고 생각해야 한다. 그것은 그것이 결합하고 있는 대상들의 공통성을 효과적으로 간결하게 부각시키는 데 이용한다. 여기서 다시 한 번 강조할 사실은, 그러한 공통의 특성은 분석에 의해서만 발견될 수 있다는 것이다. 아무튼 우리는 꿈의 내용에 대해 다음과 같은 결론을 내릴 수 있다. '꿈-내용의 모든 것은 x 라는 요소를 공통으로 갖고 있다.' 분석은 그러한 합성물을 분해함으로써, 우리를 곧바로 꿈의 해석으로 인도한다.

예를 하나 들어보자. 나는 대학의 옛 은사와 함께 있는 꿈을 꾼 적이있다. 그는 벤치에 앉아 있었고, 그 벤치는 다른 것들과 마찬가지로 빠르게 앞으로 전진하고 있었다. 중간 과정에 있는 관념 연상은 제쳐두고, 결론부터 말하자면, 그 이미지는 강의실과 벨트 콘베이어(trottoir roulant)*를 결합하고 있다. 다른 꿈에서 나는 기차의 좌석에 앉아, 무릎에 모자를 얹어놓고 있었다. 그것은 투명한 유리로 된 실크햇(Zylinderhut)**이었다. 그러한 상황은 우선 나에게, 다음의 속담을 생각나게 했다. '손에 모자를 들고 가면 이 세상 어디든지 갈 수 있다(Mit dem Hute in der Hand kommt man durchs ganze Land; If you go hat in hand, you can cross the whole world).' *** 유리 실린더는 나에게 백열 가스등(le bec Auer)을 생각나게 했고, 그것으로부터 나는 나와 같은 고향 사람인 아우에르 폰 벨스바흐(Auer von Welsbach) 박사를 떠올렸다. 나도 그 사람처럼 일하지 않고 살 수 있을 만큼 나를 부자로 만들어 줄 수 있는 발명을 하여, 비엔나를 떠나 여행을 하고 싶었다. 그래서 나는 아직 실용성에 문제가 있는 발명품인 유리 모자를 쓰고 여행을 떠나는 꿈을 꾼 것이다.

* 벨트 콘베이어는 움직이는 길로, 1900년 '파리 만국 박람회'에서 처음으로 선보인 것이다.

** 'Zylinderhut'은 문자 그대로 '실린더(Zylinder)-모자(Hut)'라는 뜻이다.

*** 무슨 뜻의 속담인지 정확히 알 수 없음.

또한 꿈의 작업은 '상반되는' 두 관념을 하나의 이미지로 합성하는 것을 특별히 좋아한다. 예컨대 어떤 여자가 긴 꽃가지를 들고 있는 꿈을 꾸었다. 그것은 '성수태 고지' (Annunciation)*의 그림에 나오는 것과 같은 것이다(이것은 순결을 상징한다. 우연히도 그 여자의 이름은 마리아(Maria)였다). 한편 그 꽃가지에는 카멜리아(camellias) 같이 큰 흰 꽃**이 달려 있었다(이것은 순결의 반대를 상징한다. 그것은 『춘희(La dame aux camélias)』와 관련되어 있다).

* 천사 가브리엘이 성모 마리아에게 예수의 잉태를 알린 일.
** 이 꽃은 원래 붉은 색이다. 『꿈의 해석』(4장)에 실려 있는 이 꿈의 설명에도 붉은 색으로 기술되어 있다.

꿈의 압축에 관한 우리의 발견은 다음과 같이 요약될 수 있다. 꿈의 모든 요소는 꿈-사고의 재료에 의해 '다원결정된다'(overdetermined).* 즉 꿈의 요소는 '단 하나의' 꿈-사고로부터 나오는 것이 아니라, 꿈 사고 전체에서 기인한다. 그렇지만 꿈-사고들이 반드시 서로 관계가 있는 것은 아니다. 그것들은 서로 다른 영역의 잠재적 사고에 속할 수 있다. 엄격히 말해, 하나의 꿈-요소(dream-element)는 그러한 잡다한 재료를 '대표하고' 있는 것이다.

* 중층결정'이라고 번역하기도 하는 '다원결정(overdetermination)'은, 무의식의 형성물-꿈, 환상, 증상 등-이 여러 가지 결정 요인의 복합적인 참여에 의하여 만들어지는 것을 말한다. 그리하여 그것은 서로 다른 두 가지 이상의 의미를 띠게 된다.

그러나 꿈-내용과 꿈-사고의 복잡한 관계의 또 다른 측면이 분석에 의해 밝혀졌다. 즉 각각의 꿈-요소가 여러 꿈-사고로 연결되듯이, 하나의 꿈-사고도 여러 꿈-요소로 나타날 수 있다. 이렇게 꿈-내용에서 꿈-사고에 이르는 연상의 실은 서로 여러 번 교차하면서 복잡한 망을 형성한다.

결론적으로 압축은 관념을 상황으로 변형시키는 '극화'(dramatization)와 함께, 꿈의 작업의 가장 중요한 요소이다. 그러나 그러한 압착을 필요로 하는 '동기'는 무엇일까? 지금까지 그것은 밝혀지지 않았다.

5

지금 다루고 있는 복잡하고 뒤얽힌 꿈의 경우에, 꿈의 발현 내용과 잠재 내용이 다른 것은 압축과 극화 때문만은 아니다. 세 번째 요인이 있음을 보여주는 흥미로운 증거가 있다.

우선 분석을 통해 밝혀진 잠재적 사고와 꿈의 발현 내용이 전혀 다르다는 데 주목하자. 면밀한 분석이 끝나고 나면, 꿈의 겉모양은 사라지게 마련이다. 왜냐하면 모든 꿈의 내용은 잠재적 사고로 설명되고, 대부분의 잠재적 사고는 발현 내용에서 상징화되어 나타나기 때문이다. 그럼에도 한 가지 분명한 사실이 있다. 꿈-내용에서 선명하게 드러나 있는 본질적인 것이, 분석이 끝난 뒤에 보면, 잠재적 사고에서 극히 이차적인 역할밖에 하지 않고, 반대로 꿈의 가장 어두운 지역에 반쯤 드러나 있어서 거의 지각되지 않던 것이, 잠재적 사고에서는 일차적인 역할을 한다는 것이다. 이러한 과정을 우리는 다음과 같이 기술할 수 있다. '꿈의 작업에서 심리적 강도는 그 강도가 속해 있던 사고와 관념으로부터, 강조될 것이라고 기대하지 않던 것으로 이동한다.'

그러한 심리적 강도의 이동은 꿈의 의미를 애매하게 만들고, 발현 내용과 잠재 내용 사이의 관계를 알아볼 수 없게 만드는 데 기여한다. 나는 그러한 과정을 '꿈의 이동' (dream-displacement)이라고 부를 것이다. 그 과정에서 꿈-사고의 심리적 강도나 중요성이나 잠재적인 감정이 감각적으로 생생하게 바뀐다. 물론 꿈-내용 중에서 가장 선명한 것이 가장 중요한 것으로 여겨지는 것은 당연하다. 그러나 그러한 우리의 생각과는 반대로, 눈에 잘 띄지 않는 요소가 꿈-사고의 본질로부터 직접적으로 파생된 것으로 판명되는 경우가 종종 있다.

따라서 내가 꿈의 이동이라고 하는 것은, '가치의 전도' (a transvaluation

of psychical values)*라고 말할 수 있다. 그것은 충분이 우리가 주목할 만한 현상이다. 꿈을 분석하다보면, 온갖 수준의 이동 작업과 가치의 전도를 만나게 된다. 한편 그러한 현상이 거의 일어나지 않는 꿈들이 있다. 내가 처음에 인용한 합리적이고 이해하기 쉬운 꿈들이 여기에 속한다. 그것은 욕망이 공개적으로 표현된 것이다. 그러나 다른 한편으로, 자신의 진정한 가치를 간직하고 있는 요소가 단 하나도 없는 꿈들도 있다. 그러한 꿈에서는 잠재적 사고에서 본질적이던 것이 한결같이 부수적인 것으로 나타난다. 이렇게 양극적인 전자와 후자 사이에는, 정도를 달리하는 수많은 형태의 이동이 있다. 그렇지만 꿈을 해석함에 있어서, 꿈이 애매하고 복잡하면 할수록, 더 많은 이동이 이루어졌을 것이라고 생각해야 한다.

* 니체의 용어.

우리가 분석한 꿈도 이동을 보여주고 있다. 즉 꿈의 발현 내용에서 강조된 지점과, 꿈-사고에서 강조된 지점이 전혀 다르다. 꿈의 전면에 나타나 있는 상황은 여자가 나에게 접근하는 것이었다. 그러나 잠재적 사고에서 강조된 것은 무상의 사랑, 즉 '비용이 들지 않는' 사랑에 대한 바람이었다. 그러한 생각은 '아름다운 눈'이라는 구절과 '시금치'라는 말이 암시하고 있는 것 뒤에 숨어 있다.

우리가 분석을 통해 이동을 원래대로 되돌린다면, 논란이 많은 두 문제-즉 꿈의 자극*에 관한 것과 꿈과 전날의 생활과의 관계의 문제-를 완전히 해결할 수 있을 것이다. 전날의 사건과 직접적으로 연결되어 있는 꿈들이 있는가 하면, 전날의 사건이 전혀 역할을 하지 못하는 것처럼 보이는 꿈들도 있다. 그러나 분석을 통해 알게 된 사실에 따르면, 모든 꿈은 예외 없이 전날, 더 정확히 말하면 꿈꾸기 전날 낮에 받은 인상에 뿌리를 두고 있다. 한편 꿈의 자극이 된 인상이 너무 강해서 우리가 그것에 사로잡혔었다는 것이 전혀 놀랍지 않은 경우가 있다. 물론 그 경우는 밤의 꿈이 낮의 걱정을 연장하고 있는 경우이다. 그러나 꿈-내용과 낮의 인상이 관련이 있는 경우, 보통 그 인상은 아주 사소하고 무의미해서, 그것을 기억해내려면 애를 써야 한다. 그 경우는 꿈-내용이 조리 있고 이해 가능한 것이라 할지라도, 아주 하찮은 사실과 관련을 맺고 있다. 그래서 그것은 우리가 깨어 있었다 하더라도 우리의 관심을 끌지 못했을 것이다. 그러니 그러한 종류의 것이 무시당한다고 해도 놀라운 일은 아니다.

* 꿈의 직접적인 촉발 요인.

그럼에도 분석은 그러한 판단의 약점을 찔러, 겉으로 드러난 것 뒤에 숨어 있는 것을 드러낸다. 분석은 무의미한 사실이 꿈-내용에서 꿈의 자극으로 나타나 있을지라도, 꿈의 진정한 원인, 즉 꿈을 야기한 중요한 사항을 밝혀낸다. 그것이 가능한 것은, 꿈의 원인과 그것을 대체하는 것 사이에 여러 접촉점이 있기 때문이다. 그렇기 때문에 분석은 꿈-내용이 의미도 흥미도 없는 것처럼 보인다 하더라도, 그러한 사소한 것이 주체의 심리에 있어서 아주 중요한 다른 요소와 연결되는 통로를 밝혀낼 수 있는 것이다. 꿈에서 시시한 사건이 감동적인 사실로, 보잘것없는 재료가 적절하게 흥미를 끄는 것으로 대체되는 것은 이동 작업 때문이다. 우리는 그러한 꿈의 작업에 기초하여, 꿈의 자극의 문제와 꿈과 일상생활 사이의 관계를 해결할 수 있는 실마리를 얻을 수 있을 것이다. 우리는 다음과 같은 결론을 내릴 수 있다. '낮에 우리의 흥미를 끌지 못한 것은 꿈에서도 흥밋거리가 되지 못한다. 그리고 깨어 있는 동안, 우리에게 인상적이지 못하고 하찮았던 것은 잠에서도 우리를 좇아다니지 않는다.'

우리가 분석한 예에서 꿈의 자극은 무엇일까? 그것은 지극히 사소한 일인, 친구가 나에게 거저 드라이브를 시켜준 일이다. 손님 테이블에서 있었던 꿈 속의 상황이, 그러한 사소한 촉발 원인에 대한 암시를 포함하고 있다. 그것은 내가 그 친구와 대화하는 중에 택시 미터기와 손님 테이블을 비교한 사실에서 알 수 있다. 그러나 그러한 사소한 일 뒤에는 나에게 중요했던 경험이 숨어 있다. 즉 나는 며칠 전 상당한 돈을, 내가 좋아하는 내 가족 중의 한 사람을 위해 쓴 적이 있는데, 나의 꿈-사고는 그 사람이 나에게 감사해야 한다고 말하고 있다(이러한 종류의 사랑은 '비용이 들지 않는' 사랑이 아니다.) 그러나 꿈-사고의 전면에 나타나있는 것은 '비용이 들지 않는' 사랑이었다. 그럼에도 나의 친구와의 드라이브가 문제의 그 사람을 생각나게 한 것은, 얼마 전에 그 사람[가족 중의 한 사람]과 여러 차례 드라이브를 했기 때문이다.

그러한 종류의 연상 덕분에 꿈의 자극이 된 사소한 인상은, 꿈의 진정한 기원에 맞지 않는 먼 조건에 속해 있음을 알 수 있다. 그러한 인상은 항상 전날로부터 파생된 '최근의' 인상이다.

이제 꿈의 이동이라는 주제를 떠나면서, 압축과 이동이 협력하여 공동으로 꿈의 이미지를 만드는 과정에 주목해보자. 우리가 이미 압축을 고찰하면서, 공통점이 있는 꿈-사고의 두 관념이 결합하여 하나의 혼합 관념이 만들어지는 것을 보았다. 이때 상대적으로 선명한 핵심은 그것들이 공통으로 갖고 있는 것을 나타내는 반면에, 불분명한 부수적인 사항들은 서로 다른 점을 나타낸다. 그러한 압축 작업에 이동 작업이 덧붙여지면, '혼합 관념'(composite idea)이 아니라 '공통의 중간 관념'(intermediate common entity)이 만들어진다. 그 중간 관념과 원래의 두 꿈-사고 사이의 관계는, 마치 힘의 평행사변형에서 분력과 합력의 관계와 같다.

예컨대 나는 프로필렌(propylene) 주사와 관련된 꿈을 꾼 적이 있다. 나는 먼저 분석을 통해, 아밀렌(amylene)이 꿈의 자극 역할을 했다는 별 의미 없는 사실을 발견했다. 그때까지 나는 아직 아밀렌이 어떻게 프로필렌이 되었는지 설명할 수 없었다. 그 꿈에 대한 일련의 꿈-사고에는, 내가 뮌헨을 처음 방문했을 때의 기억도 있었다. 나는 거기서 프로필레아(propylea)*를 보고 감명을 받은 적이 있다. 우리는 그러한 세부적인 사실의 분석을 통해, 전자[아밀렌]에 대한 후자[프로필레아]의 영향이 아밀렌을 프로필렌으로 이동시켰다는 사실을 알 수 있었다. 그것은 일종의 타협으로서, 압축과 이동의 동시적인 작업에 의해 꿈에 들어온 것이다.**

* 뮌헨에 있는 성문으로, 아테네의 아크로폴리스 입구에 있는 현관을 모방하여 만들었음.

** 이것은 프로이트가 철저하게 분석한 최초의 꿈이다. 그것에 대해서는 『꿈의 해석』(2장과 4장)에 상세하게 보고되어 있다.

이러한 수수께끼 같은 작업의 동기를 발견하는 것은, 압축 과정에서보다 이동 과정에서 훨씬 더 긴요하다.

6

우리가 꿈이 왜곡되는 이유를 알지 못하는 것은, 주로 꿈의 이동 과정이 꿈-사고를 알아보지 못하도록 만들기 때문이다. 그렇지만 꿈-사고는 이동 작업보다 좀 더 부드러운 또 다른 변형 작용에 노출되어 있다. 그것은 새로운 작업이지만, 비교적 이해하기 쉽다. 우리가 분석 과정에서 마주치는 꿈-

사고는, 비일상적인 형태로 꿈에 표현됨으로 해서 가끔 우리를 놀라게 한다. 그것은 꿈이 보통 사용하는 산문이라는 언어의 옷을 입지 않고, 직유와 은유와 같은 상징적인 표현 방식을 이용하기 때문이다. 마치 시적인 작품 속의 이미지처럼 말이다. 꿈이 그러한 이미지만을 고집하는 이유를 설명하기는 그렇게 어렵지 않다. 꿈의 발현 내용은 구체적인 상황으로만 이루어지기 때문에, 꿈-사고가 거기로 진입하기 위해서는 반드시 그러한 종류의 표상(representation)*에 적합하도록 변장을 해야 한다. 가령 신문 사설이나, 재판의 변론이 일련의 시각적 이미지로 바뀐다고 생각하면 쉽게 이해가 갈 것이다. 그것은 잠재적 사고가 꿈-내용에 구체적으로 표상되기 위해 겪어야 하는 변형-꿈의 작업에 의해 이루어지는-이다.

* 부재하는 개념이나 대상을 이미지나 형상, 기호를 통해 감각적으로 나타내는 행위, 또는 그 이미지나 형상이나 기호.

그러한 잠재적 사고의 재료는 보통 인상적인 기억-유년 시절까지 거슬러 올라가는 경우도 빈번하다-을 포함하고 있는데, 그 기억은 대개 시각적인 내용을 가진 구체적인 상황으로 지각되게 마련이다. 그러한 꿈-사고는 꿈의 형성에 결정적인 영향을 미친다. 말하자면 그것은 결정체의 핵을 구성한다. 나머지 재료는 그것을 중심으로 모이고 정돈된다. 그 결과 꿈이 제공하는 거의 모든 상황은, 그와 같은 인상 깊은 기억의 반복에 지나지 않는다. 그렇지만 그것은 엄청나게 수정되고 증폭된 반복이다. 그에 반해 실제 장면이 있는 그대로 꿈에 나타나는 경우는 드물다.

그렇다고 꿈의 발현 내용이 상황만으로 이루어진 것은 아니다. 그것은 서로 연결이 되지 않는 시각적 이미지의 파편들과 대화와, 가끔 판에 박힌 약간의 문장을 포함하고 있다. 따라서 꿈의 작업이 꿈-사고를 꿈에 적합한 형태로 바꿀 때 사용하는 표현 방식들을 열거하는 것은 매우 흥미 있는 일일 것이다.

분석에 의해 다다른 꿈-사고는, 한없이 복잡한 구조를 지닌 심리적 복합체로 나타난다. 그것의 일부는 다른 부분과 아주 다양한 논리적 관계를 갖고 있다. 그것들은 일종의 전경과 배경, 즉 조건, 여담, 예증, 증거와 반론의 관계를 이루고 있다. 또한 각각의 꿈-사고의 흐름은 항시 그것에 반대되는 것을 동반한다. 요컨대 그 재료는 각성 상태의 사고와 똑같은 특성을 나타내고 있다. 그러나 그 모든 것이 꿈이 되기 위해서는, 우선 꿈의 재료가 압축되어 내적인 파편화가 이루어지고 이동이 일어나야 한다. 그렇게 무수히 조각난 요소들은 새로운 차원에서 재구성된 뒤, 마지막으로 선별 작업을 거친다. 그리하여 구체적인 표상에 적당하지 않다고 판단되는 것은 모두 제거된다. 그러한 재료의 원천을 고려할 때, 방금 전에 기술한 모든 과정은 '퇴행'(regression)으로 간주될 수 있다.* 그러나 심리적인 재료를 묶고 있던 논리적인 끈은, 그렇게 변형되는 과정에서 사라진다. 말하자면 꿈의 작업은 잠재적 사고 중에서, 사용 가능한 것만을 인계해서 조작하는 것이다. 반대로 분석 작업은 그렇게 꿈의 작업에 의해 파괴된 꿈-사고의 논리적 관계를 회복하는 것이다.

* 꿈의 재료의 원천이 과거의 기억에 있기 때문에, 그것으로 거슬러 올라가는 것은 '퇴행'이라고 할 수 있다.

이렇게 볼 때, 꿈의 표현 방식은 각성 상태의 사고에 비해 상당히 제한되어 있다. 그럼에도 불구하고 꿈은 그 재료들 간의 논리적 관계를 재현하는 것을 완전히 포기하지 않는다. 그것은 그 재료들을 그 조직에 맞는 형식으로 바꾸는데 자주 성공한다. 즉 꿈은 그것들을 꿈의 특수한 장치에 맞는 부품으로 교체한다. 이렇게 꿈은 사방에 흩어져 있는 꿈-사고의 파편들 앞에서, 논리를 충족시키려고 진정으로 애를 쓰고 있다. 그것은 모든 재료들을 시공간적으로 접근시키고 논리적으로 연결시켜 하나의 상황으로 결합시키는 방법을 사용한다. 마치 화가가 파르낫소스(Parnassus)* 산에 있는 모든 시인들을 한 화폭에 그리는 것과 같다. 그러나 그의 모델들이 한데 모인 적은 한 번도 없다. 따라서 그 그림은 순전히 상징적이게 마련이다.

* 아폴론과 뮤즈가 살았다는 고대 그리스의 산.

꿈도 세부적인 사실에 있어서, 그와 같은 표현 방법을 사용한다. 예컨대 꿈에 두 요소가 나열되어 있다는 것은, 그 요소들이 보여주는 잠재적 사고들 사이에 어떤 관계가 있다는 것을 뜻한다. 그러한 맥락에서, 같은 날 밤에 꾼 모든 꿈은 한결같이 동일한 계통의 꿈-사고로 귀결될 수 있다.

그러나 두 꿈-사고 사이의 '인과적인 끈'은 나타나지 않거나, 서로 다른 길이의 두 시퀀스(sequence)*를 나열하는 것으로 대체된다. 그리고 그러한 단편들은 가끔 위치가 뒤바뀌는데, 이때 앞의 것은 결론을 나타내고, 뒤의 것은 가설을 나타낸다. 이렇게 꿈에 있어서 어떤 것에서 다른 것으로 직접 변형되는 것은, 우리가 보기에, 원인과 결과의 관계를 나타낸다.

* 영화 또는 이야기의 구성단위로, 몇 개의 장면으로 이루어진 일련의 화면.

우리가 위에서 말했듯이, 꿈은 양자택일을 허용하지 않는다. 두 개의 가설이 나타날 때, 꿈은 그 두 가설을 동일한 관념 연상으로 묶는다. 달리 말하면, 잠재 내용에서의 접속사 '~이거나'(or)는, 꿈의 발현 내용에서 접속사 '~와'(and)로 대체된다.

꿈에서는 상반되는 표상들이, 거의 언제나 하나의 요소로 표현된다.[2)]

꿈에 관한 한, '아니오'(no)는 존재하지 않는다. 두 관념 사이의 대립, 즉 그것들의 적대 관계는 꿈에서 아주 독특한 방식으로 표현된다. 즉 그것은 일단 꿈의 다른 요소로 표상되었다가, 그 다른 요소가 나중에 반대로 뒤집어진다. 우리는 앞으로 꿈이 어떤 방식으로 모순을 표현하는지 볼 것이다. 예컨대 꿈에서 흔히 일어나는 일로, 몸을 움직일 수 없는 것은 상반된 두 충동이 잠자는 사람에게 의지의 갈등을 일으켰다는 표시이다.

꿈의 메커니즘이 다른 무엇보다도 우대하는 논리적 관계는, '유사성'과 '인접'과 '일치'에 의한 연합이다. 꿈은 그러한 관계를 보이는 것들을 한데 묶어, 하나의 새로운 단위를 만듦으로써 압축 작업의 토대로 이용한다.

물론 위와 같은 거칠고 짧은 지적만으로는, 꿈이 그 요소들의 논리적 관계를 표현하기 위해 사용하는 무한한 방식을 충분히 이해할 수 없다. 그러한 점에서 각각의 꿈은 각기 독특한 작업을 수행한다고 할 수 있다. 때로 그것은 원텍스트에 가까이 가기 때문에 상세하고, 때로 그것과 멀리 떨어지기 때문에 조잡하다. 후자는 우리가 위에서 지적한 방법을 광범위하게 사용하는 경우이다. 그렇기 때문에 그것은 아주 애매하고 막연하고 지리멸렬하게 보인다. 그러나 발현 내용이 그렇게 불합리하고 모순적인 것은, 숨겨진 의도가 있다는 뜻이다. 그렇게 눈에 띄게 논리적인 규칙을 무시하는 꿈은, 지적인 꿈-사고를 표현하는 경우가 대부분이다. 즉 꿈의 발현 내용의 부조리는, 잠재적인 내용의 모순이나 증오나 멸시의 감정과 일치한다. 이러한 사실은 꿈을 일관성 없고 지적으로 모자란 활동으로 돌리려는 관점에 대한 가장 좋은 반론이 될 수 있다. 그렇기 때문에 그것은 예를 들어 강조할 필요가 있다.

2) 유명한 언어학자들이 주장하듯이, 고대 언어에서는 '강-약', '안-밖' 처럼, 하나의 낱말이 상반된 개념을 표현하였다. 그렇게 원시적인 말은 이중적인 의미로 되어 있는 경우가 허다하다.

나는 내가 아는 M씨가 한 평론에서, 괴테 같은 상대로부터 심하게 공격당하는 꿈을 꾸었다. 그 공격은, 우리가 보기에, 심했던 만큼 부당했다. M씨는 그 사건 이후로 평판을 잃었다. 그는 손님 테이블에 동석한 사람에게 그 점을 한탄했다. 그렇다고 괴테에 대한 그의 예찬이 타격을 입은 것은 아니었다. 나는 연대가 잘못 된 것 같아. 그것을 밝히려고 애를 썼다. 괴테는 1832년에 죽었다. 따라서 그[괴테]가 M씨를 공격한 것은 그 이전에 있었던 일이다. 그 당시 M씨는 아주 젊었었다. 생각해보니 18살쯤 된 것 같았다. 그러나 나는 올해가 확실히 몇 년도인지 몰랐기 때문에, 나의 모든 계산은 어둠에 휩싸였다. 첨언하면, 그 공격은 괴테의 유명한 평론인 『자연』속에 있는 것이다.

이 꿈이 불합리한 것은 분명하다. M씨는 아주 젊은 실업가로, 시와 문학에 대해서는 조금도 관심이 없는 사람이기 때문이다. 이제 분석을 통해 그 내용을 발전시키고, 불합리성 뒤에 숨겨져 있는 논리를 보여주자.

1) M씨는 내가 '손님 테이블'에서 알게 된 사람이다. 그는 언젠가 나에게 정신 착란을 보이는 형을 검사해달라고 청한 적이 있다. 그 환자[M씨의 형]는 나와 대화하는 동안, 내가 시키지도 않았는데 그의 동생[M씨]의 '젊은 날'의 탈선에 대해 이야기했다. 나는 그의 기억의 혼란을 확인하기 위하여, 그에게 그의 '생년월일'(꿈에 나타난 괴테의 '사망년도'와 비교할 것)을 물었고, 내 앞에서 계산을 하게 했다.

2) 내가 회원으로 있는 의학 잡지에, 아주 '젊은' 기고가가 베를린에 있는 나의 친구 F의 책에 대한 '격한 비평'을 실은 적이 있다. 나는 편집자에게 해명을 요구했다. 그는 유감을 표시하면서도 정정은 거절했다. 그 때문에 나는 그 잡지와 관계를 끊었다. 그러나 나는 결별의 편지에서, 그 사건으로 인

해 '우리의 사적인 관계가 타격을 입지 않기'를 바란다고 말했다. 여기에 진정한 꿈의 원천이 있다. 내 친구의 책에 대한 푸대접은, 그 책이 내가 중요하다고 생각하는 생물학적인 발견-이것은 수년이 지난 뒤에야 동료들에 의해 평가를 받기 시작한다-을 포함하고 있는 만큼 나를 더욱 괴롭혔다.

3) 얼마 전 여자 환자가 그의 오빠의 병에 대해 나에게 이야기해 준 적이 있다. 그는 "자연, 자연!"(Nature, Nature!)이라고 외치는 심한 망상발작에 걸려 있었다. 의사들은 그 소리가 '괴테'의 작품에 대한 과도한 독서로 말미암아 생긴 것으로, 그 환자가 그것의 연구에 과로했다는 것을 잘 보여주고 있다고 말했다. 그러나 내가 보기에는, '자연'이라는 말을 성적인 의미로 해석해야 할 것 같았다. 배운 사람이든 못 배운 사람이든, 우리나라 사람[독일 사람]이라면 그 의미를 잘 알고 있을 것이다.* 나의 판단은 정확했다. 얼마 뒤 그 사람이 불행하게도 자신의 성기를 잘라버린 것이다. 그 발작이 일어났을 때 그는 '18살'이었다.

* '자연'(nature)이라는 말에는 '육체적인 욕망'이라는 뜻도 있음.

그 꿈에서 '나' 뒤에 숨어 있는 사람은, 비평에 의해 아주 푸대접받은 나의 친구이다. 나는 꿈에서 연대를 밝히려고 애를 썼는데, 그것은 내 친구의 책이 생물학적인 관점에서 시간의 문제를 다룬 것이었기 때문이다. 그 책은 무엇보다도 괴테가 생물학적인 평균 수명의 두 배를 살았다는 것을 보여주고 있다.* 한편, 그 꿈은 '나'를 마비 환자(paralytic)와 동일시하고 있다. '나는 올해가 확실히 몇 년도인지 모르겠다.' 따라서 꿈속에서 바보는 나의 친구였다.** 그러한 점에서 그것은 불합리 덩어리였다. 그러나 꿈의 잠재적 사고는 다음과 같이 빈정거리고 있었다. "그래, 그 친구는 머리가 돈 바보야… 당신들 비평가가 천재지! 오히려 그 역일 수 도 있지 않을까?" 꿈은 그러한

'반전' (reversal)으로 가득 차 있다. 예컨대 괴테가 한 젊은이를 공격하고 있는데, 그것은 불합리하다. 왜냐면 오늘날 있을 수 있는 일은, 그 역으로 한 청년이 위대한 괴테를 비난하는 경우이기 때문이다.

* 괴테는 1749년에 태어나 1832년 83세로 죽었다. 이러한 사실로 미루어 18-19세기의 평균 수명은 40세를 갓 넘긴 정도였다고 짐작된다.

** '나' 뒤에는 나의 친구가 숨어 있고, 그 '나'는 바보이기 때문에, 결국 나의 친구가 바보인 셈이다.

그러나 나는 개인적인 동기가 아닌 다른 동기에 의해 촉발되는 꿈은 없다고 주장하고 싶다.* 위의 꿈에서도 '나'가 표상하는 것은, 나의 친구이기에 앞서 나 자신이다. 나 자신을 그 친구와 동일시한 것은, 내가 보기에, 그의 발견의 운명이 곧 내 이론의 성공 여부를 상징하기 때문이다. 내가 성욕을 모든 심리 장애의 원천으로 강조하는 이론을 발표하면(18살 난 환자가 "자연, 자연!" 하고 외친 소리에 대한 나의 진단을 참조할 것.) 틀림없이 나도 그와 같은 비판에 직면할 것이다. 그러면 나도 똑같은 빈정거림으로 그 비판에 대항할 것이다.

* 그러나 프로이트가 이 진술을 정식으로 인정한 것은, 1925년에 덧붙여진 『꿈의 해석』의 한 각주(5장 끝 부분)에서이다.

나는 그 꿈의 분석을 좇으면서, 그 꿈의 불합리성의 기원에 조소와 경멸의 감정이 있다는 것을 확인할 수 있었다. 알다시피, 괴테는 베니스에 있는 리도(Lido) 위에서 '양의 두개골' (Schafkopf)의 파편을 수집하다가, 두개 척추(頭蓋 脊椎) 이론(vertebral theory of the skull)*을 생각해낸다. 한편 나의 친구는 학생시절 소동을 일으켜, (정확히 비교 해부학의 분야에서) 예전에는 뛰어났지만 이제는 '노망'(senile dementia)으로 강의할 수 없게 된 노교수를 은퇴시킨 적이 있다. 그는 그것을 자랑으로 여기고 있었다. 나의 친구가 일으킨 소요는, 바람직하지 못한 제도를 퇴치하는 데 기여했다. 사실 독일 대학은 나이가 어리석음에 대한 변명이 되지 못한다는 것을 망각하고, 교수에 대한 나이 제한을 두지 않고 있었다. 나 역시 그 도시의 병원에서, 오래전부터 화석화되고 누가 보기에도 완전히 바보가 된 주임 교수 밑에서 수 년 동안 일하는 영광을 누리고 있었다. 그렇다고 아무도 그의 직책을 빼앗을 생각은 하지 못했다. 왜냐하면 그는 계속해서 그의 직책을 수행할 수 있는 보장을 받았기 때문이다. 이러한 사실과 리도에서의 발견 사이에는 어떤 관계가 있다.** 다음의 사실이 그것을 증명하고 있다. 어느 날 그 병원의 젊은 동료가 그 당시 유행했던 가센하우어(Gassenhauer)의 시를, 그 주임 교수를 주제로 하여 다음과 같이 개작한 일이 있었다. '그것은 괴테가 쓴 것도 쉴러(schiller)가 지은 것도 아니다. 그 시는…' 등등***

* 두개와 척추를 하나로 보는 이론.

** 독어의 'Schafkopf'의 문자적 의미는 '양의 머리'이지만. 비유적인 의미는 '어리석은 바보'임.

*** 이 꿈은 『꿈의 해석』(5장)에도 자세히 논의되어 있다.

7

꿈의 작업에 대한 우리의 검토는 아직 끝나지 않았다. 우리는 압축, 이동, 그리고 심리적인 재료의 구체적인 표상에 이어 또 다른 활동을 덧붙여야 한다. 그것은 모든 꿈에서 활동하는 작용은 아니다. 나는 그것을 자세히 다루지 않을 것이다. 그것을 다소 명확히 하기 위해서는, 다음과 같이 가정하는 것-실제로는 그렇지 않다고 하더라도-으로 충분하다. 그것은 꿈-내용이 만들어진 다음, 맨 나중에 작용하는 활동이다. 즉 그것은 꿈의 여러 부분들이 상징적 형태를 띤 다음에 작용한다. 즉 그것은 꿈의 여러 부분들이 상징적 형태를 띤 다음에 작용한다. 그 작업은 여러 상징들을 배열하여 일관성 있는 전체, 즉 잘 정돈된 표상을 만드는 데 있다. 그런 방식으로 꿈은 일종의 외관을 갖춘다. 그렇다고 그 외관이 충분히 진실 되게 보이는 것은 아니며, 꿈의 모든 부분이 감춰지는 것도 아니다. 단지 꿈은 약간의 장면 조정과 가벼운 수정을 통해, 잠정적이고 개략적인 해석을 받을 뿐이다. 요컨대 그것은 꿈-사고의 뛰어난 변장술이다. 우리가 분석을 시도할 때, 첫 번째 해야 할 일은 그러한 해석의 동기를 분명히 밝히는 일이다.

도대체 그러한 마지막 꿈의 작업, 즉 꿈의 내용에 대한 최종적인 검토의 동기는 무엇일까? 분명히 그것은 꿈을 이해 가능하도록 만드는 것을 목표로 하고 있다. 우리는 그러한 사실로 해서, 그 활동의 본질이 무엇인지를 알 수 있다. 정상적인 심리 활동이 모든 지각 대상에 대해 작용하는 것과 같은 방식으로, 그러한 검토는 그 앞에 놓여 있는 꿈-내용에 작용한다. 그것은 그것의 대상을, 그것이 갖고 있는 선개념(anticipatory ideas)[검토의 전제가 되는 개념]을 통해 파악하고 이해가능성을 최대한 높이는 쪽으로 정돈한다. 그래서 그 대상을 왜곡시킬 위험이 있다. 왜냐하면 지각 대상이 이미 알려진 대상이 아닐 경우, 그것에 대한 해석은 이상한 잘못을 낳을 수 있기 때문이다. 모든 사람이 알고 있듯이, 일련의 생소한 기호나 알려지지 않은 말을 들을 때, 사람들은 보통 그것들과 비슷하거나 동일시하고 싶은 말들이 생각나는 법이니까 말이다.

그처럼 각성 상태와 비슷한 심리 활동에 의해 다듬어진 꿈은, '잘 구성된' 꿈이라고 할 수 있다. 반면에 그러한 활동이 일어나지 않는 꿈들도 있다. 그러한 꿈에서는 질서와 의미를 부여하려는 어떠한 시도도 발견할 수 없다. 그래서 우리가 깨어났을 때, 기억 속에 남아 있는 이미지들은 완전히 지리멸렬하다. 그러나 분석의 관점에서 볼 때, 그렇게 잡다한 재료들이 산더미처럼 쌓인 꿈도, 표면적으로 잘 정돈된 꿈만큼 가치가 있다. 단지 전자[잘 구성된 꿈]는 잠정적인 배열을 푸는 수고를 덜어줄 뿐이다.

그렇다고 꿈의 외관이 착각이나 변덕스러운 의식 활동에 지나지 않는다고 생각하면 잘못이다. 반대로 그러한 외관이 세워지기 위해서는 여러 가지 욕망의 환상이 필요하다. 그 대표적인 것이 꿈의 잠재적 사고에서 발견되는 것으로, 우리가 '낮의 꿈'(백일몽, day-dreams)이라고 적절하게 명명한 몽상과 같은 것이다. 밤의 꿈의 분석을 통해 드러난 바에 따르면, 그러한 환상은 가끔 유년 시절의 장면이 다소 손질되고 변형된 형태로 나타난다. 그래서 어떤 경우에 꿈의 외관은 다른 재료들의 혼합에 의해 왜곡된 꿈의 본질적인 핵이 꿈의 외관에 직접 드러나기도 한다.*

* 이 문단은 1911년에 첨부된 것이다.

우리가 지적한 네 가지 형태의 활동이 꿈의 작업을 구성하는 것들이다. 결론적으로 꿈의 작업은 잠재적 사고를 발현 내용으로 변형시키는 과정이라고 정의할 수 있다. 따라서 꿈의 작업은 창조적인 것이 아니다. 그것은 자신의 것이 아닌 것은 아무 것도 상상하지 못한다. 그것은 판단도 결론도 내리지 않는다. 그것은 감각적인 이미지를 만드는 것을 목적으로 하여, 꿈의 온갖 재료를 압축하고 이동시키고 손질하는 데 있다. 거기에 마지막으로, 우리가 방금 전에 지적한 부수적인 배열 작업을 덧붙일 수 있다.

사실 우리는 꿈-내용에서 마주치는 많은 요소들을 지적인 활동의 결과로 여기고 싶어 한다. 그러나 분석이 보여준 바와 같이, '그러한 지적인 작용은 이미 꿈의 잠재적 사고에서 수행된 것이고, 꿈은 단지 그것을 떠맡을 뿐이다.' 만약 꿈속에 논리적인 추론이 있다면, 그것은 꿈-사고의 논리를 반복하는 것에 지나지 않는다. 그것이 변질되지 않은 채 꿈-내용에 인계되면 완전무결하게 보이지만, 꿈의 작업에 의해 다른 재료들로 이동되면 불합리하게 보인다. 그런 맥락에서 꿈-내용 속에 산술 계산이 있다면, 그것은 잠재적 사고 속에 이미 계산이 있었다는 것을 의미한다. 그러나 후자는 항시 정확한 반면에, 꿈속의 계산은 그 인수들이 압축되거나 수학적 연산이 다른 재료들로 이동하기 때문에 황당한 결과를 가져오게 마련이다. 우리가 꿈-내용에서 만나는 담화조차 원래의 담화가 아니다. 그것은 꿈꾸는 사람이 말했거나 들었거나 읽은 온갖 단편들의 모자이크이다. 그것들은 기억 속에 간직되어 있다가 꿈에서 그대로 재생되지만, 꿈은 그것들의 원래 주제를 잊어버리고 그 의미를 놀랍도록 변형시킨다.

아마도 그러한 주장은 몇 가지 예를 들어 뒷받침하는 것이 좋을 것이다.

1) 다음은 나의 여자 환자의 꿈이다. 그것은 잘 구성된 꿈으로, 언뜻 보기에 아주 순진한 것처럼 보인다.

> 그 부인은 여자 요리사와 함께 시장에 갔다. 바구니는 요리사가 들고 있었다. 그녀는 푸줏간 주인에게 주문을 했다. 그는 대답했다. "그것은 떨어졌습니다." 그는 그녀에게 똑같은 품질의 다른 것을 주려고

했다. 그러나 그녀는 거절하고 채소가게로 향했다. 그 가게의 여주인이 독특한 모양의 채소를 그녀에게 건넸다. 그것은 다발로 묶여 있었고 검은 색깔이었다. 그녀가 말했다. "보기 싫어서, 안 살래요."

"그것은 떨어졌습니다."(That's not obtainable any longer)라는 문장은 나의 진찰에 근원을 두고 있다. 나는 며칠 전 그 환자에게, 가장 오래된 어린 시절의 기억은 '이제 다시 올 수 없지만(not obtainable any longer).' 꿈으로 옮겨져 다시 나타난다고 말한 적이 있다. 따라서 여기서 푸줏간 주인은 바로 나를 상징한다.

두 번째 문장인 "보기 싫어요."(I don't recognize that)는 다른 관념 연상에 속한다. 그 부인은 그 전날 꿈에 나타난 그 요리사를 야단친 적이 있다. "올바로 처신하세요. 보기 싫어요…"(Behave yourself properly! , I don't recognize that!). 그것은 그런 행동을 보고 싶지도 용인하지도 않겠다는 뜻이다. 따라서 이 담화의 가장 무의미한 부분['보기 싫어요']이 이동되어 꿈-내용에 나타난 것이다. 그렇지만 꿈-사고에서 역할을 하고 있는 것은 담화의 다른 부분['올바로 처신 하세요']이다. 이를테면 꿈의 작업이 꿈꾼 여자의 상상 속에만 있는 상황을, 완전히 알아 볼 수 없을 만큼 순수하게 만들어 버린 것이다. 그리하여 그 부인의 상상 속에서, '나[프로이트]는 그녀에게 올바르게 처신하지 못하고 있는 것이다.'(I was behaving improperly). 그러나 그러한 상상적 상황은 그녀가 아주 오래 전에 실제로 경험했던 것의 재판에 다름 아니다.*

* 이 꿈은 『꿈의 해석』(5장)에 아주 자세히 보고되어 있다.

2) 다음은 숫자가 나오는, 겉으로 보기에 아주 무의미한 꿈이다.

'그녀가 어떤 것의 대금을 지불하려고 했다. 그런데 그녀의 딸이 지갑에서 3플로린 65크로이저를 꺼냈다. 그녀가 딸에게 말했다. "너 뭐하니? 그것은 21크로이저 밖에 안해!"'

꿈꾼 사람은 외국인이었다. 그녀의 딸은 비엔나에 있는 학교를 다니고 있었다. 그녀는 그 아이가 비엔나에 머무는 동안 나의 치료를 받게 할 작정이었다. 꿈꾸기 전날, 그 학교의 여교장이 딸을 일 년 더 학교에 맡길 것인지 그녀에게 물었다. 그렇게 되면 딸의 치료를 일 년 더 연장할 수 있었다. 숫자의 의미를 찾기 위해서는 '시간은 돈'이라는 사실을 기억해야 한다. 한 해는 365일이다. 그것을 크로이저로 환산하면 365크로이저, 즉 3프롤린 65크로이저이다. 그리고 21크로이저는 3주에 해당되는데, 종강과 함께 내 치료를 끝낸 날부터 그 꿈을 꾼 날까지의 기간이 3주였다. 이러한 점에서 그 부인이 교장의 제안을 거절할 것은 돈 때문이었음이 분명하다. 또한 그것 때문에 꿈에서 언급된 금액이 작았던 것이다.*

* 이 꿈에 대해서는 『꿈의 해석』(6장)을 참조할 것. 프롤린(florin)은 오스트리아의 화폐 단위로, 19세기 말 당시, 40센트 정도에 해당되는 돈이다.

3) 몇 년 전에 결혼한 젊은 부인이, 그녀 또래의 아는 친구인 엘리즈 L양이 얼마 전에 약혼했다는 소식을 들었다. 그날 밤, 그녀는 다음과 같은 꿈을 꾸었다.

'그녀는 남편과 극장에 갔다. 일등석의 자리가 아직 많이 비어 있었다. 엘리즈 L과 그의 약혼자도 오려고 했는데, 3장에 1플로린 50크로이저 하는 좋지 않은 자리만 남아 있어서 표를 사지 않았다고 남편이

이야기했다. 그녀는 그들이 그것을 구했어도 별 손해가 없었을 것이라고 생각했다.'

여기서 우리의 관심을 끄는 것은, 그 숫자가 어떤 꿈-사고에서 연유했으며, 어떤 변형을 거쳤는지 아는 것이다. 1플로린 50크로이저라는 액수는 어디서 나온 것일까? 그것은 그 전날의 사소한 사실로부터 나왔다. 그녀는 보석을 사는 데 '서둘러' 그 돈을 다 써버렸다. 150플로린은 1플로린 50크로이저의 '100배'나 되는 돈이다. 그리고 극장표에 따라다니는 '3'이라는 숫자는, 약혼녀인 엘리즈 L이 그녀보다 '3'개월 아래라는 사실과 연관되어 있다. 그 꿈의 상황은 그녀의 남편이 그녀를 자주 놀려댄 조그만 사건을 반복하고 있다. 언젠가 그 부인이 아주 '서둘러서' 극장표를 미리 구했는데, 정작 극장에 들어가 보니 일등석의 한 쪽이 거의 비어 있었던 적이 있었다. 따라서 그렇게 '서두를' 필요가 없었던 것이다. 마지막으로 우리가 간과해서 안 될 것은, 그 꿈이 포함하고 있는 '불합리성'이다. 즉 두 사람이 세 장의 극장표를 갖는다는 것은 불합리하다.

그 꿈의 잠재적 사고는 이렇다. '내가 일찍 결혼한 것이 어리석었지! 그렇게 '서두를' 필요가 없었는데, 엘리즈의 예에서 볼 수 있듯이, 기다리다 나중에 남편을 얻었으면, (남편이나 보석이) '100배'는 더 좋았을 텐데, 그 돈(지참금)이면 그만한 남자 세 명은 살 수 있었는데.'*

* 이 꿈은 다음 장(8장)에서 다시 언급된다. 또한 이것은 『꿈의 해석』 제6장과 특히 『정신분석입문』 제7장과 14장에 상세히 논의되어 있다.

8

우리가 방금 전에 개진한 꿈의 작업에 대한 설명을 들은 사람이라면, 아마도 꿈의 작업을 특수한 심리적 과정-그것과 비교할 수 있는 것은 아무 것도 없는-으로 간주하고 싶을 것이다. 그것은 마치 그 과정의 산물인 꿈이 우리에게 일으키는 모든 놀라움을 꿈의 작업으로 돌리는 것과 같다.

실제로 꿈의 작업은 일련의 심리 과정-특히 히스테리 증상(hysterical symptoms), 공포증, 강박증, 망상을 생산하는 과정-중에서도 제일 먼저 그리고 가장 잘 연구된 영역이다. 압축과, 무엇보다도 이동은 꿈 이외의 다른 심리 과정에서도 나타나고 있다. 반면에 감각적인 표상을 위한 수정은 꿈의 작업에 특수한 것이다.

이렇게 꿈의 과정과 병적인 이미지를 낳는 과정이 동일선상에 놓임에 따라, 그러한 과정의 결정적인 조건을 발견하는 것이 한결 더 중요해지는 것은 당연하다. 놀랍게도 잠이나 병이 아니더라도, 그러한 과정은 존재한다. 정상적인 사람의 일상적인 현상인 망각, 실언, 실수와 같은 것들이, 꿈이나 위에서 말한 병적인 증상과 같은 심리적인 메커니즘에 의해 만들어진다.*

* 『일상생활의 정신병리학』 참조.

문제의 핵심은 이동의 과정에 있다. 그것은 우리가 보기에, 다른 모든 것 중에서 가장 주목을 받아 마땅하다. 그 주제를 깊이 파고 들어가면, 이동을 결정하는 본질적인 조건은 순전히 심리적인 '동기'라는 사실을 알 수 있다. 꿈을 분석하는 과정에서 반드시 마주치게 되는 피할 수 없는 경험[꿈의 분석에 있어서 숨기고 싶은 꿈-사고]을 끝까지 따라가 보면, 우리는 그 동기의 자취를 만날 수 있을 것이다.

나는 이 연구의 첫머리에서, 나의 꿈을 분석하다가 잠재적 사고를 보고하는 것을 중단한 적이 있다. 비밀로 간직하고 싶은 잠재적 사고가 있었기 때문이다. 나는 그것을 내 형편에 맞게 방향을 바꾸지 않고서는 말 할 수 없었다. 그렇다고 그 꿈을 다른 것으로 대체해봐야 아무 소용도 없다. 왜냐하면 선택된 꿈이 어떤 것이든지, 그것이 '모든' 꿈 중에서 가장 애매하게 얽히고 설킨 것이라고 하더라도, 부주의하지 않는 한 결국 폭로할 수 없는 잠재적 사고에 부닥치기 때문이다. 그럼에도 불구하고 내적인 갈등에 연루된 사람을 멀리한 채 혼자 분석해본 결과, 나는 굉장히 놀라운 잠재적 사고에 이를 수 있었다. 그 꿈-사고는 내가 전혀 알지 못하던 것이었다. 그것은 나에게 '생소할' 뿐만 아니라 '불쾌한' 것이었다. 나는 있는 힘을 다해 그것을 거부했다. 그렇지만 그것은 잠재적 사고의 준엄한 논리에 따라 부과된 것이었기 때문에, 그러한 상태를 납득하는 유일한 길은, 그 잠재적 사고가 실제로 내 속에 있다는 사실을 받아들이는 것이었다. 그것은 상당한 심리적 강도와 에너지를 갖고 있었다. 그렇지만 그것은 특수한 심리적 상황에 있었기 때문에, 나는 그것을 의식할 수 없었다. 나는 그러한 특수한 상황을 '억압 상태'(state of repression)라고 기술하고 싶다. 그것을 통해 내가 깨달은 것은, 발현된 꿈의 애매성과 잠재적 사고의 억압 상태-달리 말하면 잠재적 사고를 의식할 때 느끼는 혐오감-사이에는, 인과 관계가 있다는 것이었다. 결론적으로 의식이 인정하지 않는 잠재적 사고를 드러내지 않기 위해 꿈이 애매한 것이다. 그러한 사실은 은폐, 즉 위장의 목적에 이바지하는 '꿈의 왜곡'(dream-distortion)이라는 개념으로 우리를 이끌고 간다.

그렇다면 내가 이미 분석한 꿈에서는, 어떤 꿈-사고가 변장을 하고 나타난 것일까? 만약 그것이 베일을 쓰지 않고 나타났다면, 나는 그것을 거부했을 것이다. 나는 무상의 드라이브가 나의 가족 중에 한 사람과 함께 한 비싼 드라이브를 생각나게 한 일이 떠오른다. 그 꿈의 의미는 아마 이런 것이다. '나는 비용이 들지 않는(무상의) 사랑을 하고 싶다.' 그런데 꿈꾸기 며칠 전에, 나는 바로 그 사람을 위해 엄청난 액수의 돈을 썼다. 그러한 관념 연상 앞에서 내가 고백하지 않을 수 없는 것은, '그렇게 지출한 것을 후회한다.'는 것이었다. 나는 그러한 감정을 인정한 뒤에야 비로소 경비가 들지 않는 사람에 대한 나의 욕망을 이해할 수 있게 되었다. 그렇지만 솔직히 말해서, 그러한 액수의 돈을 쓰는 데 나는 조금도 망설이지 않았다. 따라서 내가 그것에 대해 느끼는 후회는 나의 의식에 한번도 스쳐 지나가지 않은 것이었다. 왜 그랬을까? 그 질문은 우리를 멀리 데려갈 또 다른 질문이다. 나는 그것의 답변을 알고 있지만, 그것은 다른 관념 연상에 속하는 것이다.

내가 내 자신의 꿈 대신에 다른 사람의 꿈을 분석한다고 할지라도, 확인 방식만 조금 다를 뿐, 나의 결론은 똑같을 것이다. 그것이 정상적인 사람의 꿈이면, 나는 그에게 그의 꿈-사고의 문맥을 지적해줌으로써 억압된 사고를 인정하도록 만들 수 있다. 그러나 그가 인정을 거부하면 어쩔 수 없다. 반면에 신경증 환자나 히스테리 환자에게 억압된 사고가 증상으로 대체되면 상태가 좋아진다는 것을 증명해야 한다.

세 장의 극장표를 사는 데 1플로린 50크로이저를 치른 젊은 부인의 꿈을 예로 들어보자. 그녀의 잠재적 사고의 분석의 결론은, 그녀가 남편을 조금도 존중하지 않는다는 것과, 그와 결혼한 것을 후회하고 있다는 것과, 다른 사람으로 바꾸고 싶어한다는 것이었다. 겉으로는 그를 사랑한다고 그녀는 주장했다. 그녀는 자기가 그를 경멸한다('다른 사람이라면 100배 더 좋을텐데!')는 것을 전혀 모르고 있었던 것이다. 그렇지만 그녀의 모든 증상은 그 꿈과 같은 결론으로 귀결됐다. 그래서 그녀가 남편을 사랑하지 않는다는 것을 의식하지 못하던 시기의 억압된 기억을 되살린 뒤에야, 그녀의 증상이 없어지고 나의 해석에 저항도 사라졌다.

9

억압의 개념을 정립하고 꿈의 왜곡과 억압된 심리 재료 사이의 관계를 끌어냈으니, 이제 꿈의 분석을 통해 도달한 주요한 결론을 일반적인 용어로 요약해보자.

우리가 이미 알고 있듯이, 이해 가능한 합리적인 꿈은 욕망이 위장되지 않고 실현된 것이다. 달리 말하면 그 꿈들이 구체적으로 실현하고 있는 욕망은 의식적으로 알고 있는 욕망으로, 일상생활에서 충족되지 않았지만 당연히 관심을 사야 했던 욕망이다. 애매하고 막연한 꿈의 분석도 그와 비슷한 것을 우리에게 가르쳐준다. 그것 역시 욕망의 실현, 즉 잠재적 사고로부터 변함없이 일어나는 욕망의 실현이다. 단지 그것의 표상이 애매하기 때문에, 그것을 설명하기 위해서는 분석에 의존해야 한다. 분석에 따르면, 그 욕망은 의식에 알려지지 않은 억압된 것이거나, 아니면 억압된 생각과 밀접한 관련이 있거나 그것에 기초하고 있다. 우리는 그러한 꿈을 '억압된 욕망의 위장된 실현'(they are disguised fulfilments of repressed wishes)으로 규정할 수 있을 것이다. 그 밖에 흥미로운 사실은, 꿈이 미래를 예언한다는 대중의 믿음은 옳다는 것이다. 실제로 꿈이 우리에게 보여주는 것은 미래다. 그것은 실현될 미래가 아니라 실현되기를 바라는 미래이다. 대중의 마음은 보통 마음이 시키는 대로 따라 하고, 마음이 바라는 것을 곧이 곧대로 믿는다.

욕망의 실현이라는 관점에서 볼 때, 꿈은 세 가지 범주로 나눌 수 있다. 첫 번째 범주의 꿈은, 억압되지 않은 욕망을 위장하지 않고 표상하는 꿈이다. 그것은 유아형의 꿈으로, 그런 꿈은 나이가 먹을수록 드물어진다. 둘째로, 억압된 욕망을 위장하여 표상하는 꿈이 있다. 대부분의 꿈이 여기에 속한다. 그래서 그것은 분석 없이는 이해되지 않는다. 마지막으로 억압된 욕망을 표현하지만, 그것을 위장하지 않거나 지극히 조금 위장하는 꿈이 있다. 이런 유형의 꿈은 언제나 불안감을 동반하고, 그 불안감으로 인해 꿈이 중단된다. 이런 경우는 불안이 왜곡 작업을 대신하고 있는 듯이 보인다. 왜냐하면 두 번째 범주의 꿈에서는, 꿈의 왜곡 작업 덕분에 꿈꾸는 사람에게 불안이 일어나지 않기 때문이다. 불안을 야기하는 꿈의 상황이, 오래 전부터 억압돼 온, 실현되지 않은 옛날의 욕망이라는 사실을 보여주는 것은 그렇게 어렵지 않다.

이해하기 쉬운 꿈 중에서는, 그 내용이 고통스럽지만 꿈꾸는 사람에게 전혀 불안감을 주지 않는 꿈이 있다. 그런 꿈은 '불안-꿈'(anxiety-dream)에 속하지 않는다. 사람들은 항시 그러한 꿈을 근거로, 꿈에는 아무 의미도 없고 심리적 가치도 없다고 주장한다. 그러나 그러한 꿈이 억압된 욕망의 위장된 실현이라는 사실을 보여주기 위해서는 하나의 예로 충분하다. 두 번째 범주에 속하는 꿈이 바로 그것이다. 보통 그러한 범주의 꿈에서는 욕망의 위장을 위하여 이동 작업이 아주 교묘하게 사용된다.

한 소녀가 언니의 두 번째 아이가 죽는 꿈을 꾸었다. 그녀는 그 아이의 관 앞에 서 있었다. 그 광경은 정확히 몇 년 전, 그녀의 언니가 첫째 아이의 관 앞에 서 있던 모습과 똑같았다. 그러나 그녀는 조금도 슬퍼하지 않았다.

물론 그 소녀는 그 꿈을 비밀스런 욕망의 의미로 해석하는 것을 거부했다. 그렇게 가정할 필요가 없었던 것이다. 그러나 그녀는 몇 년 전, 첫 번째 아이의 관 앞에서 어떤 남자를 만나 이야기를 나누었고, 그 이후로 그를 사랑하게 된다. 그렇지만 그녀는 그를 다시 볼 수 없었다. 둘째 아이가 죽는다면, 그녀는 틀림없이 그 남자를 언니집에서 다시 만날 수 있을 것이다. 그녀는 그러한 감정에 저항하면서도, 사랑하는 남자와의 만남을 열렬히 소원하고 있었다. 꿈꾸기 전 날, 그녀가 그 남자의 강연을 듣기 위해 입장권을 산 것이 그것을 증명한다. 그것은 그를 보고 싶은 그녀의 마음을 보여주고 있다. 따라서 그녀의 꿈은 조급함[빨리 보고 싶은 마음]에서 나오는 단순한 꿈이다. 다시 말해 흔히 여행을 떠나기 전 날 그렇듯이, 그녀는 극장에 가기 전날 기대에 부풀어서 그러한 꿈을 꾼 것이다. 단지 욕망을 위장하기 위하여, 상황이 기쁨을 자아내기에 부적절한 상황으로 대체된 것이다. 그럼에도 꿈꾸는 사람에게 기쁨은 유지된다. 여기서 간과해서는 안 될 것은, 꿈의 감정적인 요소는 그 배경에 놓여 있는 진짜 내용과 일치하지, 전면에 나타난 것과 일치하는 것이 아니라는 사실이다. 즉 꿈의 상황은 그녀가 그토록 바라마지 않던 만남만을 고려하고 있기 때문에, 어떠한 고통스러운 감정도 동반하지 않는 것이다.*

* 이 꿈은 『꿈의 해석』(4장)에 상세히 보고되어 있다.

10

지금까지 철학자들은 억압의 철학에 전념할 기회를 갖지 못했다. 따라서 꿈의 형성이라는 신비한 문제에 처음으로 맞닥뜨린 우리로서는, 가능한 한 상세히 그것을 설명해야 할 것이다. 우리는 꿈의 연구가 아닌 다른 연구의 도움을 받아 우리의 도식을 만들었다. 그 도식이 약간 복잡하게 보일지라도, 그 도식의 어떤 부분도 쓸모없는 것은 없다.

우리의 가설은 이렇다. 심적 장치(mental apparatus)에는 사고를 만드는 두 개의 기능이 있다. 그 중에서 이차적 기능은 의식에 자유롭게 접근할 수 있다는 특권을 누리고 있는 반면, 일차적 기능의 활동은 무의식적이거나, 아니면 이차적 기능을 통해서만 의식에 도달할 수 있다.

그 두 기능 사이의 경계, 즉 일차적 기능과 이차적 기능이 만나는 지점에는, 이차적 기능의 마음에 드는 것만 통과시키고 나머지 것은 물리치는 '검열'(censorship)이 있다. 검열에 의해 내쫓긴 것들은, 우리의 정의에 따라, 억압 상태에 있게 된다.

그러나 어떤 조건-특히 검열이 느슨해지는 잠자는 동안에는, 두 기능 사이의 역학 관계가 변해, 억압된 것이 더 이상 억제되지 않고 의식까지 이를 수 있는 길이 열린다. 그렇지만 검열이 약해지는 것이지 완전히 없어지는 것은 아니다. 그렇기 때문에, 억압된 것이 의식에 들어오기 위해서는, 혐오감을 일으키는 특성이 제거되고 위장되어야 한다. 따라서 그러한 과정을 거쳐 의식까지 올라온 것은, 일차적 기능의 성향과 이차적 기능의 요구 사이에서 형성된 타협물(compromise)이라고 할 수 있다.

'억압(repression)-검열의 완화(relaxation of the censorship)-타협물의 형성(the formation of a compromise)'. 이것은 꿈뿐만 아니라, 다른 많은 정신병적인 이미지의 기본적인 구성 패턴이다. 그러한 타협물의 형성에 협력하는 것이, 우리가 꿈의 작업에서 연구한 압축, 이동 그리고 잠정적이고 표면적인 배열의 과정이다.

솔직히 말하면, 위와 같은 꿈의 작업에는 '악마적인' 요소라고 할 수 있는 것이 광범위하게 작용하고 있다. 다시 말해 꿈의 형성 과정은 마치 아랫사람이 윗사람에게 은밀하게 기분 나쁜 말을 해야 할 때처럼 진행된다. 우리는 그러한 비유의 기초 위에서, 꿈의 위장과 검열의 개념을 정립하고, 우리가 받은 인상을, 아직은 투박하지만 가능한 한 명쾌하게 심리학적인 이론으로 번역해내려고 노력해 왔다. 만약 우리가 그 주제에 대해 보다 심층적인 조사를 한다면, 우리는 일차적 기능과 이차적 기능을 확인하고, 우리의 가설-전자와 후자는 적대 관계로서, 후자가 의식의 입구를 지키면서 전자의 접근을 막는다는 가설-을 입증할 수 있을 것이다.

수면 상태가 끝나면, 검열은 힘을 회복한다. 그리고 그것이 힘을 쓰지 못하는 동안 어쩔 수 없이 받아들였던 모든 것은 백지화된다. 그러한 우리의 가설을 확인시켜주는 것이, 우리가 자주 경험하는 꿈의 신속한 망각이다. 꿈을 이야기하거나 분석하는 동안, 우리가 완전히 잊어버린 꿈의 세부사항이 불현듯 떠오르는 경우가 있다. 망각으로부터 건져 올린 그러한 꿈의 파편은, 대개 꿈의 잠재적 의미에 접근할 수 있는 가장 확실한 지름길을 제공한다. 그러나 역으로 그것은 그 파편이 망각되는 이유이기도 하다. 망각이야말로 최상의 검열이기 때문이다.

11

꿈-내용은 욕망의 실현을 보여주는 표상이고, 그것의 애매성은 검열에 의해 억압된 재료가 변형됐기 때문이라는 사실을 인식하고 있다면, 꿈의 '기능'을 발견하는 데 별 어려움이 없을 것이다. 꿈이 잠의 방해꾼이라는 일반적인 견해와는 반대로, 우리는 꿈이 '잠의 수호자'라고 생각한다. 어린아이의 꿈이 그것의 가장 좋은 증거이다.

어린아이에게 있어서, 수면 상태나 거기에 포함된 심리 상태의 변화는 어떤 외적인 강요나 피곤함에 의해 이루어진다. 따라서 어린아이를 잠재우기 위해서는, 잠자는 것 이외의 다른 생각을 들게 하는 자극을 멀리해야 한다. 우리는 보통 외부의 자극을 멀리하는 방법을 알고 있다. 그렇지만 어린아이의 마음을 사로잡고 있는, 그를 깨우는 모든 욕망을 어떻게 잠재울 수 있을까? 어린아이를 잠재우려는 어머니가 있다 하자. 그 아이는 계속해서 뽀뽀를 요구하든지 장난감을 요구할 것이다. 그러나 어머니는 그 아이의 욕망을 부분적으로 만족시키고, 나머지는 권위를 이용해서 다음날로 미룰 것이다. 분명히 그 아이를 흥분시키는 모든 마음의 움직임은 잠의 장애물이다. 우리 모두는 발드윈 그롤러(Balduin Groller)*의 심술궂은 소년의 재미있는 이야기를 알고 있다. 그 소년은 한밤중에 깨어나 울부짖으며 코뿔소를 부르곤 했다. 아마 영리한 아이였다면, 울부짖는 대신 코뿔소와 노는 꿈을 꾸었을 것이다. 꿈은 아이에게 욕망의 실현을 보여줄 뿐 아니라, 잠자는 동안 믿음을 준다. 그렇게 욕망은 충족되고 잠은 계속된다. 물론 어린아이가 꿈의 이미지를 믿는 것은, 아직 그에게는 상상과 환각을 현실과 구분할 능력이 없는 데다, 그 이미지가 그럴듯한 형태를 띠고 있기 때문이다.

* 오스트리아의 19세기 대중 소설가.

어른은 그러한 구분을 할 줄 안다. 또한 어른은 경험을 통해 소원을 갖는 것이 쓸데없는 일이라는 것을 알고 있고, 그의 야망이 좀 더 우호적인 상황에서 우회적으로 충족될 때까지 가슴에 품고 있는 것이 낫다는 것을 알고 있다. 그 결과 어른의 꿈에서 욕망이 직접적으로 실현되는 경우는 거의 없다. 전혀 없는 경우도 있다. 그래서 어린아이의 꿈과 같은 유형의 어른의 꿈은 훨씬 더 복잡한 해결을 필요로 한다.* 또한 성인에게는–정상적인 성인은 예외 없이–어린아이에게 없는 심리적인 재료의 분화가 일어난다. 그리하여 그의 내부에는 삶의 경험을 통해 배운 하나의 기능, 즉 마음의 충동을 억압·억제하는 기능이 있다. 그러한 기능은 의식이나 자발적인 행위와 관계를 맺음으로써, 성인의 심리 생활에 대해 엄청난 힘을 행사한다. 그것은 어린 시절의 성향 중에서 많은 부분을, 적절하지 않고 필요 없는 것으로 낙인찍고, 그러한 성향으로부터 유래한 사고와 지각 방식을 억압한다.

* 욕망의 실현이 간접적이어야 할 어른의 꿈이, 어린아이의 꿈처럼 직접적으로 욕망을 실현하고 있으면, 해석이 더 복잡해지고 문제가 된다는 뜻.

그러나 우리가 정상적인 자아로 알고 있는 그 기능이 잠의 욕구에 굴복하게 되면, 그것은 심리–생리적인 조건에 의해 어쩔 수 없이 감시를 풀고, 억압된 재료의 난입에 대해 아주 제한된 에너지로 대응한다. 물론 감지 태만 자체는 아무런 해가 없기 때문에, 어린 시절의 억압된 성향들은 일시적으로 마음대로 활동한다. 그러나 바로 그 잠 때문에, 그것들이 의식에 접근하는 것은 여전히 어렵고, 운동에 접근하는 것도 봉쇄되어 있다. 따라서 그것들은 잠에 대해 하나의 위험이 될 수밖에 없고, 잠의 입장에서 보면 그러한 위험은 방지되어야 한다. 여기서 주의해야 할 것은, 우리가 깊이 잠들어 있는 시간에도 엄청난 양의 주의력이 감각적인 자극에 대한 보초로서 대기하고 있다는 사실이다. 그것은 특히 잠을 계속하는 것보다 중단하는 것이 바람직할 경우, 보초 노릇을 톡톡히 한다. 그렇지 않다면, 잠을 자는 동안에도 특수한 성질의 감각적인 자극에 대해 민감한 이유를 어떻게 설명할 수 있겠는가? 예컨대, 존경할 만한 심리학자인 부르다흐(Burdach)*가 오래 전에 강조했듯이, 어머니는 아이의 울음소리에, 방앗간 주인은 방아소리의 멈춤에, 그리고 일반적으로 모든 사람은 그의 이름을 부르는 소리에 깨어난다. 뿐만 아니라 이렇게 보초를 서고 있는 주의력은, 억압된 욕망으로부터 야기된 내적인 자극 쪽으로도 몸을 돌려, 그 자극과 야합하여 꿈을 만든다. 다시 말해 위에서 이미 언급했듯이, 그것은 두 기능을 동시에 만족시키는 타협물을 만든다. 꿈은 이를테면 억압 상태에 있는 욕망을 실현시킴으로써 그것을 심리적으로 방출하는 행위이다. 동시에 그것은 잠자는 사람이 계속 잠을 잘 수 있도록 다른 기능도 만족시켜 준다. 그러한 점에서 '자아'(ego)는 어린 애처럼 처신한다. 그것은 꿈의 이미지에 신임장을 주면서, 아래와 같이 말하는 것이다. "그래, 그래, 네가 옳아, 그러니 이제 나를 자게 내버려둬." 우리가 각성 상태에서 꿈의 지리멸렬함과 논리의 결여에 대해 내리는 경멸적인 평가는, 잠자는 '자아'가 억압의 산물에 대해 내리는 평가와 다르지 않다. 그 증거는 잠의 훼방꾼들[억압되었던 것들]이 우리를 흔들어 깨우지 못한다는 것이다. 우리는 잠자는 동안에도 그러한 사실을 의식한다. 왜냐하면 꿈의 이미지가 검열을 지나치게 넘어서더라도, 우리는 "그까짓 것 꿈에 불과한데, 뭐!"라고 생각하면서 계속 잠을 자기 때문이다.

* 부르다흐,『경험과학으로서의 생리학』,1838.

사람들은 꿈이 잠을 보호하지 못하는 경우가 있다고 반박할 것이다. 가령 '불안-꿈'이 그것이다. 그러나 그 경우는 우리의 주장을 반박하는 것이라기보다. 오히려 필요한 경우 잠을 신속하게 중단시키는 또 다른 기능이 있음을 가정케 하는 예라고 할 수 있다. 우리는 그 기능을 야간 경비원에 비교할 수 있다. 그의 임무는 우선 주민을 깨우는 잡음을 잠재우는 것이지만, 그 소란이 심각해져 혼자 힘만으로 퇴치할 수 없을 때에는 지체 없이 사람들을 깨우는 반대되는 임무도 수행한다.

그러한 기능은 잠자는 사람에게 외부의 감각적인 자극이 가해질 때, 특히 명확해진다. 일반적으로 외부의 자극이 꿈-내용에 영향을 미친다는 것은 이미 알려진 사실이다. 그것은 실험적으로 증명된 사실로, 꿈에 대한 의학적인 탐구의 결과 밝혀진 발견 중의 하나(그렇지만 지나치게 과대평가된)이다. 그러나 그 발견은 지금까지 풀리지 않은 수수께끼를 하나 내포하고 있다. 그 수수께끼란 다름 아니라, 잠자는 사람이 실험하는 사람의 자극을 인식하는 것이 아니라, 번역하고 해석한다는 사실이다. 그런데 많은 가능한 해석 중에서, 잠자는 사람의 선택은 어떻게 이루어지는 것일까? 외견상 그의 선택은 자의적인 결정으로 보인다. 그러나 심리에 있어서 자의적인 결정이란 없다.

사실 잠자는 사람이 외부로부터 온 감각적인 자극에 대해 반응하는 방식에는 여러 가지가 있다. 깨어날 수도 있고, 계속해서 잠을 잘 수도 있다. 후자의 경우에도, 여러 가지 방법이 동원된다. 그 한 예로, 자극을 물리치기 위해 외적인 장애가 전혀 없는 상황 한가운데 놓여 있는 꿈을 꾸는 경우가 있다. 가령 회음부의 종양 때문에 고통스러워하던 사람이 말을 타는 꿈을 꾸었다. 이 경우는 환자의 고통을 덜어줄 의도로 설치된 찜질이 말의 안장 역할을 한 것이다. 그런 식으로 환자는 잠을 어지럽히는 것을 피한다.* 또한 가장 흔한 경우로는, 꿈결에 지각된 자극을, 실현하고 싶은 억압된 욕망에 속하는 관념 연상 속에 편입시키는 경우이다. 그러면 자극은 즉시 그것의 실체를 잃어버리고, 잠자는 사람의 심리적 재료와 결합한다. 나의 친구 중의 하나가 희극을 쓰는 꿈을 꾸었다. 그것은 그가 오랫동안 간직해오던 바람의 실현이었다. 그 희극이 극장에서 상연되었다. 1막이 성공적으로 끝나고 우레와 같은 박수가 터졌다… 그런 식으로 그 친구는 잠을 연장했다. 우리가 그렇게 추정할 수 있는 것은, 그가 깨어났을 당시는 아무 소리도 들리지 않았지만, 그가 잠자는 동안 옆집에서 양탄자를 두들겼다는 사실이 나중에 밝혀졌기 때문이다. 잠자는 사람이 큰 소음 때문에 깨어나기 직전에 꾸는 꿈은, 대개 소음의 교란을 부정하고 다르게 해석함으로써 잠깐이라도 휴식을 얻고자 하는 노력의 표현이다.

* 이 꿈은 『꿈의 해석』(5장)에 자세히 보고되어 있다.

12*

* 이 장은 1911년에 첨가된 것이다.

검열을 꿈-왜곡의 원인으로 받아들이는 사람이라면, 거의 모든 성인의 꿈이, 분석해보면 성적인 욕망으로 귀결된다는 사실에 별로 놀라지 않은 것이다. 우리가 여기서 말하는 꿈은, 소위 위장되지 않은 관능적 이미지로 되어 있는 '성적인 꿈'이 아니다. 꿈을 꾸어본 사람이면 누구나 '성적인 꿈'을 경험해보았을 것이다. 그러한 꿈조차 우리에게 놀랄 만한 것을 제공한다. 우선 욕망의 대상이 되는 사람의 선택에 있어서 그렇고, 꿈꾼 사람이 각성 상태에서 성적인 욕망에 대해 부과하던 온갖 제한이 철폐되었다는 점에서 그렇고, 변태(perversions)와 관계된 이상한 행동을 한다는 점에서 그렇다. 그러나 성적인 징후가 없는 꿈들도 막상 분석해보면, 대개 성적인 욕망의 실현으로 환원된다. 뿐만 아니라 '낮의 잔재'(residues of the previous day)*로서 각성 시의 활동에서 밤의 꿈으로 넘겨지는 사고들도, 억압된 성적인 욕망의 도움을 얻을 때만 비로소 꿈에 표상될 수 있다.

* 꿈꾸기 전날 일어난 일(대개는 사소한 일)로서, 꿈의 촉발 요인이 되는 꿈의 재료를 말함.

그러나 그래야 할 하등의 이론적인 이유가 있는 것은 아니다. 그럼에도 불구하고 굳이 설명하자면, 성적인 성향보다 더 도덕과 문명에 의해 배척되고 억압되는 것은 없기 때문일 것이다. 게다가 대부분의 사람들에게서, 성적인 성향은 고도의 정신적인 통제를 쉽게 벗어난다. 우리는 다른 연구에서,[3] 일반적으로 잘 이해되지 않고 눈에 띄지 않는 유아의 성을 다룬 적이 있다. 그 연구 덕분에 우리는 다음과 같이 말할 수 있다. 거의 모든 문명인은 유년기적인 형태의 성생활을 간직하고 있다. 그리고 어린 시절부터 억압된 성적인 욕망이야말로, 어른의 꿈의 형성에 있어서 가장 강력하고 상습적인 원동력이다.

꿈이 성적인 욕망의 표출임에도 불구하고, 꿈-내용에 성적인 흔적이 전혀 없는 경우가 있다. 그 경우는 성적인 이미지의 재료가 그대로 표상된 것이 아니라, 힌트나 암시, 아니면 그와 비슷한 형태의 간접적인 표현에 의해 그 재료가 대체된 것이다. 그러나 그러한 방식의 꿈의 표현은, 다른 일반적인 간접적인 표현[문학에서의 비유]과는 달리 무엇보다 즉각적으로 이해되지 않는다. 꿈에 맞는 표현 방식은 보통 '상징'(symbols)이라고 기술되는 것들이다. 우리는 그것들에 특별한 관심을 쏟을 필요가 있다. 그것은 동일한 언어를 사용하는 사람들은 대개 동일한 상징을 사용해서 꿈을 꿀 뿐 아니라. 때

3) 프로이드, 『성욕에 관한 세 편의 에세이(*Trois essais sur la théorie de la sexualité*』 1905.

로는 상징 공동체가 언어 공동체를 넘어서기 때문이다. 그러나 정작 꿈꾸는 사람은 자기가 사용하는 상징의 의미를 잘 모른다. 왜냐하면 그 상징과 그것이 대체 · 표상하고 있는 것 사이의 연결의 기원이 한 눈에 띄지 않기 때문이다. 상징이 존재한다는 것은 의심의 여지가 없다. 그것은 꿈의 해석에 있어서 아주 중요하다. 분명히 꿈의 상징체계(dream-symbolism)를 잘 알고 있는 사람은, 꿈-사고에 대한 질문지를 받지 않고도 꿈의 개별적인 요소의 의미나 단편의 의미, 또는 꿈 전체를 더 쉽게 이해할 수 있을 것이다.* 한편으로 그것은 통속적으로 꿈에 대한 이상적인 번역에 접근하는 것이고, 다른 한편으로 옛날 사람들이 사용한 해석 기술로 돌아가는 것이다. 옛날 사람들에게 꿈의 해석은 상징을 통한 해석과 동일한 것이었다.

* 그러나 아래의 세 문단을 참조해보면, 프로이트가 꿈의 상징에 대한 연구와 그러한 해석 방법을 전적으로 수용한 것은 아니라는 사실을 알 수 있다.

꿈의 상징체계에 대한 연구가 아직 결론을 내릴 단계가 아님에도 불구하고, 우리는 이미 그것에 대한 일반적인 몇몇 자료와 여러 가지 특수한 정보를 기정사실로 여기고 있다.

하나의 의미로만 해석되는 상징이 있다. 황제와 황후(또는 왕과 왕비)는 아버지와 어머니를 의미한다. 방은 여자를,[4] 출입문은 육체의 열린 구멍을 나타낸다. 꿈의 상징은 대개 사람이나 육체 부분, 또는 성에 관계된 행위를 나타낸다. 특히 생식기는 이상한 상징들에 의해 표상된다. 즉 그것을 상징하는데 아주 다양한 물건들이 이용된다. 뾰족한 무기나 길고 딱딱한 물건이나 나무줄기나 지팡이는 남자의 성기를 나타내는 반면에, 천장, 상자, 마차, 프라

---

4) 이 말놀음은 번역될 수 없다. 독일에서는 보통 여자를 'Frau' 또는 ' Frauenzimmer' 라고 말한다. 그런데 'Frauenzimmer' 는 말 그대로 '여자(Frau)의 방(Zimmer)' 을 의미한다.

이팬은 여자의 성기를 상징한다. 그러한 대체의 동기는 아마 쉽게 이해할 수 있을 것이다. 그러나 꿈의 모든 상징이 그렇게 투명한 암시만을 함축하고 있는 것은 아니다. 넥타이는 남자의 성기이고, 숲은 여자의 육체이고, 계단을 올라가는 것은 성교를 상징한다고 말하면, 그러한 상징의 진정성의 증거가 나타날 때까지 심사숙고해야 된다. 게다가 대부분의 꿈의 상징은 양성적이고, 경우에 따라 남자나 여자의 성기는 어느 것과도 관계할 수 있다.

어떤 상징은 보편적으로 분포되어 있어서, 동일한 언어나 문화에 속하는 사람의 꿈이면 어디서나 만날 수 있다. 반면에 사용이 국한되어 있는 상징들도 있다. 그것들은 개인의 욕구에 따라 개인에 의해 만들어진다. 우리는 전자를 두 부류로 나눌 수 있다. 하나는 일상 언어에 자주 사용됨으로써 아주 자연스럽게 성적인 것을 상징하게 된 것으로, 가령 경작과 관계가 있는 '씨앗'이나 '수정'[생물의 수정]과 같은 것이 그것이다. 다른 하나는 성적인 것과 관계가 원시 시대까지 거슬러 올라가는 것으로, 가장 깊고 어두운 무의식 속에서만 태어나는 것이다. 어떻든 두 경우 모두 상징을 형성하는 힘은 오늘날에도 아직 꺼지지 않고 있다. 주목할 만한 사실은, 고무풍선과 같이 최근에 발명된 것들도 보편적인 성적인 상징으로 채택되고 있다는 것이다.

그럼에도 불구하고, 꿈의 상징체계(꿈의 언어)를 훨씬 더 깊이 연구한다면, 언젠가 꿈꾼 사람에게 꿈-사고에 대해 묻지 않고도 해석할 수 있는 날이 올 것이라고 생각하는 것은 잘못이다. 그것은 원시적인 해석 방법으로 돌아가는 것이다. 왜냐하면 개인적인 상징이 있을 뿐 아니라 보편적인 상징의 사용에도 무수한 진폭이 있다는 사실 이외에도, 꿈의 발현 내용이 상징적 의미를 띠고 있는지 아니면 고유한 의미로 해석되어야 하는지를 선험적으로 아는 것은 불가능하기 때문이다. 확실한 것은, 꿈의 전 내용이 상징적으로 해석되는 것은 아니라는 사실이다. 상징에 대한 지식은 결코 꿈-내용의 몇몇 요소들을 번역해주는 것 이상을 할 수 없다. 따라서 상징은 우리가 위에서 말한 해석 방법을 불필요하게 만드는 것이 아니라, 그것을 기껏해야 꿈-사고가 전무하거나 보잘것없을 때 해석에 도움을 줄 수 있을 뿐이다.

또한 꿈의 상징체계는 소위 모든 사람에게 공통적인 '전형적인' 꿈과, 이른바 '주기적인' 개인의 꿈의 분석에도 필수적이다. 그럼에도 우리가 꿈의 상징적 표현이라는 흥미로운 문제에 대해 맛만 본 것은, 정확히 그 문제의 중요성이 우리의 작업의 틀을 넘어서기 때문이다. 그것은 꿈의 영역을 훨씬 넘어 민중의 상상력의 영역, 즉 옛날 이야기나 신화나 전설의 원천으로 우리를 데려간다. 그리하여 우리는 상징을 통해 꿈과 그것들의 긴밀한 관계를 추적할 수 있다. 꿈의 상징은 꿈의 창조물이 아니다. 오히려 그것은 꿈의 작업에 압축 · 이동 · 극화의 재료를 제공하는 무의식적 사고일 가능성이 높다.[5)]

13

물론 우리는 꿈에 제기되는 모든 문제를 조명하지 않았고, 그렇다고 우리가 여기서 거론한 문제를 완전히 해결한 것도 아니다. 그 문제 전반에 대해 관심 있는 독자들은 산테 데 산크티스(Sante de Sanctis)의 『나는 꿈꾼다(I

5) 꿈의 상징체계에 관해서는, 꿈의 해석에 대한 옛날 작품(아르테미도루스(Artemidore de Daldis)의 『꿈의 해석(Oneirocritica)』과 쉐르너(Scherner)의 『꿈의 생활(La Vie du rêve)』(1861) 이외에, 프로이트의 『꿈과해석』과 심리분석학파(융(Jung) 학파를 일컬음)의 신화 연구나 슈테켈(W. Stekel)의 작품(『꿈의 언어(La Langue du rêve)』, 1911)을 참조할 것.

sogni)』(1899)를 참고하기 바란다. 그리고 내 개인의 꿈 이론에 대한 상세한 설명을 듣기 원하는 사람은, 나의 작품 『꿈의 해석』(1900)*를 참조하기 바란다. 이제 나에게 남은 일은, 어떤 방향에서 꿈에 대한 연구를 계속하는 것이 바람직한가를 이야기하는 것이다.

* 『정신분석 입문』(1916-17)의 제2부에 나오는 꿈에 대한 11번에 걸친 강연을 참조할 것.

우리는 방금 전에, 꿈을 해석하는 것은 발현된 꿈-내용을 잠재적 사고로 바꾸는 일이라는 원칙을 세웠다. 달리 말하면 그것은 꿈의 작업에 의해 얽어진 것을 푸는 작업이다. 또한 나는 꿈의 작업의 메커니즘과, 내가 억압이라고 부르는 것의 본질과 구성에 관한 일련의 새로운 심리학적인 문제들을 제기했고, 꿈의 잠재적 사고가 존재한다고 주장했다. 다시 말해 잠재적 사고는 대단히 중요한 심리적인 형성물-정상적인 지적 기능의 온갖 징후를 띠고 있지만 위장을 통해서만 의식에 나타날 수 있는 형성물-을 탄생시키는 풍부한 재료들이다. 그러한 잠재적 사고는 모든 사람에게 존재한다. 왜냐하면 가장 정상적인 사람을 포함한 거의 모든 사람이 꿈을 꾸기 때문이다. 그러한 꿈-사고와 의식의 관계 및 억압과의 관계는 심리학에서 아주 중요한 다른 문제들을 제기한다. 그런데 그러한 문제의 해결은, 분석을 통해 히스테리 증상과 강박증과 같은 정신병리학적인 형성물들의 기원을 밝힐 때까지 연기될 수밖에 없다.

실현된 예지몽(1899)

이 논문의 초고는 『꿈의 해석』이 발간된 지 6일 뒤인 1899년 11월 10일 자로 되어 있다. 또한 프로이트는 플리스(Fliess)에게 보낸 편지에서 (1899년 11월 5일의 편지), 예지몽의 기원과 의미를 발견했다고 말하고 있다. 그러나 이 논문은 1941년 유고로 출판된다. 그렇지만 이 사건과 주제는 『일상생활의 정신병리학』(12장)에 아주 간단히 보고되어 있고, 『꿈의 해석』(1장과 7장)에서도 다루어지고 있다.

B 부인은 뛰어난 여자였다. 게다가 그녀는 비판 정신의 소유자였다. 그러한 그녀가 다른 문맥에서 나에게 몇 년 전의 꿈 이야기를 해주었다. 캐른트너스트라세(Kärntnerstrasse)* 거리에 있는 히스(Hiess)의 가게 앞에서 K박사를 만나는 꿈이었다. 그는 그녀의 친구이자 그녀의 옛날 가정의(家庭醫)였다. 그 다음날 아침, 그녀가 그 거리를 따라 걷고 있을 때, 그녀는 실제로 그 문제의 인물을 꿈에 나타난 그 지점에서 만났다. 그것이 우리의 주제이다. 단지 덧붙일 것은, 그 기적적인 만남의 중요성을 증명하는 어떠한 후속 사건도 없었다는 것이다. 따라서 그것은 미래에 의해 설명될 수 있는 성질의 것이 아니다.

* 비엔나 중심에 있는 상가.

그 꿈의 분석은 그녀가 꿈꾼 다음날 아침-정확히 산책하기 전-그 꿈을 기억했다는 증거가 없다는 사실을 확인하는 것으로부터 시작되었다. 그 꿈이 실현되기 전에 그것을 옮겨 쓰거나 누군가에게 말했다는…등의 증거 말이다. 그 부인도 내가 보기에 가장 그럴 듯한 다음의 설명을 별 반대 없이 받아들였다. 어느 날 아침 그녀는 캐른트너스트라세 거리를 걸어가다가 히스의 상점 앞에서 그녀의 옛날 가정의를 만난다. 그를 보는 순간, 그녀는 전날 밤 바로 그 장소에서 그를 만나는 꿈을 꾸었다는 확신을 갖는다. 신경증의 증상을 해석하는 데 적용되는 법칙에 따르면, 그러한 확신은 근거가 있어야 한다. 그러나 그것의 내용으로 봐서 그것은 재해석될 필요가 있다.

B 부인은 K 박사와 관계된 다음과 같은 과거를 갖고 있다. 그녀는 어린 나이에 마음에 내키지 않는 결혼을 했다. 그녀의 남편은 그녀보다 나이가 많은 부자였다. 몇 년 뒤 그는 재산을 잃고 결핵에 걸려 죽었다. 그 젊은 부인은 여러 해 동안 음악 레슨을 하면서, 생활비를 대고 병든 남편을 뒷바라지 했다. 불행 중에도 그녀에겐 친구들이 있었다. 그 중의 하나가 그녀의 가정의인 K박사였다. 그는 남편을 헌신적으로 보살펴주었고, 그녀가 첫 번째 학생들[음악 레슨을 받을 학생]을 찾는 것을 도와주었다. 다른 한 사람은 변호사로, 그 역시 K박사였다. 그는 그 파산한 상인[그녀의 남편]의 어지러운 일들을 뒤처리해주었다. 그러는 과정에 그[변호사]는 그 젊은 부인에게 사랑을 구했고, 처음이자 마지막으로 그녀의 사랑에 불을 지폈다. 그러나 그러한 사랑의 관계는 그녀에게 진정한 행복을 주지 못했다. 그녀의 교육과 심성에서 오는 양심의 가책이, 결혼해 있는 동안은 물론이려니와 나중에 과부가 되었을 때도, 그녀가 완전히 굴복하는 것[사랑에 대한 굴복]을 방해했다. 그 꿈을 내게 이야기한 것과 같은 문맥에서, 그녀는 그 불행하던 시절에 진짜 있었던 일을 나에게 이야기해주었다. 그녀의 생각에, 그것은 놀라운 만남이었다. 그

녀는 자기 방에서, 바닥에 무릎을 꿇고 소파에 머리를 묻은 채 흐느껴 울고 있었다. 친구이자 후원자인 변호사에 대한 그리움이 복받쳐 올라왔기 때문이었다. 바로 그때, 문이 열리고 그 사람이 들어왔다. 그녀가 얼마나 자주 그를 생각하고, 그가 얼마나 자주 그녀를 방문하는지 고려해볼 때, 그러한 우연의 일치는 전혀 놀라운 것이 아니다. 게다가 그와 같이 미리 약속을 한 것처럼 보이는 일들은, 사람의 이야기에는 어디에나 있다. 그럼에도 그러한 만남이 진짜 꿈처럼 보이고, 그 꿈이 실현되었다는 확신을 갖게 되는 일은 있을 수 있다.

욕망이 실현된 장면[집에서 울고 있을 때 변호사가 찾아온 장면]과 그녀의 꿈 사이에는 25년 이상의 간격이 있다. B 부인은 그 사이에 두 번째 남편을 만났지만, 다시 과부가 되고 말았다. 그는 그녀에게 아이 하나와 재산을 남겨주었다. 그 늙은 부인의 마음은 여전히 K박사에게 있었다. K변호사는 지금도 그녀의 조언자이자 재산 관리인이었다. 그래서 그녀는 그를 자주 보는 편이었다. 그녀는 그 꿈을 꾸기 며칠 전부터 그의 방문을 고대하고 있었지만, (그의 열정이 예전 같지 않아서) 그가 오지 않았다고 한 번 가정해보자. 그러면 그녀는 어느날 밤 그리운 욕망의 꿈을 꿀 것이다. 그 꿈은 그녀를 옛날로 데려갈 것이다. 아마도 그녀의 꿈은 사랑할 때의 만남에 관한 것이었을 테고, 그녀의 꿈-사고는 그가 보고 싶은 바로 그 순간에, 그가 그녀에게 왔던 때로 거슬러 올라갈 것이다. 그녀는 지금도 그러한 꿈을 자주 꿀 것이다. 그러한 꿈은 젊은 날의 매정함[사랑에 굴복하지 않은 것]에 대해 그녀가 뒤늦게 지불하는 처벌의 일부이다. 그것은 억압된 사고의 파생물로, 재혼 이후 더 이상 생각하고 싶지 않은 만남에 대한 기억으로 가득 찰 것이다. 그러나 그러한 꿈은 깨어나자마자 다시 옆으로 밀려나게 마련이다. 이것이 소위 우리의 예지몽에서 일어나는 일이다. 그때 그녀는 외출을 했고, 그 자체로는 평범한 캐른트너스트라세 거리의 한 지점에서 그녀의 옛날 가정의인 K 박사를 만난다. 그녀는 아주 오랫동안 그를 보지 못한 상태였고, 그는 행-불행의 격동과 밀접히 연관되어 있는 사람이었다. 그리고 그 역시 후원자였다. 따라서 우리는 그가 그녀의 사고와 꿈속에서, 사랑하는 또 다른 K 박사의 모습을 가리고 있는 덮개-인물(screen figure)*이라고 가정할 수 있다. 그 결과 그 만남이 꿈에 대한 기억을 그녀에게 되살려준 것이다. 그녀는 이렇게 생각했을 것이다. '그래, 나는 어젯밤 K 박사와 만나는 꿈을 꾸었어.' 그러나 그러한 기억은 왜곡을 겪어야 한다. 왜냐하면 그 꿈은 완전히 잊혀짐으로써 왜곡을 피해갔기 때문이다. 그녀의 사랑하는 K[변호사] 대신, 무관한 K[가정의](그 꿈에 대한 기억을 환기시킨)를 끼워 넣는다. 꿈-내용- '만남' (redez-vous)-은 실제로 그 장소에 대한 꿈을 꾸었다는 믿음으로 바뀐다. 왜냐하면 만남이란 두 사람이 동시에 같은 장소에 있는 것이기 때문이다. 그때 만약 그녀가 자신의 꿈이 실현되었다는 인상을 받았다면, 그것은 그녀가 그 장면의 기억(그가 오기를 바라며 울 때 그녀의 그리움이 실현된)에 전적인 가치를 부여하기 때문이다.**

* 다음에 번역된 덮개-기억에 관한 논문을 참조할 것.

** 요컨대 '예지몽'은 K 변호사와 만나는 꿈이 기억에서 잊혀졌다가. 또 다른 K(가정의)를 만나는 순간, 전자가 후자로 탈바꿈하면서(이동 · 왜곡되면서), 실제 사건과 똑같은 꿈을 꾸었다는 믿음을 주며 기억에서 되살아나는 꿈을 말한다.

이렇게 예지몽을 가능케 하는, 사후에 만들어진 꿈은, 검열의 한 형태에 불과하다. 그런데 그러한 검열이 있기 때문에, 꿈이 의식에 이를 수 있는 것이다.

1899년 11월 10일

II

덮개-기억에 대하여(1899)

정신분석 치료(히스테리와 강박신경증… 등에 중점을 두는)를 하면서, 나는 환자의 기억 속에 유년 시절부터 남아 있는 기억의 단편들을 취급하는 경우가 종종 있다. 내가 이미 다른 데서 지적했듯이,* 그 시기의 삶의 인상은 아주 중요한 병인이 된다. 그러나 어떤 경우라도, 어린 시절의 기억이라는 주제는 심리학의 관심이 아닐 수 없다. 왜냐하면 어린아이의 심리 기능과 어른의 심리 기능의 근본적인 차이는, 어린 시절에 대한 기억에서 선명하게 드러나기 때문이다. 아마 태어나서 최초 몇 년 동안 겪는 경험이 우리의 심리 내부에 지울 수 없는 흔적을 남긴다는 것은 의심의 여지가 없을 것이다. 그러나 죽을 때까지 우리에게 남아서 영향을 미치는 그 인상이 무엇인지, 우리의 '기억'(memories)에 물어본다면, 그 기억은 우리에게 아무 것도 주지 못하거나, 아니면, 상대적으로 제한된 수의 기억, 그것도 분산되고 대개는 가치가 의심스럽고 알 수 없는 기억만을 제공한다. 6살이나 7살이 돼서야-많은 경우에는 10살 이후에나 삶이 일련의 연결된 사건으로 기억 속에 재생될 수 있다. 그때부터 체험의 심리적 의미와 그 체험의 직접적인 효과나 후속 효과로서 중요하게 보이는 것은 모두 기억되고, 본질적이 아닌 것으로 판단되는 것은 모두 잊혀진다. 내가 일어난 지 오래된 사건을 기억한다는 것은, 다시 말해 그것이 내 기억에 보존되어 있다는 것은, 그 사건이 그 당시 나에게 깊은 인상을 남겼다는 증거이다. 나는 '중요한' 것을 잊어버렸을 때도 놀라지만, 그보다는 겉보기에 대수롭지 않은 것을 기억하고 있을 때 훨씬 더 놀란다.

* 예를 들면 「히스테리의 병인」(1896)을 참조할 것.

어떤 인상의 심리적인 중요성과 그것의 기억 사이의 관계는, 정상적인 어른에게는 유지되지만 몇몇 병적인 정신 상태에서는 끊어진다. 가령 히스테리 환자는 그의 병을 유발한 경험의 전체 또는 부분에 대해 규칙적으로 건망증(amnesia)을 보인다. 바로 그러한 사실 때문에, 그 경험은 그 내용에 관계없이 그에게 중요하다. 내가 보기에, 그러한 병적인 건망증과 어린 시절에 대한 정상적인 건망증 사이에는 유사성이 있는 것 같다. 그것은 신경증의 심리 내용과 어린 시절의 삶 사이의 긴밀한 관계에 대해, 우리에게 귀중한 힌트를 제공할 것이다.

우리는 어린 시절의 인상에 대한 기억이 없는 것에 아주 익숙해 있기 때문에, 대개 그러한 사실 뒤에 숨어 있는 문제를 간과한다. 그리고 그것을 어린 아이의 불완전한 심리 활동의 당연한 결과로 설명하는 경향이 있다. 그러나 사실, 정상적으로 발달한 서너 살 된 어린아이는 이미 비교와 추론, 그리고 감정 표현에 있어서 고도로 조직된 엄청난 양의 정신 기능을 보여준다. 그렇기 때문에 훗날의 심리 행위에 못지않은 심리 행위에 대해 건망증이 일어나는 이유가 무엇인지 선뜻 납득이 가지 않는다.

물론 유년 시절의 기억과 관계된 심리학적인 문제를 다루기 위해서는 먼저 충분히 많은 성인을 조사하고, 그들이 그 시기의 생활에 대해 어떤 종류의 회상을 할 수 있는지 알아보면서 재료를 수집하는 것이 필수적이다. 앙리 형제[V. Henri와 C. Henri]는 질문지를 만들어 배포함으로써 그 방향에서 첫발을 내디뎠다. 123명이 대답한 그 조사의 지극히 암시적인 결과는, 1897년 그 두 저자의 이름으로 『심리학 연감』 제3권(「유년시절의 첫 기억에 대한 조사」)에 발표된다. 그러나 나는 그 주제를 전체적으로 다룰 생각은 없다. 단지 나는 내가 '덮개-기억'(Screen memories)이라고 부르는 것을 소개하기 위한 출발점으로 여겨지는 몇 가지 점을 강조하는 것으로 만족하고자 한다.

유년 시절의 최초의 기억은 보통 2살에서 4살까지 거슬러 올라간다. (앙리 형제의 관찰에서 88명이 여기에 해당한다.) 그러나 기억이 더 멀리까지 올라가는 사람들도 있다. 그 중에는 한 살 이전까지 거슬러 올라가는 사람도 있다. 반면에 최초의 기억이 기껏해야 예닐곱 살, 심지어는 8살부터 시작하는 사람도 있다. 그러한 개인적인 차이가 어디서 연유하는지 지금 당장 이야기할 수는 없다. 앙리 형제에 따르면, 최초의 기억이 아주 어린 나이, 대략 한 살까지 거슬러 올라가는 사람은, 그 다음 해의 기억도 마음대로 이용할 수 있을 뿐 아니라, 어떤 시기-대략 다섯 살-부터는 체험을 연속적인 사슬로 재생할 수 있다. 그것은 최초의 기억이 그보다 늦게 시작하는 사람보다 더 빠른 것이다. 이렇게 최초의 기억이 나타나는 시기뿐만 아니라, 기억의 전체적인 기능도 사람에 따라 빠르거나 늦을 수 있다.

특별히 우리의 관심을 끄는 것은, 어린 시절의 최초의 기억이 보통 무슨 '내용'(content)이냐 하는 것이다. 성인 심리학에 따르면, 체험 중에서 기억될 만한 것으로 선택되는 것은, 일반적으로 강력한 정동(情動, affect)을 일으킨 인상이나 그 결과가 의미심장한 것으로 인정되는 인상이다. 앙리 형제에 의해 수집된 약간의 관찰 기록은 그러한 기대를 충족시키고 있다. 그들의 보고에 의하면, 유년시절의 최초의 기억 중에 가장 흔한 내용은, 한편으로 두려움이나 부끄러움, 육체적인 고통 등을 일으킨 상황이고, 다른 한편으로 병, 죽음, 화재나 형제자매의 탄생과 같은 중요한 사건이다. 이렇게 기억의 선택의 원칙은 어른이나 아이에게 똑같다고 가정하는 경향이 있다. 모두 잘 이해하고 있다시피-확실한 언급이 있어야 할 사실임에도- 유년 시절부터 간직되어온 기억은 어린아이와 어른의 흥미를 끄는 것에 차이가 있다는 것을 분명히 보여주고 있다. 그러한 차이를 잘 설명해주는 것이, 가령 어떤 사람이 두 살 때 인형에게 일어났던 일들은 기억하면서, 그 당시에 그가 겪은 심각한 비극적 사건에 관해서는 전혀 기억하지 못하는 경우이다.

그러나 우리가 기대하고 있는 것과는 정반대여서 우리를 놀라게 하는 사실이 있다. 어떤 사람은 유년 시절의 최초의 기억이 어린아이에게 어떤 감정의 효과도 일으킬 수 없는 일상적인 흥미 없는 일인데도 아주 상세하게(보통 '지나치게 선명하게' 라고 말한다.)* 기억하는 반면에, 부모의 증언에 따르면, 그 당시에 그 아이를 강하게 사로잡은 에피소드는 거의 기억하지 못하는 수가 있다. 앙리 형제가 전하고 있는 문헌학 교수의 이야기에 따르면, 서너 살 때로 거슬러 올라가는 그 교수의 최초의 기억은, 얼음이 담긴 컵이 놓여있는 식탁의 이미지이다. 그러나 부모의 말에 의하면, 그 당시 그의 마음을 뒤흔든 일은 다름 아닌 할머니의 죽음이었다. 그런데 그는 정작 지금, 그 죽음에 대해 아무것도 모르고 있다는 것이다. 그 당시에 관한 그의 유일한 기억은 얼음이 담긴 컵이다. 또 다른 사람은 산책하는 중에 나뭇가지 하나를 꺾은 것을, 어린 시절의 최초의 기억으로 보고하고 있다. 그는 아직도 그 일이 일어난 장소를 확인할 수 있다고 생각하고 있다. 그 곳에는 여러 사람이 있었고, 그들 중의 하나가 도와주었다고 한다.

* 「망각의 심리적 메커니즘에 대하여」의 역주를 참조할 것. 이 점은 뒤에 다시 거론된다.

앙리 형제는 그런 경우가 드물다고 규정하고 있다. 그러나 내 경험-대부분 신경증 환자에 근거를 두고 있는-에 의하면 그런 일은 다반사다. 앙리 형제의 주제 중의 하나는 그런 기억의 이미지-그것의 하찮은 특성 때문에 이해할 수 없는-를 설명하는 것이었다, 내가 보기에, 그런 기억에 대한 앙리 형제의 설명은 아주 적절하다. 그들의 설명에 따르면, 그 경우 문제가 되는 장면은 기억 속에 불완전하게 보존되어 있다. 그래서 그것은 아무 것도 의미하지 않는 것처럼 보이는 것이다. 모든 기록될 만한 인상은 잊혀진 요소 속에 포함되어 있다. 나는 그것을 입증할 수 있다. 단지 나는 체험의 '잊혀진 요소'(fogotten)라는 말 대신에 '감춰진 요소'(omitted; escamotés)라는 표현을 쓰고 싶다.

나는 정신 분석 치료를 통하여, 종종 어린 시절의 경험 중에서 부족한 부분을 발견하는 데 성공하였다. 그리고 기억 속에 파편으로 남아 있는 인상을 완전히 복원하고 나면, 중요한 것은 기억 속에 보존되어 있다는 가정에 부합하였다. 그럼에도 그러한 사실은 체험의 요소 중에서 기억의 이상한 선택을 설명하지 못한다. 우선 왜 중요한 것이 억압되고 사소한 것이 잊혀지지 않는 것인지 자문해 보아야 한다. 그것을 설명하기 위해서는, 그러한 과정의 메커니즘을 좀더 깊이 천착해야 한다. 그래서 생각난 것이, 두 개의 심리적 힘이 그러한 종류의 기억을 생산하는 데 참여한다는 생각이었다. 그 중의 하나는 체험의 중요성을 기억의 동기로 삼는 힘이고, 다른 하나는 그러한 편애를 보이는 것을 방해하는 힘-즉 '저항'-이다. 서로 상반된 그 두 힘은 상대를 완전히 제거하지도, 완전히 지배하지도 못한다. 그 대신 (자기에 손해가 있건 없건 간에) 타협이 일어난다. 그것은 말하자면 힘의 평행사변형에서 합력과 비슷하다. 타협은 다음과 같이 이루어진다. 기억 이미지로 기록된 것은, 문제의 체험 자체가 아니라(이 점에서는 저항이 이긴 것이다.), 인접성에 의해 부적당한 요소와 연결된 또 다른 심리적 요소이다.(이 점에서는 중요한 인상을 고정시킴으로써, 재생될 수 있는 기억 이미지를 세우려는 첫 번째 원칙이 힘을 보인 것이다.) 그러한 갈등의 결과, 일상적으로 정당화하는 기억의 이미지 대신에, 관념적으로 그것으로부터 다소 '이동한'(displaced) 다른 기억의 이미지가 일어난다. 그 인상의 중요한 요소들은 감정에 거슬리는 것들이기 때문에, 대체된 기억에는 중요한 요소가 없을 수밖에 없고, 바로 그러한 이유로 해서 대체된 기억이 대수롭지 않게 보이는 것이다. 우리에게 그것이 이해할 수 없는 것처럼 보이는 것은, 우리가 그것의 내용 자체에서 그것이 기억될 만한 이유를 찾는 데 반해, 그것이 기억되는 진짜 이유는 그 내용과 억제된 다른 내용 사이의 관계 속에 있기 때문이다. 대중적인 비유를 들어 말한다면, 어린 시절의 어떤 체험이 기억 속에서 가치를 획득하는 것은, 그것 자체가 황금으로 이루어져 있기 때문이 아니라 황금으로 만들어진 것 옆에 있기 때문이다.*

* 이 비유는 『농담과 무의식의 관계』(1905)(7장)에 다시 나타난다.

하나의 심리 내용이 다른 것으로 대체되는 경우는 여러 가지가 있는데, 그것들은 모두 다양한 심리적인 모습으로 실현된다. 그 중에서 가장 간단한 것 중의 하나가, 여기서 문제삼고 있는 어린 시절의 기억이다. 즉 체험의 비본질적인 요소가 기억 속에서 체험의 본질적인 요소로 나타나는 경우이다. 그것은 '인접성'에 의한 연상의 이동이다. 또한 그것은 그 과정 전체를 고려해 볼 때, '대체'(substitution)에 의한 (시공간적으로) 이웃한 것의 억압이다. 나는 한 번 편집증(paranoia)*의 분석에서 대체와 아주 유사한 사례를 발표한 적이 있다.[1] 나는 거기서 환각에 사로잡힌 한 여자에 대해 이야기했다. 그녀는 환각 속에서 오토 루트비히(Otto Ludwig)의 소설 『하이터레타이(*Die*

1) 『방어 신경증에 대한 새로운 고찰』(1896)

Heiterethei)』**의 한 대목을 반복해서 되뇌었다. 그녀가 반복하는 대목은 줄거리와 관계가 없는 아주 하찮은 것이었다. 분석이 진행됨에 따라, 그 이야기의 다른 대목이 그 환자에게 가장 고통스러운 생각을 떠올린다는 사실이 밝혀졌다. 고통스러운 정동이 그러한 생각에 대한 방어의 동기였다. 그러나 그 생각을 계속하려는 동기들도 완전히 억제된 것은 아니었다. 그래서 타협책으로, 무해한 대목을 병적으로 강하고 선명하게 기억 속에 인각시킨 것이다. 우리가 여기서 마주친 과정-갈등(conflict), 억압(repression), 타협물로의 대체(substitution involving a compromise)로 이어지는-은 모든 신경증에서 일어나는 일이기 때문에, 증상 형성의 이해에 열쇠가 될 수 있다. 따라서 그러한 과정이 정상적인 사람의 심리에서도 발견된다면, 그것은 대단히 중요한 의미를 가질 것이다. 정상인에게 있어서도 그 과정이 어린 시절의 기억의 선택에 영향을 준다는 사실은, 어린아이의 정신 생활과 신경증의 심리 재료 사이에 긴밀한 관계-우리가 이미 강조한-를 다시 한 번 보여주는 것이기 때문이다.

* 체계적이고 논리적인 해석 망상을 특징으로 하는 정신병으로, 거기에 보통 질투 망상, 호색(好色) 망상, 과대 망상 등이 덧붙여진다.

** 오토 루트비히(1813-1865)는 독일의 유명한 극작가이자 소설가이다. 『하이터레타이와 그녀의 적대행동』(1857)은 투링겐의 시골뜨기 소녀가 주인공으로 나오는 소설이다. 이 대목은 「방어 정신 신경증에 대한 새로운 고찰」(1896)에도 언급되어 있다.

정상적이든 병적이든 방어의 과정과 그것의 결과인 이동은 대단히 중요하다. 내가 아는 한, 그 과정은 지금까지 심리학자들에 의해 전혀 연구가 되지 않았다. 따라서 그것이 심리의 어떤 층과 조건에서 작용하는지 밝히는 일이 아직 남아 있다. 이러한 무관심의 이유는, 아마 심리 생활이 내적인 '의식'

(conscious)의 지각 대상이 될 때, 그 과정에 대해 아무것도 보여 주지 않기 때문일 것이다. '추론 잘못'으로 분류되거나, 우스꽝스러운 결과를 낳는 심리 작용이 아닌데도 말이다. 심리적인 강도가 하나의 표상(이 때부터 버려지는)에서 다른 표상(이 이후로 전자의 심리적인 역할을 대신하는)으로 이동된다는 주장은, 그리스 신화의 어떤 특징들처럼 우리를 당황케 한다. 가령 신들이 인간에게 베일과 같은 아름다운 것을 입혔는데, 정작 우리는 외모의 변화에 의해 변형된 모습만을 생각할 때처럼 말이다.

그러한 대수롭지 않은 어린 시절의 기억에 대한 연구를 진전시키면서, 우리가 알게 된 것은, 그것이 다른 방식으로도 생길 수 있을 뿐 아니라 그것의 순박한 특성 뒤에는 예상 밖으로 엄청난 의미가 숨어 있다는 것이다. 그러나 나는 그러한 사실을 단순히 주장하는 것으로 그치지 않고, 하나의 특별한 예–그와 비슷한 수많은 예 중에서, 나에게 가장 교훈적으로 보이는–를 상세하게 보고하고자 한다. 게다가 그것은 신경증 환자가 전혀 아니거나, 거의 아닌 사람에 관한 것이기 때문에 특별히 가치가 있다.

관찰 대상은 대학 교육을 받은 38세의 남자이다.* 내가 정신분석을 통해 그를 가벼운 공포증으로부터 벗어나게 한 이후로, 그는 실제 직업이 전혀 다른 영역인데도 불구하고 심리학적인 문제에 관심을 갖고 있었다. 나는 작년에 이미, 분석에 어떤 역할을 한 그의 어린 시절의 기억에 주목하게 되었다. 그가 나에게 그 자신의 경험을 다음과 같이 요약 · 설명해준 것은, 앙리 형제의 탐구를 알고 난 다음이었다.

* 이 남자는 프로이트 자신이다. 따라서 이 분석은 틀림없이 가볍게 위장된 자서전적인 재료이다. 1899년 5월 이 논문이 출판사에 보내졌을 때, 프로이트의 실제 나이는 정확히 43세였다.

"나는 아주 어린 시절의 기억을 상당수 갖고 있습니다. 나는 그것의 날짜도 굉장히 정확하게 계산할 수 있습니다. 만 3살 때, 나는 내가 태어난 조그마한 고장을 떠나 커다란 도시로 이사를 갔습니다. 그런데 내 기억은 전부, 내가 태어난 그 고장을 틀로 하고 있습니다. 따라서 그것은 2살과 3살 사이의 일입니다. 그것은 거의 언제나 짤막한 장면입니다. 그렇지만 아주 잘 보존되어 있고, 감각적인 상세함도 갖추고 있습니다. 그렇기 때문에, 그것은 시각적인 요소가 전혀 없는 나의 장년기의 기억의 이미지와는 완전히 다릅니다. 3살부터 기억은 드물어질뿐더러 불투명해집니다. 그 공백은 1년 이상을 차지하고 있습니다. 내 생각에, 6살이나 7살이 돼서야 기억의 흐름이 이어집니다. 내가 아직 내 최초의 거처를 떠나지 않았던 때의 기억은 세 그룹으로 나뉘어집니다. 첫 번째 그룹은 나의 부모님이 나중에 여러 차례 이야기한 장면으로 구성되어 있습니다. 그것에 관해 말하자면, 내가 처음부터 그 기억의 이미지를 갖고 있었는지, 아니면 그 이야기를 들은 다음에 내가 만들어낸 것인지 확실히 알 수 없습니다. 그럼에도 말해둘 것은, 부모님들에 의해 여러 차례 기술된 것인데도 불구하고, 나에겐 전혀 기억의 이미지가 없는 사건들이 있다는 것입니다. 내가 좀더 가치를 부여하는 것은 두 번째 그룹입니다. 그것은, 내가 아는 한, 누구도 나에게 말한 적이 없는 장면입니다. 진실로 나는 그것의 한 부분도 들은 적이 없습니다. 왜냐하면 그 기억과 관계된 인물들(유모와 놀이 친구들)을 다시 못 만났기 때문입니다. 세 번째 그룹에 대해서는 나중에 이야기하겠습니다. 이러한 장면들의 내용과 그것들이 내 기억 속에 보존되어 있는 이유에 관해 말하자면, 그 문제에 대한 지침이 내게 없는 것은 아닙니다. 물론 보존된 그 기억들이 그 시기의 가장 중요한 사건이라든가, 오늘날 내가 중요하다고 판단하는 것과 일치한다고 말할 수는 없습니다. 나는 나보다 2살 반 어린 누이의 탄생에 대해 아무 것도 모릅니다. 뿐만 아니라, 그보다 앞서 고향을 떠난 것과, 그때 처음 목격한 철도와 긴 마차 여행도, 내 기억에 어떠한 흔적도 남기고 있지 않습니다. 반면에 나는 기차 여행 중에 이러난 조그만 두 사건을 기억하고 있습니다. 당신이 기억하듯이, 그것은 나의 공포증을 분석하는 가운데 나타난 것입니다. 그렇지만 나에게 가장 큰 인상을 남긴 것은, 내가 얼굴에 상처를 입어 많은 피를 흘린 일입니다. 그 일로 인해 나는 외과에 가서 얼굴을 꿰맸습니다. 지금도 그때 입은 상처가 만져집니다. 그러나 나는 직접적이건 간접적이건, 그 체험과 관계된 어떤 기억도 갖고 있지 않습니다.* 그때 아마 나는 두 살도 안 되었을 것입니다."

* 이 일은 『꿈의 해석』(1장)에 두 번 언급되어 있다. 또한 플리스(Fliess)에게 보낸 편지(1897년 10월 15일자)와 『정신분석입문』의 제13장 앞부분에 간접적으로 언급되어 있다.

"그 때문에 나는 전자의 두 그룹의 이미지와 장면에 대해서는 놀라지 않습니다. 확실히 그것들은 이동된 기억입니다. 거기에는 거의 언제나 본질적인 요소가 없습니다. 그러나 어떤 것에는 본질적인 것이 최소한으로 암시되어 있고, 또 다른 경우는 어떤 징후 덕분에 그것들[이동된 기억들]이 쉽게 보충되기도 합니다. 그렇게 함으로써 나는 서로 떨어져 있는 기억의 단편들을 연결하고, 어린아이의 어떤 흥미가 그러한 특별한 사건들을 내 기억에 추천하는지 분명히 깨닫게 됩니다. 그러나 세 번째 그룹의 경우는 전혀 다릅니다. 나는 지금까지 그것에 대한 논의를 미뤄왔습니다. 그것은 내가 어떻게 가닥을 잡아야 할지 전혀 모르는 재료-하나의 긴 장면과 여러 개의 작은 이미지-로 되어 있습니다. 내가 보기에 그 장면은 아주 흥미 없는 것이어서, 그것이 왜 내 기억 속에 고정되었는지 이해할 수 없습니다. 그것을 기술해보겠습니다. 사각형의 풀밭이 보입니다. 약간 경사졌고, 초록색이며 풀이 무성합니다. 그 푸른 들에 많은 노란 꽃들이 있습니다. 그것은 분명히 흔하디 흔한 민들레입니다. 초원 위에 농가가 하나 있습니다. 두 여자가 문 앞에 서서 흥겹게 떠들고 있습니다. 한 여자는 스카프를 머리에 둘러쓴 농부의 부인이고, 다른 여자는 유모입니다. 풀밭 위에서 세 아이가 놀고 있습니다. 나도 그 중의 하나(2살 내지 3살)이고, 다른 두 명은 나보다 한 살 위인 사촌형과, 내 나이와 거의 같은 사촌 여동생입니다. 우리는 노란 꽃을 꺾었습니다. 각자 이미 많은 꽃을 꺾어, 그것을 손에 쥐고 있습니다. 가장 아름다운 꽃다발을 갖고 있는 아이는 여자아이였습니다. 우리 남자아이들은 합의나 한 듯이, 그 애를 넘어뜨리고 그 애의 꽃을 빼앗았습니다. 그 아이는 울면서 초원을 뛰어 올라갔습니다. 농부의 부인은 그 아이를 달래기 위해, 그녀에게 큰 조각의 검은 빵을 주었습니다. 우리는 그것을 보자마자 꽃을 던져버렸습니다. 그리고 우리도 집 쪽으로 달려가 빵을 달라고 했습니다. 우리는 빵을 약간 얻었습니다. 농부의 부인은 커다란 칼로 둥근 빵을 잘랐습니다. 내 기억에 그 빵은 아주 맛있었습니다. 그 장면은 여기서 끝납니다."

"도대체 그 체험 속의 무엇이 나에게 야기된 기억의 비용을 정당화하는 것일까요? 그 문제가 나의 골머리를 썩혔지만, 아무 소용이 없었습니다. 그 여자아이에 대한 불손한 행동을 강조하고 있는 것일까요? 지금도 전혀 예쁘다고 생각지 않는 민들레의 노란 색깔이 내 마음에 든 것일까요? 아니면 풀밭에서 뛰어 놀았기 때문에, 평소보다 훨씬 더 맛이 좋았던 빵이 나에게 지울 수 없는 인상을 남긴 것일까요? 나는 어린 시절의 다른 장면들을 한데 묶는 흥미(내가 쉽게 알아볼 수 있는)와, 그 장면 사이의 관계를 찾을 수 없었습니다. 요컨대 나의 인상으로는, 그 장면에 어울리지 않는 어떤 것이 있습니다. 그 꽃의 노란 색깔은 전체적인 상황에 어울리지 않게 두드러져 보이는 요소입니다. 또한 좋은 빵맛은, 내가 보기에, 거의 환각적인 것으로 도가 지나친 것 같습니다. 그것은 내가 언젠가 뷔를레스크(burlesque)*의 전시회에서 보았던 그림을 생각나게 합니다. 가령 그 그림은 부인의 허리받이(bustles)[치맛자락이 퍼지게 하기 위해 허리 뒤에 댄 것]와 같은 가장 부적절한 부분을, [평면적인] 페인트칠 대신에 삼차원으로[삼차원적인 부조로] 부각시키고 있었습니다. 당신은 그 쓸데없는 어린 시절의 기억을 설명하거나 해석할 수 있는 길을, 나에게 가리켜주실 수 있겠습니까?"

* 프랑스에서 17세기 전반기에 유행했던 예술 유형으로, 웅장한 주제를 비속화함으로써 희극적 효과를 자아내는 표현 양식.

나는 그 어린 시절의 기억이 언제부터 그를 사로잡았는지 물어보는 것이 좋겠다고 생각했다. 그 기억이 어릴 때부터 주기적으로 떠올랐는지, 아니면 어느 정도 시간이 지난 연후에, 기억에 적합한 상황에서 떠올랐는지 말이다. 그 질문은 내가 그 문제를 해결하기 위해 필요한 것이었다. 그랬더니 그 다음은 나의 상대자가 스스로 알아서 찾아갔다. 그는 이미 그런 종류의 일에서 초보자가 아니었다.

그는 대답했다. "그 점을 아직 생각해보지 못했는데요. 당신이 나에게 질문을 제기했으니 말인데, 그 기억이 나의 어린 시절을 사로잡았다고 말할 수는 없습니다. 거의 확실합니다. 그러나 그 기억과 아주 어린 시절의 다른 많은 기억을 되살린 계기는 기억할 수 있습니다. 나는 고등학생이었던 17살 때, 처음으로 휴가를 이용하여 고향에 갔었습니다. 그때 나는 오랜 옛날부터 친분이 있던 가정에 머물렀습니다. 나는 굉장히 흥분해 있었습니다. 그런데 지금부터 내가 당신에게 하려는 이야기는, 내 생애에서 아주 큰 부분을 차지하고 있는 것입니다. 그 이야기는 화제에서 벗어난 것이 아니라, 당신의 질문이 환기시킨 것입니다. 잘 들어보십시오. 나는 원래 유복한 집안의 자식이었습니다. 내 생각에, 나는 조그마한 시골구석에서 아주 편하게 살고 있었습니다. 내가 3살쯤 되었을 때, 나의 아버지가 일하는 지사에 파국이 찾아왔습니다. 아버지는 재산을 잃었고, 우리는 그곳을 떠나 대도시로 이사를 할 수밖에 없었습니다. 그리고 길고 어려운 나날이 이어졌습니다. 내가 보기에, 이때에는 기억할 만한 것이 아무것도 없습니다. 그 도시에서 나는 결코 편안하지 않았습니다. 지금도 기억나는데, 내 고향의 아름다운 숲에 대한 향수가 나를 떠난 적이 없었습니다. 나는 걸을 수 있을 때부터, (그 시기부터 간직해온 내 기억 중의 하나가 말해주듯이) 아버지로부터 벗어나려고 했습니다."

"그 휴가는 시골서 보낸 첫 휴가였습니다. 나는 17살이었고, 내가 말했듯이, 나는 잘 아는 집안에 머물렀습니다. 그 집안은 우리가 떠난 뒤 대단히 번성했습니다. 그래서 그 집안의 흘러 넘치는 안락함과 우리의 도시 생활은 서로 비교가 되었습니다. 이제 더 이상 망설이지 않고 당신에게 고백해야겠습니다. 그 집에는 나를 강하게 흥분시키는 무언가가 있었습니다. 나는 17살이었고, 내가 머문 주인집 딸은 15살이었습니다. 나는 곧 사랑에 빠졌습니다. 내 가슴이 그렇게 강렬하게 불타오른 것은 처음이었습니다. 그러나 나는 그것을 비밀로 간직했습니다. 그 소녀가 학교로 돌아간 다음(그녀 역시 휴가를 이용해 집에 와 있었습니다.), 며칠이 지났을 때 일입니다. 그렇게 짧은 만남 뒤의 이별은 나의 그리움을 도지게 했습니다. 나는 오랜만에 되찾은 그 멋진 숲을, 혼자서 몇 시간 동안 거닐며 공상에 잠겼습니다. 그런데 이상하게 공상은 미래를 향해 가는 것이 아니라, 과거를 개선하는 쪽으로 나아가는 것이었습니다. 파산만 없었더라면! 내 고향에 계속 있으면서, 사랑하는 여자의 오빠처럼 시골 청년으로 건장하게 컸더라면! 그렇게 해서 내가 아버지의 직업을 이어받아 결국 그녀와 결혼했더라면-, 왜냐하면 그렇게 하면 지난 세월 내내, 그녀와 아주 가까이서 알고 지냈을테니까! 물론 나는 단 한 순간도 내가 그녀를 사랑한다는 것을 의심하지 않았습니다. 그것은 내 환상이 만들어낸 상황이었지만, 실제로 느끼는 사랑만큼 열정적인 것이었습니다. 이상한 사실은, 지금도 가끔 그녀를 만나는데(우연히도 그녀는 이 곳에서 결혼했습니다.), 그녀는 이상하리 만치 나에게 냉담하다는 것입니다. 그렇지만 나는 정확히 기억합니다. 우리가 처음 만났을 때 그녀가 입고 있던 노란 옷 색깔이, 한참 지난 뒤에도, 어디선가 그 색깔을 볼 때마다 얼마나 나를 감동시켰는지 말입니다."

–그 말은 당신이 지나가는 말로 한 것, 즉 이제는 그 흔하디 흔한 민들레를 좋아하지 않는다는 지적과 아주 똑같이 들립니다. 그 소녀의 노란 옷 색깔과, 당신의 어린 시절의 장면에서 지나치게 강조된 노란 꽃 색깔 사이에 어떤 관계가 있다고 생각지 않습니까?*

* 이것은 프로이트가 늘 사용하는 대화를 통한 전달 방식이다. 독일어 원문에서, 프로이트의 대화상대자의 말은 인용부호(" ")로 처리되어 있고, 프로이트 자신의 말은 인용부호가 없다. 우리도 이 방식에 따라 프로이트의 대화상대자의 말은 인용부호로 처리하고, 프로이트 자신의 말은 서두에 (–) 부호로 표시했다. 가령 『비전문가의 분석의 문제』(1926)에 나오는 대화를 참조할 것.

"가능한 이야기입니다. 그렇지만 그것은 같은 노란 색이 아닙니다. 그 옷은 차라리 계란꽃(wallflowers)처럼 노란 색을 띤 갈색에 가깝습니다. 그렇지만 나는 적어도 당신에게 중간 표상(intermediate idea; représentation intermédiaire)*을 말씀드릴 수 있습니다. 그것은 당신에게 도움이 될 것입니다. 그 뒤에 나는 알프스에서, 평야에서는 밝은 색을 띠는 꽃들이 고산 지대에서는 좀 어두운 색을 띠는 것을 보았습니다. 내가 잘못 알고 있지 않다면,

민들레와 아주 비슷하지만 짙은 노란 색을 띤 꽃이 산악 지대에서는 자주 발견됩니다. 색에 관한 한, 그것은 정확히 내가 사랑하는 소녀의 옷 색깔과 똑같았습니다. 그러나 내 이야기는 아직 끝나지 않았습니다. 내 어린 시절의 인상을 되살려준 두 번째 계기를 말씀드리겠습니다. 그것은 첫 번째 것과 그렇게 멀리 떨어져 있지 않은 때의 일입니다. 내가 고향을 다시 방문한 것은 17살 때였습니다. 그로부터 3년 뒤[20살때], 나는 휴가를 이용하여 삼촌댁에 갔었습니다. 그때 나는 나의 어릴 적 동무들, 즉 나보다 한 살 위인 사촌형과, 나와 동갑내기인 사촌 여동생을 다시 만났습니다. 그들은 민들레가 핀 초원의 장면에서 같이 놀던 그 친구들입니다. 그 집안도 우리와 같은 시기에 고향을 떠났지만, 그 집안은 먼 도시에서 다시 부유하게 살고 있었습니다."

* 표상(또는 이미지)과 표상을 연결하는 매개가 되는 표상을 말함.

-당신은 거기서도 사랑에 빠졌습니까? 이번에는 사촌 여동생과 말입니다. 그리고는 새로운 환상을 만들어냈습니까?

"아닙니다. 이번에는 다릅니다. 나는 이미 대학에 다니고 있었고, 완전히 책에 빠져 있었습니다. 나의 사촌 여동생에 대해 다른 감정은 없었습니다. 내가 아는 한, 나는 그런 환상을 갖지 않았습니다. 그러나 나의 아버지와 삼촌 사이에는 모종의 계획이 있었던 것 같습니다. 그것은 나의 난해한 학문을 좀 실용적인 것으로 바꾸고, 내 공부가 끝난 뒤, 나를 그 사촌 여동생과 결혼시켜 삼촌집에서 살게 한다는 것이었습니다. 그러나 그들은 내가 얼마나 내 자신의 설계에 몰입해 있는지 알고난 뒤, 그 계획을 포기했습니다. 어쨌든 나는 그 계획을 의식하고 있었음에 틀림없습니다. 나중에 신출내기 학자가 돼서, 생활고가 나를 압박하고 그 도시에서 직장을 얻기 위해 오래 기다려야 하는 입장이 되었을 때, 나는 나의 아버지가 그 결혼을 통해, 첫 번째 파산이 내 전생애에 입힌 손실을 보상해 주려 했구나라고 여러 차례 생각했으니 말입니다."

–당신이 처음으로 알프스를 방문 조사한 것이 바로 그 해라는 사실을 나에게 확인시켜준다면, 나는 그 어린 시절의 장면이, 당신이 빵을 위해 고통스러운 투쟁을 하던 시기에 나타난 것이라는 생각이 들 것입니다.

"맞습니다. 등산은 그 당시 내게 허락된 유일한 즐거움이었습니다. 그런데도 나는 아직 당신의 요점이 파악되지 않습니다."

–잠시만 참으십시오. 당신의 어린 시절의 장면에서 가장 강조된 요소는, 아주 감미로웠던 시골의 빵맛입니다. 거의 환각적으로 느낀 그 표상은, 분명히 당신의 안락한 삶에 대한 환상과 일치합니다. 당신이 고향에 계속 머물렀다면, 그리고 [노란 옷의] 그 소녀와 결혼했다면, 당신의 삶은 얼마나 안락했겠습니까? 상징적으로 말하면, 그 뒤로는 빵을 얻으려고 투쟁했으니, 얼마나 빵맛이 좋았겠습니까? 그 꽃의 노란 색은 바로 그 소녀와 관계가 있습니다. 그 밖에 그 어린 시절의 장면에는, 두 번째 환상–사촌 여동생과 결혼하는 환상–에만 관계된 요소들이 있습니다. 꽃을 버리고 그 대신 빵을 받는 것은, 당신의 아버지가 당신에 대해 갖고 있던 계획에 대한 서투른 위장 같지 않습니다. 당신은 비현실적인 당신의 이상을 포기하고 '돈벌이가 되는' 공부를 선택해야 했습니다. 그렇지 않습니까?

"그렇다면, '어떻게 하면 나의 생활이 좀 더 안락해질 수 있을까?'라는 두 세트의 환상을 혼합시킨 것입니까? 한 쪽에서는 '노란 색'과 '시골 빵'을, 다른 한 쪽에서는 꽃의 포기와 인물을 빌려와서 말입니다."

–그렇습니다. 두 개의 환상이 서로 투사되면서, 어린 시절의 기억이 만들어진 것입니다. 알프스의 꽃에 대한 대목은, 말하자면 그것이 제조된 시기의 표시인 셈입니다. 나는 사람들이 그런 것을 자주 무의식적으로 만든다고 확

신합니다. 허구적인 작품을 만들 때처럼 말입니다.

"그렇다면 그것은 어린 시절의 기억이 아니라, 어린 시절로 소급된 환상에 불과하겠네요? 그런데도 나는 그 장면이 진짜라고 느껴집니다. 어떤 조화일까요?"

-우리의 기억의 자료에 관한 한 어떤 보증이 있는 것은 아닙니다. 그러나 나는 그 장면이 진짜라는 당신의 생각에 동의할 용의가 있습니다. 당신은 그것과 비슷하거나 상이한 수많은 다른 장면 중에서 그것을 선택한 것입니다. (그 자체로는 무관한) 그 내용이 당신의 중요한 두 환상을 표상하기에 매우 적합했기 때문입니다. 나는 그러한 기억을 '덮개-기억'(screen memories; souvenir-écran)이라고 부르고 싶습니다. 그것의 가치는 그것이 나중의 인상과 생각을 기억 속에 표상한다는 데 있습니다. 물론 그 인상과 생각의 내용은 상징적인 고리나 그와 유사한 고리로 그 장면 자체와 연결되어 있습니다. 어쨌든 당신은 이제 그 장면이 당신의 머릿속에 빈번하게 출몰해도 놀라지 않을 것입니다. 그리고 그것이 더 이상 하찮게 여겨지지 않을 것입니다. 왜냐하면 우리가 발견한 바와 같이, 그것은 당신의 생애에 가장 중요한 전기와, 가장 강력한 두 충동-배고픔과 사랑-의 영향을 보여주고 있기 때문이다.*

* 이 문장은 프로이트가 좋아하는 쉴러(Schiller)의 「현자(賢者, Die Weltweisen)」에 나오는 구절을 암시하고 있다.

"맞습니다. 배고픔은 거기에 잘 나타나 있습니다. 그런데 사랑은 어떻습니까?"

-꽃의 노란 색깔에 나타나 있습니다. 그렇지만 내 예전의 경험에 비추어 볼 때, 그 장면에서 사랑의 형상화는 기대하던 것보다 훨씬 더 뒤로 빠져 있는 것을 부인할 수 없습니다.

"아닙니다. 당신이 잘못 생각하신 것입니다. 그 장면에서 본질적인 것은 사랑의 형상화입니다. 나는 지금 막 그것을 깨달았습니다. 생각해보십시오. 소녀에게서 꽃은 빼앗는 것은 그녀의 처녀성을 빼앗는(deflower)* 것을 의미하지 않습니까? 그리고 첫 번째 경우에서는 환상의 대범함과 나의 소심함이, 두 번째 경우에서는 환상의 대범함과 나의 무관심이 얼마나 대조를 이루고 있습니까?"

* 'deflower'의 어원을 보면, 글자 그대로 '꽃을 꺾다'(de-+flower)라는 뜻이다. 그것이 전화하여 '처녀성을 빼앗다'라는 비유적인 의미로 쓰인 것이다.

–소심한 젊은이는 대개 그런 종류의 대담한 환상을 갖는 것이 보통입니다.

"그런데, 그것은 내가 기억할 수 있는 의식적인 것이 아니라, 어린 시절의 기억으로 변형된 무의식적인 환상이지 않습니까?"

–의식적인 사고를 연장한 무의식적인 사고입니다. '내가 아무개와 결혼했다면'이라는 당신의 생각 뒤에는, 그러한 결혼을 상상하게 하는 마음의 충동이 있는 것입니다.

"이제 나 혼자서도 계속 할 수 있겠습니다. 그 주제 중에서 그 젊은 망나니의 마음을 사로잡은 것은 결혼식날 밤에 대한 생각입니다. 그 다음 일이 그에게 얼마나 중요하겠습니까? 그러나 그 생각은 밖으로 나타날 수 없습니다. 그 소녀에 대한 수줍음과 존경이라는 지배적인 마음이 그것을 억압한 것입니다. 그래서 그것은 무의식으로 남아 있는 것입니다."

–그리고 그것은 어린 시절의 기억 속으로 미끄러져 들어가는 것입니다. 당신이 맞습니다. 그것이 왜 의식적인 환상으로 발전하지 못하고, 어린 시절의 장면으로 들어가 꽃으로 위장하는 암시적인 길을 찾아야 했는지를 설명해주는 것이, 그 환상에 대충 나타나 있는 감각적인 요소입니다. '베일을 던져 버

리고 꽃을 들고 말한다'(on jette un voile, on dit la chose avec des fleurs).*

* 영역본에는 없고 불역본에만 있는 속담, '베일 대신 꽃으로 위장한다.'는 뜻.

"그런데 왜 하필 어린 시절의 장면인지 알고 싶습니다."

–아마도 그것의 순박함 때문일 것입니다. 당신은 어린아이의 행동만큼, 격렬한 성적 공격과 상반되는 것을 상상하실 수 있습니까? 그렇지만 그런 행동[어린아이와 같은 행동]이 히스테리 환자에게서도 변함없이 발견되는 것으로 봐서, 억압된 사고와 욕망을 어린 시절의 기억으로 미끄러져 들어가게 하는 더 일반적인 이유가 있는 것 같습니다. 먼 과거의 기억 자체가 쾌락의 동기에 의해 촉발되는 것처럼 보입니다. '언젠가는 그런 것까지 즐거운 기억이 될 것이다.'(*Forsan et haec olim meminisse juvabit*).*

* 버어질(Virgil), 『아이네이드(Aeneid)』 I, 203.

"그렇다면, 그 민들레 장면의 진정성에 대한 믿음이 사라지는데요? 내가 그것을 어떻게 보고 있는지 들어보십시오. 위에서 언급한 두 일이 일어났을 때, 내 마음 속에는 다음과 같은 생각이 떠올랐습니다. 그것에는 아주 이해할 만한 현실적인 동기가 있습니다. '네가 이 여자나 저 여자 중의 하나와 결혼했다면, 너의 삶은 훨씬 더 즐거웠을텐데.' 내 마음 속의 관능적인 흐름이, 조건절(protasis)* 속에 포함된 사고를 그 흐름에 만족을 주는 이미지로 반복하고 있는 것입니다. 이러한 사고의 재번역은 여전히 무의식적입니다. 왜냐하면 그러한 번역은 지배적인 성적 경향과 양립할 수 없기 때문입니다. 그러나 그것은 무의식적이라는 사실로 해서, 의식적인 번역이 실제 상황의 변화에 의해 제거된 뒤에도 오랫동안 심리 속에 남아 있습니다. 당신이 말하듯이, 무의식적으로 남은 문장은 일반적인 법칙에 따라, 순박함 때문에 의식화될 수 있는 어린 시절의 장면으로 바뀌려는 경향이 있습니다. 그 중의 하나가 그것을 형상화함으로써 조건절에서 불쾌한 요소를 제거하는 것이고, 다른 하나는 결과절(apodosis)을 시각적인 표상으로 만드는 것입니다. 그러한 목적을 위해 '빵'(bread)과 '생계수단이 되는 연구'(bread-and-butter occupations)의 중간 관념[빵]을 이용하는 것입니다. 내가 이해하는 바로는, 그러한 환상을 만들어냄으로써, 이를테면 억압된 두 욕망-처녀성을 빼앗는 것과 물질적인 안락함을 이루는 것-을 실현하고 있는 것입니다. 그러나 민들레 환상의 동기를 완벽하게 설명한 지금, 나의 결론은 그것이 전혀 일어나지 않은 사건이 아니라, 내 어린 시절의 기억에 은밀하고 변칙적으로 개입해온 사건이라는 것입니다."

* 'protasis'는 조건을 나타내는 절이고, 'apodosis'는 그 조건의 결과를 나타내는 절이다.

-이제 그 기억의 진정성을 옹호해야겠군요. 당신은 너무 앞질러 가고 있습니다. 당신은 그러한 종류의 억압된 환상은, 모두 어린 시절의 장면으로 미끄러져 들어가는 경향이 있다는 나의 단언을 받아들인 바 있습니다. 그러나 거기에 덧붙일 것은, 그것은 '기억 흔적'(memory-trace)* 없이는 가능하지 않다는 것입니다. 그 흔적의 내용은 환상에 접점을 제공합니다. 말하자면 그것은 중간에 환상을 만납니다. 접점이 일단 발견되면-우리의 경우, 그것은 꽃을 꺾기와 꽃을 버리기입니다-환상의 나머지 내용은 합법적인 중간 표상(빵을 생각해보십시오!)의 도움을 받아, 어린 시절의 장면과 새로운 접점이 생길 때까지 개조됩니다. 그러한 과정에서 어린 시절의 장면 자체가 수정되

는 것입니다. 나는 그러한 길을 통해 왜곡이 일어난다고 확신합니다. 당신의 경우는 어린 시절의 장면이 좀 더 깊이 새겨졌을 뿐입니다. 노란 색이 지나치게 강조되고, 빵맛이 과장된 것을 생각해보십시오. 그러나 원료는 그대로 이용되고 있습니다. 만약 그렇지 않았다면, 그 기억이 다른 것들을 제치고 의식으로 부상할 수 없었을 것입니다. 그리고 아마 그와 같은 장면이 어린 시절의 기억으로 떠오르지 않았거나, 아니면 다른 장면이 떠올랐을 것입니다. 왜냐하면 당신이 알고 있듯이, 우리는 장면을 만드는 재주가 있기 때문에, 어떤 지점끼리라도 다리로 쉽게 연결할 수 있기 때문입니다. 민들레에 대한 기억의 진정성에 관해서 말하면, 당신의 감정을 과소평가하는 것은 아니지만, 그것에 유리하게 말하는 다른 어떤 것이 있습니다. 그 기억에는 당신이 나에게 말해준 것으로는 설명되지 않을 뿐 아니라, 그 환상이 요구하는 의미와 일치하지 않는 요소가 포함되어 있습니다. 예컨대 당신의 사촌형이, 당신이 그 소녀의 꽃을 빼앗는 것을 돕고 있습니다. 당신은 그러한 도움에 의미를 부여할 수 있겠습니까? 아니면 언덕 위의 집 앞에 서 있는 농부의 부인과 유모에게 의미를 부여할 수 있겠습니까?

* 어린 시절의 사건이나 지각 대상이 기억 속에 흔적의 형태로 기록되어 있는 것.

"아니오, 의미를 부여할 수 없다고 생각합니다."

-따라서 환상이 어린 시절의 장면과 완전히 일치하는 것은 아닙니다. 환상은 몇 가지 점에서만 그 장면에 의지하고 있습니다. 이러한 사실은 어린 시절의 진정성에 유리한 증거입니다.

"당신은 어린 시절의 순박한 기억을 그런 식으로 해석하는 것이 통용된다고 생각하십니까?"

–나의 경험으로는, 흔히 그렇습니다. 당신은 앙리 형제가 제공한 두 가지 예가, 뒷날의 체험과 욕망을 숨기고 있는 덮개–기억으로 해석될 수 있는지 재미로 알아보고 싶지 않습니까? 얼음이 든 잔이 놓여 있는 식탁의 기억–이것은 할아버지의 죽음과 관련이 있다고 생각됩니다–과 어린아이가 산책 중에 다른 사람의 도움을 받아 나뭇가지 하나를 꺾은 기억 말입니다.

그는 잠시 생각한 뒤 대답했다.

"첫 번째 것은 전혀 감이 잡히지 않습니다. 아마도 '이동'이 작용한 것이 아닌가 싶습니다. 그러나 중간 요소가 전혀 짐작이 가지 않습니다. 두 번째 것은 해석할 수 있을 것 같습니다. 만약 당사자가 프랑스 사람이 아니라면 말입니다."

–당신의 말을 이해할 수 없군요, 그게 무슨 차이가 있지요?

"많은 차이가 있습니다. 왜냐하면 덮개–기억과 그것이 가리고 있는 것 사이를 연결하는 것은 언어 표현(verbal expression)이기 때문입니다. '하나를 뽑다'(sich einen ausreissen; to pull one out; s'en arracher un)라는 독어 표현은, 자위행위를 암시하는 일반적인 속어입니다. 따라서 그 장면은 뒷날에 일어난 자위행위에 대한 유혹을, 어린 시절의 기억으로 가져간 것 같습니다. 그 행위를 돕는 사람이 있는 것을 보더라도 말입니다.* 그러나 그렇다고 하더라도, 그 어린 시절의 장면에는 다른 사람이 많이 있었기 때문에 앞뒤가 맞지 않습니다."

* 자위행위는 말 그대로 혼자서 하는 행위이기 때문에, 다른 사람이 도와준다는 것은 모순이다. 따라서 이 장면은 자위행위의 환상이, 실제로 다른 사람들과 함께 나뭇가지를 꺾은 어린 시절의 기억에 투사된 것이다.

–자위행위에 대한 유혹은 비밀스럽게 있을 때 일어나는 것인데 말입니다.

나로서도, 그러한 상반된 사실 때문에 당신의 관점을 수용하고 싶습니다. 그것은 한번 더 그 장면을 순박하게 만드는 데 소용되고 있습니다. 그처럼 '많은 이방인들'이 꿈에 나타나는 것은, '나체의 꿈'(dream of nakedness)*에서 자주 있는 일입니다. 우리는 나체의 꿈을 꾸면서 무척 난처한 느낌을 받습니다. 그것이 무엇을 의미하겠습니까? 다름 아닌 비밀입니다. 비밀이 그렇게 반대로 표현된 것입니다. 그러나 그러한 해석은 여전히 농담으로 남습니다. 왜냐하면 사실 프랑스 사람에게 '나뭇가지를 꺾다'(casser une branche d'un arbre)**라는 말이나, 그것이 약간 수정된 문장이 자위행위를 암시하는지 우리는 잘 모르기 때문입니다.

* 남이 보는 데서 옷을 벗는 꿈으로, 『꿈의 해석』은 그것을 외디푸스적인 꿈과 함께 전형적인 꿈으로 기술하고 있다.

** 원문 자체가 불어로 되어 있음. 『꿈의 해석』(4장) 참조.

위의 분석은 내가 가능한 한 충실하게 옮겨놓은 것이다. 이 분석을 통해 덮개-기억의 개념이 어느 정도 명확해졌기를 바란다. 기억으로서의 덮개-기억의 가치는 그 자체의 내용에 있는 것이 아니라, 그 내용과 억압된 다른 내용 사이의 관계에 있다. 그 관계의 유형에 따라, 덮개-기억은 여러 범주로 나눌 수 있다. 우리는 그러한 범주 중에서 두 가지 예를 가장 오래된 어린 시절의 기억에서 찾아낸 것이다. 불완전하고, 바로 그러한 사실로 해서 순박한 어린 시절의 덮개-기억이라는 개념에 포함시킨다면 말이다. 추측컨대 덮개-기억은 뒷날의 기억 잔재(residues of memories)로부터 만들어지기도 한다. 그것의 독특한 특징-지극히 잘 기억되지만 그 내용은 아주 평범한-을 마음에 새기고 있는 사람은, 그러한 예를 자신의 기억 속에서 쉽게 발견할 수 있을 것이다. 그러한 덮개-기억의 일부는 뒷날의 체험을 다루고 있기 때문에, 그 기억의 중요성은 그것이 억압된 채로 남아 있는 청소년 시절의 체험과 관련되어 있다는 데 있다. 즉 그 관계는 내가 분석한 사례(어린 시절의 기억이 뒷날의 체험으로 설명되는)의 역이다. 따라서 덮개를 이루고 있는 것과 그 덮개가 가리고 있는 것 사이의 시간적 관계가 전자냐 후자냐에 따라,* 퇴행적(retrogressive) 덮개-기억과 진행적(pushed forward) 덮개-기억으로 나눌 수 있다. 또 다른 관점에서, 그 내용이 억압된 내용과 반대되는 부정적(negatives) 덮개-기억(또는 공격적(refractory; offensifs) 기억)으로부터 긍정적(positive) 덮개-기억을 분리시킬 수 있다. 이러한 주제는 천착할 만한 가치가 있다. 그러나 나는 우리의 기억 창고를 건설하는 데 수반되는 과정(우연히도 이 과정은 히스테리 증상의 형성 과정과 아주 유사하다)이 얼마나 복잡한지를 지적하는 것으로 만족하고자 한다.

* 즉 '이동이 역행했는지 진행했는지에 따라.' 결과적으로 프로이트가 이 텍스트에서 분석한 사례처럼, 덮개를 이루고 있는 것이 어린 시절의 기억이고 그 덮개에 의해 가려져 있는 것이 억압된 청소년 시절의 체험이면 그것은 '퇴행적 덮개-기억'이고, 반대로 덮개를 이루고 있는 것이 청소년 시절의 체험이고 그것이 가리고 있는 것이 어린 시절의 기억이면, 그것은 '진행적 덮개-기억'이다.

아주 어린 시절의 기억은 언제나 특별한 관심의 대상이다. 실제로 이 논문에서 처음에 언급한 문제(어찌하여 우리의 미래에 대해 가장 중요한 인상이 기억의 이미지를 남기지 않는 것일까?)는, 우리로 하여금 의식적인 기억의 기원에 관해 생각하게 한다. 우선 우리는 우리가 방금 전에 말한 덮개-기억은, 어린 시절의 기억의 잔재 중에서 이질적인 요소라고 없애버리고 싶을 것이다. 그리고 다른 이미지들은 체험의 직접적인 결과로서 체험과 동시에 나타나고, 그 뒤로 재생의 일반 법칙에 따라 주기적으로 다시 나타난다고 생각하고 싶을 것이다. 그러나 좀 더 자세히 관찰해보면, 그러한 관점에 맞지 않는 특징들이 잇다. 무엇보다도 다음의 사실이 그렇다. 대부분의 어린 시절의 장면-의미심장하고 보통 부인할 수 없는-에서, 주체는 자기 자신을 어린아이로 보고 있고, 또한 그 어린아이가 자신임을 알고 있다. 그렇지만 그는 마치 관찰자가 장면 밖에서 그를 보듯이, 그 아이를 보고 있다. 앙리 형제가 그들의 조사에 참여한 많은 사람들이, 어린 시절의 장면의 특수성을 특별히 강조한다는 사실에 주목하는 것은 당연하다. 그럼에도 그러한 기억의 이미지는 그 당시 느낀 인상의 충실한 반복일 수 없다. 왜냐하면 주체는 그때 상황 한가운데 있으면서, 자기 자신이 아닌 외부 세계에 주목하고 있었기 때문이다.

주체 자신이 그런 식으로 기억 장면 속에서 여러 대상 중의 하나로 나타날 때마다, 행동하는 자아(acting ego)와 회상하는 자아(recollecting ego) 사이의 대립이 생기는데, 그것이 바로 최초의 인상이 손질된다는 증거이다. 그것은 마치 어린 시절의 기억 흔적이 나중에 기억으로 나타날 때, 조형적이고 시각적인 형태로 재번역 되는 것처럼 보인다. 그러나 최초의 인상의 재생은 결코 주체의 의식에 이르지 못한다.

또 다른 사실이 이러한 후자의[두 번째] 관점에 설득력 있는 증거를 제공하고 있다. 정확하고 분명하게 기억하는 어린 시절의 중요한 체험 가운데 많은 장면이, (가령 어른들의 기억을 통해) 검사해보면 변조된 것으로 판명된다는 사실이 그것이다. 그것들이 완전히 조작된 것은 아니다. 그것들은 사건이 일어나지 않은 장소에다 상황을 설정하고(앙리 형제가 언급한 예 중의 하나에서 보듯이), 두세 사람을 한 사람으로 융합시키거나 어떤 사람을 다른 사람으로 대체시키거나, 아니면 별도의 두 경험을 결합하여 하나의 장면을 만든 흔적을 보인다. 그런 점에서 그것은 거짓이다. 이미지가 갖고 있는 고도의 감각의 강도와 젊은 날의 기억력에 비추어볼 때, 단순한 기억의 부정확성은 여기서 그다지 큰 역할을 하지 못한다. 좀 더 세밀하게 조사해보면, 그러한 기억의 변조는 의도된 것임을 알 수 있다. 즉 그것은 불쾌하거나 거슬리는 인상을 억압하거나 대체할 목적에 이용된다. 결과적으로 그러한 왜곡된 기억들 역시, 그러한 갈등과 억압 충동이 마음속에 나타나는 시기-다시 말해 그 기억의 내용을 떠올리는 시기-보다 훨씬 뒤에 나타난 것이어야 한다. 그러나 그 경우도 왜곡된 기억이 우리가 알고 있는 최초의 기억이다. 그것은 기억흔적이라는 원료로부터 만들어진다. 그렇지만 기억 흔적의 원래 형태는 우리에게 알려지지 않는다.

이러한 관점에서 보면, 덮개-기억과 어린 시절로부터 나온 다른 기억의 차이는 불식될 수 있다. 어쩌면 우리가 갖고 있는 기억이 어린 시절 '로부터 나온' (from) 것인지, 아니면 어린 시절과 '관계된' (relating to) 것인지, 묻는 것은 완전히 쓸데없는 일인지도 모른다. 어쨌든 우리의 어린 시절의 기억은 아주 어린 시절을 있는 그대로 보여주는 것이 아니라. 그 기억이 나중에 나타난 대로 우리에게 나타난다. 어린 시절의 기억은, 흔히 말하듯이, '떠오르는' (emerge) 것이 아니라, 떠오를 때 '만들어지는' (formed) 것이다. 역사적인 정확성과 아무런 관련이 없는 많은 동기들이, 기억 자체의 선택 뿐만 아니라, 그것의 형성에도 영향을 미치는 것이다.*

* 여기서 고찰된 유형의 덮개-기억은, 나중에 프로이트가 자주 논의하는 '소급적 환상(retrospective phantasies)' 으로 이어진다. 예를 들어 『'쥐인간'

의 분석』(1909)과 『'늑대인간' 의 분석』(1918)(5부와 7부)과 『정신분석입문』의 제21장과 23장 참조.

망각의 심리적 메커니즘에 대하여(1898)

누구나 망각(forgetfulness)을 경험하고 또한 다른 사람의 망각을 목격한 적이 있을 것이다. 나는 이 논문에서 그러한 망각을 기술·설명해보고자 한다. 망각은 특히 고유명사-nomina propria-에 영향을 미치면서, 다음과 같은 방식으로 나타난다. 우리는 대화 중간에 대화상대자에게, 언급하려는 이름이 생각나지 않는다고 고백하면서, 그의 도움을 청하는 경우가 있다-그러나 보통은 소용없다. '그의 이름이 뭐지…? 내가 분명히 알고 있는데… 혀끝에서 맴돌면서 생각이 나지 않네.' 이때 우리는 운동 실어증(motor aphasia)*의 경우처럼 마음의 동요가 일어나면서, 그 이름을 찾으려고 더욱 더 애쓴다. 그러면서 우리는 방금 전까지 그 이름이 머리 속에 있었다고 느낀다. 이와 같은 경우는 우리의 주목을 받을 만한 두 가지 특징을 수반하고 있다. 첫째, 우리가 '주의'(attention)라고 부르는 강력한 사고의 집중 기능은, 아무리 노력해도 잃어버린 이름을 찾는데 무기력한 것으로 드러난다. 둘째, 우리가 찾고 있는 이름 대신에 다른 이름이 곧장 떠오른다. 그것이 틀린 줄 알고 거부해보지만, 그것은 집요하게 다시 떠오른다. 그렇지 않으면, 대체된 이름 대신, 우리가 찾고 있는 이름의 일부분으로 생각되는 철자나 음절 하나를 기억 속에서 발견한다. 가령 다음과 같이 말한다. "그것은 'B'로 시작되는데…" 우리가 결국 어떻게든 문제의 이름을 발견하는 데 성공하면, 우리는 대다수의 경우, 그것이 'B'로 시작하지 않거나 'B'를 전혀 포함하고 있지 않음을 알 수 있다.**

* 실어증은 크게 두 가지로 나눌 수 있다. 감각 실어증(sensory aphasia)과 운동 실어증이 그것이다. 전자는 보통 베르니케 실어증(aphasia of Wernicke)이라고 부르는 것으로, 말은 하지만 어휘가 부족하여 잘 하지 못하고, 언어의 의미를 자주 잃어버려 남의 말을 잘 이해하지 못하는 상태를 말한다. 반면에 후자는 보통 브로카 실어증(aphasia of broca)이라고 부르는 것으로, 말의 이해력에 문제가 있는 것이 아니라 표현력에 타격을 입은 상태를 말한다. 그리하여 후자는 한 단어만을 따로 떼어 말하지 못한다.

** 프로이트는 이 주제를 『일상생활의 정신병리학』(5장)에서 약간 확대 · 설명하고 있다.

놓친 이름을 잡는 가장 좋은 방법은, 알다시피, '그것을 생각하지 않는 것'이다. 다시 말해 우리가 의지적으로 통제할 수 있는 주의의 일부분을 그것에서 다른 데로 돌리는 것이다. 그러면 잠시 후, 놓친 이름이 우리의 머리속을 '뚫고 지나가고', 우리는 그것을 큰 소리로 외치게 된다. 그러면 그 일을 벌써 잊어버리고 화자의 노력에 별로 관심이 없었던 그의 말상대가 깜짝 놀라면서 말한다. '그 사람 이름은 아무래도 좋으니까, 네 이야기나 계속해.' 문제가 완전히 해결될 때까지, 그리고 의도적인 기분전환[주의의 전환] 이후에도, 우리는 그 문제가 갖고 있는 흥미로는 설명할 수 없을 정도로,[2] 우리가 몰두했었음을 느낄 수 있다.

이런 식으로 이름을 망각하는 나의 경험 중에서, 심리 분석을 통해 그 과정의 전모를 재구성하는 데 성공한 몇몇 예가 있다. 그 중에서 가장 간단하고 명쾌한 사례를 자세히 기술하려고 한다.

---

2) 심리 행위를 억제할 때 느끼는 불쾌감으로도 설명할 수 없다.

나는 여름 방학 동안, 아름다운 라구사(Ragusa)*를 출발하여, 헤르체고비나(Herzegovina)**에 있는 이웃 도시로 마차 드라이브를 떠난 적이 있다. 나의 일행과의 대화는 자연스레 그 두 고장(보스니아(Bosnia)와 헤르체고비나)의 상황과 그 주민들의 기질에 집중되었다. 나는 거기에 살고 있는 터어키 사람들의 여러 특성에 대해 이야기했다. 그것은 내가 몇 년 전, 그들과 오랫동안 같이 살았던 동료 의사로부터 들은 내용이었다. 잠시 후 우리의 대화는 이탈리아 그림에 관한 주제로 바뀌었다. 나는 나의 일행에게, 나중의 오르비에토(Orvieto)를 방문하여, 대성당의 예배당을 장식하고 있는, 위대한 화가의 「세계의 종말」과 「최후의 심판」이라는 프레스코화(frescoes)***를 보기를 권했다. 그런데 화가의 이름이 생각나지 않는 것이었다. 나는 기억해내려고 온 힘을 다했다. 오르비에토에서 있었던 세부적인 모든 일을 머리 속으로 떠올려보았다. 나는 가장 작은 일까지도 빠뜨리지 않았다고 확신한다. 그랬더니 오히려, 그 그림들이 평소보다 '생생하게' ****떠올랐다. 그 화가의 초상화–심각한 얼굴과 팔짱낀 손–가 특별히 날카롭게 내 눈 앞에 나타났다. 사실 그는 그림 한 구석에 자신의 초상화를 그려놓았던 것이다.(그 초상화는「프라 안젤리코 다 피에졸레(Fra Angelico da Fiesole)」라는 작품 속에, 그의 선임자였던 화가의 초상화 옆에 있다.) 그러나 평소에 그렇게 친숙하던 그 예술가의 이름은 여전히 떠오르지 않았다. 나의 일행은 나에게 도움이 되지 않았다. 나의 끈질긴 노력의 결과, 두 예술가의 이름이 떠올랐다. 그러나 그것은 정확한 이름이 아니었다. 첫 번째로 생각난 이름은 보티첼리(Botticelli)였고, 두 번째는 볼트라피오(Boltraffio)였다.[3] 대체된 그 두 이름에 'Bo'라는 소리가 반복되고 있었다. 그러한 사실은 나와 같은 초심자가 보기에도, 내가 찾는 이름에 그 소리가 있을 것이라는 가정을 하기에 충분했다. 그렇지만 나는

---

3) 이 이름 중에서 전자는 나에게 아주 친숙한 것이었지만, 후자는 거의 들어보지 못한 것이었다 [보티첼리(1445–1510)와 볼트라피오(1467–1516)은 이탈리아의 화가임].

그러한 기대에 여지를 남기지 않으려고 조심했다.

* 아드리아(Adria)해의 달마시아(Dalmatia) 해변 위에 있는 도시로, 지금의 보스니아의 두브로브니크(Doubrovnik). 프로이트가 말하는 그의 일행은, 프라이하우(Freyhau)라는 베를린의 법관이다.

** 달마시아에 접해 있는 지역으로, 1914년 이전에는 오스트리아-헝가리 제국의 일부였다.

*** 벽화를 그릴 때 쓰는 화법으로, 벽에 석회를 바른 뒤 그것이 채 마르기 전에 수채로 그리는 것.

**** 프로이트가 여기서 주목하고 있는 것은, 어떤 기억이 억압되어 있을 때 억압된 기억 자체는 아니지만 그것과 밀접한 관계가 있는 다른 것(그렇지만 중요하지 않고 부적절한 것)의 이미지가 평소보다 '생생하게'(with unusual vividness) 의식에 떠오른다는 사실이다. 이와 비슷한 예는 이 논문의 끝과 「덮개-기억에 대하여」에서도 언급되어 있을뿐더러, 『일상생활의 정신병리학』(2장의 주석)에서는 그 현상에 대한 설명이 개진되어 있다. 그리고 프로이트는 말년의 논문(「분석에 있어서 구성의 문제」(1937))에서, 그 문제를 다시 거론하면서 환각(hallucinations)의 문제와 결부시키고 있다. 이 모든 경우에, 프로이트는 'überdeutlich'-영어로 'ultra-clear'(극명한)-라는 용어를 사용하고 있다.

나는 여행을 하고 있는 중이었기 때문에 참조할 만한 책이 없었다. 그래서 며칠 동안 그러한 기억의 결함과, 그 결함과 결부된 내적인 고통을 감내해야만 했다. 그러한 고통은 하루에도 몇 번씩 찾아왔다. 그러다가 나를 그러한 고통으로부터 해방시켜 준 것은, 우연히 만난 교양 있는 이탈이라 사람이었다. 그가 나에게 그 화가의 성-시뇨렐리(Signorelli)*-을 말해준 것이다. 그 뒤, 나는 혼자 힘으로 그 예술가의 이름-루카(Luca)-을 덧붙일 수 있었다. 그러자 '선명한'(ultra-clear) 기억으로 떠올랐던 그 대가의 얼굴이 조금씩

희미해져버렸다.

* 루카 시뇨렐리(1450-1532)는 이탈리아의 화가로, 오르비에토 대성당의 벽화를, 그의 선임자인 프라 안젤리코 다 피에졸레(Fra Angelico da Fiesole, 1400-1455)의 뒤를 이어 완성함. 그들은 그 벽화 속에 자신의 초상화를 나란히 그려 넣은 것으로 유명하다.

대체 어떤 영향이 시뇨렐리라는 이름을 잊게 만든 것일까? 그것은 나에게 아주 친숙하고 아주 쉽게 기억되는 이름인데 말이다. 어떤 경로를 통해 그것이 보티첼리와 볼트라피오라는 이름으로 대체된 것일까? 망각이 일어나던 상황으로 잠깐 거슬러 올라가 보자. 그러면 두 가지 점이 밝혀질 것이다.

오르비에토 성당의 프레스코화에 대해 이야기하기 전에, 나는 나의 여행 동반자에게, 내 동료로부터 몇 년 전에 들은 보스니아 터어키 사람들에 대한 이야기를 해주었다. 그들은 의사에 대해 특별한 존경심을 가지고 있고, 오스트리아 사람들과는 달리, 운명에 대해 체념적인 자세를 보인다. 의사가 가장(家長)에게 그의 친척 중의 하나가 곧 죽을 것이라고 말하면, 그의 답변은 이렇다. "선생님(Herr), 무슨 할 말이 있겠습니까? 선생님께서 그를 구하실 수 있다면, 그를 도와주셨을 거라고 저는 믿고 있습니다." 이 이야기 곁에 다른 이야기가 내 기억 속에 있다. 바로 그 동료가 나에게 이야기해준 것인데, 보스니아 사람들은 성적인 향락에 최우선의 가치를 부여한다는 것이었다. 한번은 그의 환자 중의 하나가 그에게 말했다. "선생님(Herr)께서 잘 알고 계시겠지만, '거시기' (that; cela)[성생활]가 안되면, 삶은 아무 가치도 없습니다." 그 당시 의사인 우리[프로이트와 그의 동료 의사]에게, 보스니아 사람이 갖고 있는 그 두 가지 특성은 서로 밀접히 연관되어 있는 것처럼 보였다. 그러나 헤르체고비나를 드라이브하면서 그 이야기들이 떠올랐을 때, 나는 성에 관한 두 번째 특성[성적인 향락에 최우선의 가치를 두는 특성]은 억압 해버리고 말하지 않았다. 그리고 얼마 안되어, 시뇨렐리라는 이름이 나를 비켜가고, 대신 보티첼리와 볼트라피오라는 이름이 나타난 것이다.

시뇨렐리라는 이름이 기억에 접근하지 못하도록 만든 영향이나, 내가 말하는 식으로 그 이름을 '억압한' 영향은, 내가 죽음과 성적인 향락의 가치에 관한 이야기를 억제한 데서 기인한다. 그렇다면 그 두 주제를 연결했던 '중간 표상들'을 밝혀야 할 것이다. 그러나 그것들의 내용-한 쪽의 최후의 심판과 「세계의 종말」, 그리고 다른 한 쪽의 죽음과 성-은 별로 관계가 없는 것처럼 보인다. 그러나 문제는 이름의 억압에 관한 것이기 때문에, 이름과 이름끼리 서로 연결될 가능성은 있다. 우선 '시뇨르'(*Sinor*)[시뇨렐리(*Signor*elli)의 앞 두 음절]는 독어로 '헤르'(*Herr*)*를 의미한다. 그리고 '헤르'(Herr)라는 말은 다시 헤르체고비나(*Her*zegovina) 속에 들어 있다. 게다가 내 기억에 따르면, 두 명의 환자가 내 동료 의사를 부를 때, 모두 '헤르'(Herr)라는 말을 사용했다. 이것도 분명히 이름의 억압과 관계가 있다. 따라서 '시뇨르'(Signor)를 '헤르'(Herr)로 번역하는 것은, 내가 억제한 이야기가 내가 찾고 있는 이름을 억압 속으로 끌어당기는 방식이다. 그 과정이 가능해진 것은, 라구사에서 보낸 마지막 며칠 동안, 나는 계속해서 이태리어로 말했기 때문이다. 다시 말해 나의 머리속이 독일어를 이태리어로 번역하는 데 익숙해 있었기 때문이다[4)]

4) 사람들은 이러한 설명을 '억지춘향식'이라고 말할 것이다. 그렇지만 억압된 주제는 어떤 수단을 써서라도 억압되지 않은 주제와 관계를 맺으려고 하기 때문에, 어쩔수 없이 그러한 인상이 일어날 수밖에 없다. 그리고 그러한 목적을 위해서는 외부적인 연합도 마다하지 않는다. 그것은 마치 각운을 맞출 때와 같은 강제 상황이다.[각운 맞추기의 강제성에 대해서는 『꿈의 해석』(6장 D)의 기술을 참조할 것. '외부적인 연합'이란 표면적인 연합을 의미하다. 예컨대, 의미의 연결 없이 소리의 유사성에 의한 연합이 그것이다.]

* Herr는 독어이고, 그것에 해당하는 이태리어는 Signor. 불어는 Seigneur, 영어는 Sir이다.

내가 그 화가의 이름을 되찾으려고 할 때, 즉 그것을 억압 밖으로 불러내려고 할 때, 그것과 연결된 것들의 영향이 나타났다. 실제로 나는 예술가의 이름을 찾아냈지만, 그것은 맞지 않았다. 그것은 바뀐 이름이었다. 그러한 이동은 억압된 주제 속에 포함된 이름들이 주도하고 있다. 가령 보티첼리(Botti*celli*)는 시뇨렐리(Sigor*elli*)의 마지막 음절을 포함하고 있는데, 그 마지막 음절이 그대로 돌아온 것은, 그것이 그 이름의 앞부분인 '시뇨르'(Signor)와 다르게 '헤르체고비나'(Herzegovina)와 직접적인 관계를 맺을 수 없었기 때문이다. 그러나 '헤르체고비나'와 일정 하게 관련을 맺고 있는 '보스니아'(*Bo*snia)*의 영향이 나타나면서, 같은 'Bo'로 시작하는 두 예술가의 이름('보티첼리'와 '볼트라피오') 쪽으로 대체의 방향이 잡힌 것이다. 따라서 '시뇨렐리'라는 이름의 발견을 방해한 것은, '보스니아'와 '헤르체고비나'라는 이름 속에 숨어 있는 주제이다.

* 이 두 지역은 지리적으로, 그리고 역사적으로 인접한 관계로 항상 함께 거론된다.

그 주제가 그와 같은 효과를 일으키려면, 대화 중에 그것을 한 번 억제하는 것(우연한 동기들에 의해 일어난 것)으로는 충분하지 않다. 오히려 그 주제 자체가 이미 내 속에 억압 상태로 있던 일련의 사고들과 밀접한 관계를 맺고 있었다고 가정해야 할 것이다. 즉 흥미의 강도에도 불구하고 저항에 부닥친 일련의 관념들과 관계를 맺고 있다고 말이다. 저항은 그것들이 어떤 심리 기능에 의해 가공되는 것을 방해하고 의식화되지 못하도록 한다. 나는 그 당시의 '죽음과 성'의 주제가 실제로 그랬다는 많은 증거를 갖고 있다. 그 증거는 나 자신에 대한 검사로부터 나온 것이지만, 여기서 보고할 필요는 없을 것 같다. 그러나 나는 그 억압된 사고의 결과에 주목하고 싶다. 경험이 나에게 가르쳐준 바에 따르면, 모든 심리적 산물은 '다원결정'이 되더라도 완전히 해명되기를 요구한다. 따라서 내가 보기에, 두 번째로 대체된 이름인 '볼트라피오'(Boltraffio)는 보충의 결정작용을 필요로 한다. 왜냐하면 지금까지는 앞의 두 철자('Bo')만 '보스니아'(Bosnia)의 반해음(assonance)*으로 설명되었기 때문이다. 나는 어떤 소식**을 접한 이후로, 그러한 억압된 사고들이 몇 주 전보다 훨씬 더 나를 사로잡고 있었다고 기억된다. 그 소식이 나에게 전해진 곳은 '트라포이'(Trafoi)***였다. 그 이름은 '볼트라피오'(Bol*traffio*)의 나머지 반과 너무 흡사해서, 후자[볼트라피오]를 선택하는 데 결정적인 영향이 없을 수가 없었을 것이다. 이제 명확해진 관계를 다음의 도표로 그릴 수 있을 것이다.

* 동일한 모음이 반복되는 현상으로, '볼트라피오'와 '보스니아'는 '보'라는 반해음으로 연결되어 있다.

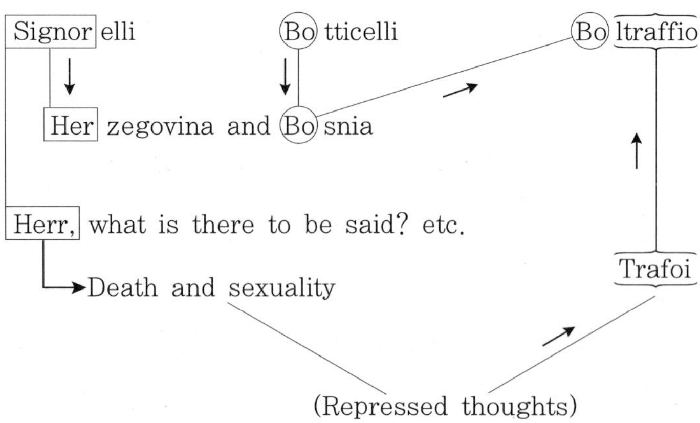

** 그[프로이트의 동료 의사]의 환자 중의 하나가 불치의 성병 때문에 자살했다는 소식(『일상생활의 정신병리학』제3장 참조.)
*** 오스트리아의 티롤에 있는 마을.

아마 그러한 심리적인 현상의 과정을 조사해보는 것은 그 자체로 흥미있는 일일 것이다. 그것은 심리 장치의 통제에 영향을 미칠 수 있는 가장 사소한 혼란에 속하지만, 손상되지 않은 심리적인 건강과 양립할 수 있다. 그러나 여기서 밝혀진 예가 엄청난 관심을 끄는 것은, 그것이 정신 신경증(psychoneuroses)-히스테리(hysteria), 강박관념(obsessions)과 편집증(paranoia)-의 기원이 되는 병적인 과정에 대한 모델의 가치가 있기 때문이다. 우리는 양쪽 모두[건강한 심리나 병적인 심리 모두]에서 동일한 요소를 발견할 수 있고, 그 요소들 사이의 힘의 작용이 동일함을 알 수 있다. 신경증에서도, 여기에 제시된 예와 같은 방식으로, 그리고 그것과 비슷한 표면적인 연합을 통해, 일련의 억압된 사고가 최근의 평범한 인상을 잡아 억압 속으로 끌고 내려간다. 즉 '시뇨렐리'로부터 '보티첼리'와 '볼트라피오'라는 대체물이 탄생하는 것과 같은 메커니즘(중간 표상이나 타협물에 의한 대체)이, 강박적인 사고와 편집증적인 기억착오(paranoic paramnesias)를 좌우한다. 이런 경우의 망각은 문제가 해결될 때까지 불쾌감을 끊임없이 '풀어주는'(entbinden; dé-lier; liberate) 특성을 갖고 있다. 이것은 이해하기 힘든 특성이다(실제로 나의 일행은 그것을 이해하지 못했다.). 그러나 그것은 억압된 사고의 덩어리가, 그 내용이 정동의 해방에 완전히 부적절하게 보이는 증상에 정동을 부착시킨다는 점에서, 망각 현상과 완전히 유사하다. 결국 긴장은 제삼자가 정확한 이름을 말해줌으로써 해결된다. 그것 자체가 정신분석 치료의 좋은 예이다. 그것은 억압과 이동을 교정하는 것을 목표로 하면서, 진정한 심리적 대상을 다시 세움으로써 증상을 제거한다.*

* 프로이트는 플리스에게 보낸 편지(1898년 8월 26일자)에서 실수(parapraxes)의 메커니즘과 신경증의 메커니즘을 아주 간단히 비교하고 있다.

따라서 기억력의 부족이나 기억 상실에 기여하는 여러 요인 중에서 억압의 몫을 간과해서는 안 된다. 그것은 신경증 환자에게서 뿐만 아니라, (질적으로 똑같은 방식으로) 정상인에게서도 입증된 사실이다. 일반적으로 어떤 인상이 기억 속에서 쉽게 깨어날 수 있느냐의 문제-궁극적으로 기억의 충실도의 문제-는, 개인의 심리 조직과, 인상을 받았을 당시의 그 인상의 힘과, 그 당시 그것에 대한 관심과, 현재의 심리 상태와 지금 각성에 주어진 관심과 그 인상이 연루된 관계 등에 달려 있다. 뿐만 아니라 그것은 불쾌감을 풀어줄 수 있는 어떤 것을 생산하는 것을 거부[저항]하거나, 결과적으로 불쾌감의 해방으로 인도할 수 있는 특수한 심리적인 요소의 호·불호에 달려 있다. 따라서 보고 싶은 사람은 언제나 볼 수 있는 고문서 보관소로 알려져 있는 기억은, 실은 외부 세계를 향한 우리의 활동의 일부처럼 의지의 경향에 의해 구속을 받는다. 히스테리 환자가 자기가 알고 '싶지'(want) 않은 것은 모른다고 말한다는 사실을 우리가 안다면, '히스테리성 건망증'의 비밀은 반쯤 밝혀진 것이나 다름없다. 정신분석 치료는 그러한 기억의 공백을 채워주는 과정에서, 그 크기에 따라 조정되는 어떤 저항이 잃어버린 기억의 회복에 반대한다는 사실을 발견했다. 물론 정상적인 심리 과정의 경우, 기억의 재생에 있어서 어떤 요소의 일방적인 영향이, 고려의 대상이 되어야 할 다른 모든 요소들을 한결같이 압도한다고 주장할 수는 없다.[5)]

기억과 망각의 경향성과 관련하여, 나는 얼마 전에 교훈이 될 만한 경험-그것이 드러내는 내용 때문에 교훈적인-을 했다. 나는 여기에 그 설명을 덧붙이고 싶다. 나는 친구를 방문하는 데 24시간을 할애할 마음을 먹었다. 애석하게도 그는 나로부터 아주 멀리 떨어져 살고 있었다. 내 머리 속은 그에게 말하고 싶은 것으로 가득 차 있었다. 그러나 나는 그 전에, 비엔나에 있는 아는 집안을 방문해야 했다. 그 집안 사람 중의 하나가 문제의 도시[프로이트의 친구가 살고 있는 도시]로 이사 갔는데, 그에게 전할 메시지를 받아가기 위해서였다. 그들은 나에게 그가 사는 기숙사의 이름과 거리 이름과 번지수를 말해 주었다. 그리고 내 나쁜 기억력을 고려하여, 그들은 카드에 주소를 적어주었다. 나는 그것을 지갑 속에 넣었다. 그 다음날 나는 내 친구집에 도착해서, 첫 마디로 이렇게 말했다. "난 우리의 만남을 훼방놓는 일을 하나 해야 해. 어떤 집을 방문하는 일인데, 그것이 내가 첫 번째로 해야 할 일이야. 내 지갑에 그 주소가 있어." 그러나 놀랍게도, 그것은 거기에 없었다. 그래서 나는 내 기억에 의존해야 했다. 이름에 관한 내 기억력이 특별히 좋은 편은 아니었지만, 숫자에 관한 기억력보다는 비교할 수 없을 만큼 좋은 편이었다. 그래서 나는 어떤 집을 일년 내내 왕진을 가면서도, 마차꾼이 바뀌면 영락없이 번지수 때문에 곤혹을 치르곤 했다. 그러나 이번 경우는 번지수는 제대로 기억했다. 그것은 놀리기라도 하듯이 극명했다(ultra-clear). 반대로 기숙사와 거리의 이름이 기억 속에 없었다. 나는 문제의 기숙사를 찾는데 지표가 될 만한 자료를 까마득하게 잊어버렸다. 나의 습관과는 정반대로, 아무 소용이 없는 번지수만 간직하고 있었던 것이다. 결과적으로 나는 그 집

---

5) 내가 위에서 밝힌 메커니즘에 해당되는 경우가 드물다고 생각하는 것은 잘못이다. 반대로 그것은 아주 흔하다. 가령 나는 어느 날, 나의 동료에게 이 조그만 사건을 이야기하려고 했다. 그런데 보스니아에 대한 이야기를 해준 장본인의 이름이 갑자기 생각나지 않았다. 그 이유는 이렇다. 그 전에 나는 카드 놀이를 하고 있었다. 그 장본인은 픽(Pick)이라는 사람이었다. 그런데 '픽'(Pick, pique, spades)[스페이드]과 '헤르츠'(Herz, coeur, hearts)[하트]는 카드의 네 패 가운데 두 패의 이름이다. 게다가 그 두 말은 다음과 같은 일화로 연결되어 있다. 바로 그 장본인이 자신을 가리키면서 말했다. "나는 '헤르츠'가 아니라 '픽'이야." 또한 '헤르츠'는 '헤르체고비나'(Herzegovina)라는 이름에 나타나 있고, '하트(헤르츠)'는 병든 신체 기관으로서, 내가 억압되었다고 기술한 꿈-사고에서 일정한 역할을 하고 있었다.

을 방문하지 못했다. 나는 놀랄 만큼 쉽게 자위를 하면서 친구집으로 돌아왔다. 그리고 친구에게 전념했다. 나는 비엔나로 돌아오자마자, 책상 위에서 주소가 적힌 카드를 발견했다. 나는 '무심코'(absent-mindedness) 그것을 책상 위에 놓았다는 것을 깨달았다. 그렇게 무의식적인 실수에도, 아주 독특하게 변형되는 망각에서처럼 의도가 작용하고 있는 것이다.*

* 이 일화는 『일상생활의 정신병리학』(2장)의 각주에 아주 짧게 언급되어 있다.

III

신경증의 병인으로서의 성욕(1898)

나는 최근 몇 년 동안 심층적인 탐구를 통해, 신경증의 경우에 성생활로부터 오는 요인이 가장 직접적이고 가장 중요한 실질적인 원인을 이루고 있다는 인식에 도달했다. 이러한 이론은 전혀 새로운 것이 아니다. 예로부터 이 주제에 대한 연구자들은 신경증의 병인에 있어서 성적인 요인의 중요성을 인정해왔다. 즉 '성적인 어려움'과 '신경 쇠약'의 치료를 하나의 동일한 전망으로 묶는 것은, 항시 의학의 주변적인 여러 흐름을 형성하고 있었다. 따라서 그러한 이론의 정당성을 부정하는 것을 포기하지 않는다면, 그것의 독창성을 부인하는 것도 어려운 일이 아닐 것이다.

최근 몇 년 동안 『중앙 신경학지(*Neurologisches Zentralblatt*)』,* 『신경학지(*Revue neurologique*)』,** 『비엔나 임상학지(*Wiener Klinische Rundschau*)』***에 발표한 나의 짧은 논문들은, '신경증의 성적인 병인론'을 과학적으로 뒷받침하는 자료와 관점을 보여주고 있다. 그러나 아직 자세한 설명이 요구된다. 왜냐하면 사실 객관적이라고 인식되고 있는 상호 관계를 밝히다 보면 항시 새로운 문제에 봉착하게 되는데, 대개 그 문제의 해결을 위한 예비적인 작업이 아직 마련되지 않은 상태이기 때문이다. 그러나 내가 보기에, 전문의의 관심을 내가 사실이라고 믿고 있는 것 쪽으로 방향을 돌려, 그들이 내 주장의 진실을 믿고 동시에 그것의 실행으로부터 끌어낼 수 있는 이점을 납득하도록 만드는 것은 전혀 때 이른 것이 아니다.

* 「방어 정신 신경증」(1894), 「신경쇠약과 '불안 신경증'이라는 복합 증상을 구분해야 하는 근거에 대하여」(1895), 「방어 정신 신경증에 대한 새로운 고찰」(1896)

** 「강박증과 공포증」(1895), 「유전과 신경증의 병인」(1896)

*** 「'불안 신경증'에 대한 나의 논문에 대한 비판에 대하여」(1895), 「히스테리의 병인에 대하여」(1896)

나는 사람들이 훈계의 논증을 이용하여, 의사들이 그러한 주제를 계속해서 탐구하지 못하도록 만들 것이라는 사실을 알고 있다. 그러나 환자들의 신경증이 실제로 성생활과 관계가 있는지 확실히 알고싶어 하는 사람이라면, 반드시 그들에게 그들의 성생활에 대해 물어보고, 그것의 진상을 받아들여야 한다고 주장할 것이다. 그러나 보통 거기에는 개인과 사회에 위험한 것이 있다고 말한다. 내가 이해한 그 말의 의미는, 그러한 종류의 질문으로 환자의 성적인 비밀에 끼어들어, 수치심-특히 여성의-에 상처를 입힐 권리가 의사에게 없다는 것이다. 의사의 서투른 솜씨가 가정의 행복을 파괴하고, 젊은 사람의 순수함을 해치고, 부모들의 권위를 침범할 수 있다는 것이다. 그리고 어른들과 관련된 것에서는 그들과 불편한 관계에 이르고, 환자와의 관계도 파괴된다. 따라서 성적인 것과 거리를 두는 것이 의사의 도덕적인 의무이다.

그에 대해 다음과 같이 대답할 수 있다. 그것이야말로 의사에게 합당치 않은 점잖은 체하는 행동이다. 그러한 태도는 항시 뒤에 빈약한 논리를 불완전하게 숨기고 있다. 만약 성적인 요인을 실질적인 병인으로 인정해야 한다면, 바로 그 사실 때문에라도 그러한 요인에 대한 조사와 논의가 주저 없이 이루어져야 한다. 그것이 의사의 의무이다. 의사가 수치심에 상처를 입히는 죄를 짓는 것은, 국부적인 병을 치료하기 위해 여성의 기관을 조사할 때와 조금도 다르지 않다. 그것은 의술의 요구일 뿐이다. 젊은 시절을 시골에서 보낸 나이가 든 여자들이, 과거에 과도한 생리로 기진맥진할 만큼 쇠약해진 적이 있었다고 이야기하는 것을 종종 듣는다. 그것은 그녀들이 의사에게 벗은 몸을 보여줄 엄두를 내지 못했기 때문이다. 그러나 의료계에서 일반인에게 교육을 시행한 결과, 그러한 기피는 한 세대를 거치면서 젊은 여자들에게 거의 찾아볼 수 없게 되었다. 만약 그러한 기피가 있다면, 오히려 그 기피를 비합리적인 점잖음이나, 잘못된 수치심으로 비난해야 할 것이다. 그래서 오히려 남편이 반문해올지 모른다. "우리가 대체, 병든 여자가 벽 구멍을 통해서만 팔을 의사에게 내보일 수 있는 터어키에 살고 있는 거냐?"고.

환자들에 대한 검사와 성적인 것에 관한 지식이, 의사에게 환자에 대한 위험한 정도의 권력을 부여한다는 것은 사실이 아니다. 그와 같은 반론이 마취의 사용에 대해서도 제기될 수 있다. 왜냐하면 그것은 환자의 의식과 자유의지를 빼앗고, 환자를 언제 회복시킬 것인지의 여부를 결정할 권한을 의사에게 내맡기기 때문이다. 그러나 오늘날 마취는 필수적인 것이 되었다. 그것은 다른 무엇보다도 의사의 의료 작업을 도와주기 때문이다. 그 결과 의사는 다른 많은 중대한 의무 중에서도 마취의 사용에 대한 책임을 떠맡고 있는 것이다.

서투르거나 양심이 없는 의사는 해로울 수 있다. 환자의 성생활을 조사하는 경우도 이보다 더하지도 덜하지도 않다. 물론 정직하게 자기를 돌아보았을 때, 신경증 환자를 검사하는 데 필요한 요령과 진지함과 신중함을 갖지 못했다고 느끼는 사람과, 스스로 생각하기에 성생활의 폭로가 학문적인 관심 대신에 관능적인 전율을 일으키는 사람은 신경증의 병인의 주제를 피하는 것이 좋을 것이다. 그와 더불어 우리는 그에게 신경증 환자의 치료를 삼가도록 요구하고 싶다.

또한 환자들이 성생활의 조사를 방해한다는 것은 사실이 아니다. 성인들은 일반적으로 잠깐 머뭇거린 뒤에, 침착성을 되찾으면서 다음과 같이 말한다.

"의사와 함께 있으니 무슨 말이든지 할 수 있을 것 같습니다." 전생애에 걸쳐 성적인 느낌을 숨겨야 한다는 중압감에 시달려온 많은 여자들은, 의사로부터 다른 무엇보다 치료가 중요하다는 것을 깨닫고 안도감을 느낀다. 그녀들은 일단 성적인 것에 대해 아주 인간적으로 행동할 수 있도록 해준 데 대해 의사에 감사한다. 신경증의 발발에 있어서 성적인 요인의 중요성에 대한 인식은, 희미하게나마 문외한의 의식에도 있는 것 같다. 바로 그러한 인식이 내가 새로운 형태의 학문에서 포착하려는 것이다. 다음과 비슷한 광경은 수도 없이 목격된다. 부부 중의 한 사람이 신경증으로 고생하다, 함께 진찰을 받으러 오는 경우가 있다. 그러면 우리는 그런 경우 도움을 줄 수 있는 의사와 그들[환자 부부] 사이에 관습적인 장벽이 있어서는 안 된다는 취지의 변명을 여러 차례 늘어놓은 뒤, 병인은 부인이 분만한 뒤에 그들이 선택한 부자연스럽고 유해한 성교의 방식에 있다는 것을 그들에게 알려준다. 또한 의사들은 보통 그런 문제에 관여하지 않지만, 환자들이 설혹 그것에 대해 듣고 싶어 하지 않는다고 하더라도, 그러한 태도는 비난받아 마땅한 것이라는 사실도 말해준다. 그러면 부부 중의 하나가 팔꿈치로 상대방을 툭 치면서 말한다. "거봐, 내가 말했지? 그것이 나를 병나게 할 거라고." 다른 사람이 대답한다. "나도 그렇게 생각했어, 그러면 어떻게 해야지?"

성생활을 감추도록 체계적으로 교육을 받은 소녀들 같은 경우에, 의사들은 환자가 아주 조금의 성실한 대답을 하더라도 거기에 만족해야 할 것이다. 그러나 여기서 아주 중요하게 고려되어야 할 사실이 있다. 즉 그 방면에 경험이 있는 의사라도 마음의 준비를 하지 않고 환자를 만나서는 안 된다. 일반적으로 의사는 환자에게 정보를 요구해서는 안 된다. 단지 그는 그가 가정하는 사실의 확인만을 요구해야 한다. 누가 나의 지적을 따라가며 신경증의 형태를 정리하고 그것을 병인론으로 번역한다면, 그는 환자들에게 더 많은 자백을 강요할 필요가 없을 것이다. 그들이 기꺼이 제공하는 증상에 대한 기술은, 뒤에 숨어 있는 성적인 요인을 거의 언제나 의사에게 드러내고 있기 때문이다.

의사가 얼마나 확신을 가지고 신경증을 해석하고 거기서 성적인 병인을 도출해내는지, 환자들 자신이 잘 알고 있다면 아주 도움이 될 것이다. 그들이 자신의 병에 대해 도움을 청하기로 마음을 먹은 순간부터, 그것은 확실히 그들이 그들의 비밀을 포기하게 하는 데 자극이 될 것이다. 그 밖에 성적인 것에 대해 지금까지 요구되던 것보다 높은 솔직성이, 사람들 사이에 의무가 되어가고 있다는 사실은 우리 모두의 관심사가 아닐 수 없다. 그러나 성적인 도덕성이 그것[솔직성]을 이길 수밖에 없다. 성에 관한 한, 우리는 환자이건 건강한 사람이건 모두 위선자이다. 성적인 것에 있어서 그러한 일반적인 솔직함에 대해 상당한 관용이 통용된다면, 우리에게 유익할 텐데 말이다.

의사들은 대개 신경병리학자들이 신경증에 관하여 논의한 많은 문제들에 대해 거의 관심이 없다. 예컨대 히스테리와 신경쇠약(neurasthenia)을 엄격히 구분할 수 있는지, 신경쇠약성-히스테리(hystero-neurasthenia)를 따로 분류해도 되는지, 강박증을 신경쇠약으로 분류해야 하는지 아니면 별도의 신경증으로 봐야 하는지 등의 문제. 사실 그러한 구분은 의사와 무관한 문제일지 모른다. 현재의 진단학에 더 진전된 결과나 더 깊은 통찰이나 치료의 지침이 없는 한, 그리고 어떤 환자든지 수치료소(水治療所, hydropathic establishment)[온갖 형태의 물을 이용하여 치료하는 요양소]로 보내면서 아무렇지도 않다고 말하는 한 말이다. 그러나 의사들이 만약 성욕과 신경증 사이에 인과적 관계가 있다는 우리의 관점을 취한다면 사정은 달라질 것이다. 그러면 여러 신경증의 증상에 대한 관심이 새롭게 일어날 것이다. 복잡한 그림을 요소들로 정확히 분해하고 그 요소들을 명명하는 것은 실천적인 중요성을 갖고 있다. 왜냐하면 신경증의 형태가 별 어려움 없이 병인으로 번역될 수 있을 뿐더러, 후자[병인]에 대한 지식이 치료 방법에 대한 새로운 지침으로 귀결될 수 있기 때문이다.

우리가 해야 하는 중요한 결정-이것은 증상을 세심하게 평가하면 어떤 경우든 확실하게 이루어질 수 있다-은, 어떤 사례가 신경쇠약의 특성을 내포하고 있는지 아니면 정신 신경증(psychoneurosis)(히스테리, 강박증)의 특성을 내포하고 있는지를 아는 것이다.(신경쇠약의 징후와 정신 신경증의 징후가 결합된 경우도 아주 빈번하다. 그러나 그것에 대한 고찰은 나중으로 미룰 것이다.) 환자들을 조사해본 결과, 오직 신경쇠약에서만 성생활로부터 오는 병인을 발견할 수 있었다. 물론 환자도 그러한 병인을 알고 있었다. 그것은 현재와 관계된 일로, 정확히 성적인 성숙 이후의 삶에 속한 것이었다.(그렇지만 이러한 시간의 구분이 모든 경우에 해당되는 것은 아니다.) 정신 신경증의 경우, 그러한 종류의 조사는 아무런 결과를 얻지 못한다. 그 조사가 우리에게 제공하는 것은, 그것의 촉진 요인으로 인정해야 되는 것에 대한 지식이다. 그것은 성생활과 관련이 있거나 없다. 전자의 경우[성생활과 관련이 있는 경우] 그것은 신경쇠약의 병인과 다른 속성을 보이지 않는다. 따라서 그것은 정신 신경증의 발발과 특별한 관계가 없다. 그렇지만 정신 신경증의 병인 또한, 어떤 경우든 성적인 것에 있다. 그러한 병인에 도달하려면, 그리고 환자가 그것에 대해 왜 아무 말도 할 수 없었는지를 이해하려면, 내가 나중에 이야기하겠지만 엄청난 우회를 거쳐야 한다. 왜냐하면 모든 정신 신경증의 기저에 있는 사건과 영향은, 현재에 속하는 것이 아니라 오래 전에 지나가 버린 삶에 속하기 때문이다. 말하자면 그것은 아주 어린 시절의 선사적인 삶에 속한다. 그래서 환자 자신도 그것을 모르고 있는 것이다. 어떤 의미에서 그는 그것을 잊어버린 것이다.

따라서 모든 신경증에는 성적인 병인이 있다. 그러나 신경쇠약에서 그것은 현재의 것이고, 정신 신경증에서 그것은 유아적인 성질의 것이다. 이것이 신경증의 병인에 있어서 가장 크게 대립되는 것이다. 두 번째로 대립되는 사항은 신경쇠약의 증상 자체에서 나타난다. 한쪽은 신경쇠약의 특징적인 고통들(두통, 피로, 소화불량, 변비, 척추염 등)이 두드러진 경우이다. 다른 한쪽은 그러한 징후들이 후퇴하고, 임상도(clinical picture)[증상을 세밀하게 기록한 일지]가 다른 증상들로 구성되는 경우이다. 그 증상들은 모두 '불안'(anxiety)이라는 핵-증상(nuclear symptom: 괜한 걱정, 근심, 기대 불안, 완전하든지 불완전한 보충적인 불안 발작, 운동 현기증(locomotor vertigo), 광장공포(agoraphobia), 불면(insomnia), 고통의 과장 등)과 관계를 맺고 있다. 나는 전자의 유형을 신경쇠약이라고 부르고, 후자를 '불안 신경증'(anxiety neurosis)으로 구별한다. 나는 다른 글에서* 그러한 구분의 근거를 제시한 바 있다. 또한 거기서 나는 두 신경증이 일반적으로 함께 나타난다는 사실도 지적했다. 우리의 목적을 위해서는, 두 가지 형태의 증상의 차이와 병행해서, 병인에서도 차이가 난다는 것을 강조해야 할 것이다. 신경쇠약은 항시 과도한 자위행위(masturbation)에 의해 획득된 신경 상태로 귀결되든지, 아니면 빈번하게 거듭되는 몽정(夢精, emissions)으로부터 자연발생적으로 일어난다. 반면에 불안 신경증도 성적인 영향을 규칙적으로 보여주기는 하지만 그것의 공통 요인은 언제나 불완전한 만족이다. 가령 '성교 중단'(coitus interruptus), 왕성한 리비도(libido)**의 금욕, 소위 욕구불만으로 그친 흥분 등. 나는 불안 신경증을 소개하는 조그만 논문에서, 불안은 항시 정상적인 사용으로부터 일탈된 리비도라는 공식을 제시한 바 있다.

* 「신경쇠약과 '불안 신경증'이라는 복합 증상을 구분해야 하는 근거에 대하여」(1895) 참조.

** 성적인 충동의 심리적 에너지.

신경쇠약과 불안 신경증이 결합된 경우에, 즉 혼합된 경우에 경험적으로 도달한 사실을 명제화하면, 신경증의 혼합은 여러 병인의 협력과 일치한다. 그러한 기대는 언제나 확인할 수 있다. 병인들이 얼마나 자주 성적인 과정의 상호작용을 통해 다른 요인과 유기적으로 결합하는지! 가령 성교 중단이나 정력 부족이 자위행위와 병행되는 경우가 그것이다. 확실히 이런 경우는 별도의 논의를 해볼 만하다.

신경쇠약증(neurasthenic neurosis)을 확실하게 진단하고 그 증상을 정확하게 분류한 연후에, 우리는 비로소 증상학(symptomatology)을 병인론(aetiology)으로 번역할 수 있고, 환자들에게 과감하게 우리의 가설의 확인을 요구할 수 있을 것이다. 최초의 '부정' [우리의 가설에 대한 환자의 부정]에 우리가 미혹되어서는 안 된다. 우리가 추측한 것을 단단히 지키려면, 요지부동한 우리의 신념을 강조함으로써 모든 저항을 이겨내야 한다. 그렇게 할 때, 우리는 인간의 성생활에 대한 온갖 것–이것은 유용하고 교훈적인 한 권의 책이 될 것이다–을 배울 수 있고, 또한 모든 점에서 성 과학(sexual science)이 오늘날에도 아직 외설적인 것으로 여겨지는 것을 유감스럽게 생각하는 법을 배울 수 있을 것이다. 그러나 정상적인 '성생활' (vita sexualis)로부터 경미하게 이탈하는 것은 너무 흔해서, 그것의 발견에 가치를 부여할 수는 없다. 그래서 우리는 신경증 환자의 성생활에 나타나는 심각하고 지속적인 비정상적인 환자를 자극하여 성적인 잘못을 섣불리 자책하게 한다면, 그것은 가상적인 위험이라고 안심하고 무시해버리기 쉬운 위험한 일이다.

이런 식으로 환자와 작업을 하면, 신경쇠약의 성적인 병인에 관한 한, 부정적인 경우는 거의 없다는 확신을 얻을 수 있다. 적어도 내 마음 속에 그 신념은 아주 확실해서, 검진의 결과가 부정적인 경우도, 나는 그것에 진단의 가치를 부여했다. 즉 나는 그런 경우 신경쇠약이 아니라고 자신 있게 말할 수 있다. 그래서 나는 몇몇 예를 통해, 신경쇠약이 아닌 진행성 마비(progressive paralysis)가 있다고 가정하게 되었다. 왜냐하면 그 예에서는 환자가 자위행위에 탐닉하는 것-이것은 내 이론에서 필수적인 사실이다-이 발견되지 않기 때문이다. 그 사례가 진전됨에 따라, 내가 옳았다는 것이 증명되었다. 또 다른 경우로, 신체적인 분명한 변화를 보이지 않은 환자가, 머리의 압박감과 두통과 소화불량을 호소하면서도, 그의 성생활에 대한 나의 암시에 노골적으로 확신을 가지고 반대한 적이 있었다. 그래서 나는 코의 두(竇, nasal sinuses)[뼈 속에 있는 비어있는 구멍]에 잠재성 화농이 있을 것이라고 가정했다. 성 검사에 대한 부정적인 결과로부터 끌어낸 나의 추론을 확인시켜 준 사람은 전문가인 나의 동료였다. 그 뒤 그는 두(竇)에서 역한 고름을 빼낸 뒤, 고통으로부터 해방되었다.

그럼에도 불구하고 '부정적인 경우'의 징조가 다른 방식으로 나타날 수 있다. 가끔 신경쇠약이나 불안 신경증과 같은 신경증 환자가, 검사를 해보면 정상적인 성생활을 보이는 경우가 있다. 그러나 그것은 피상적인 관찰에 불과하다. 좀 더 심층적으로 조사해보면 한결같이 진짜 모습을 드러낸다. 그런 경우는 신경쇠약으로 여겨지지만, 실은 그 뒤에 정신 신경증-히스테리나 강박증-을 숨기고 있는 경우다. 특히 히스테리는 신체 기관의 병을 모방하기 때문에, '현실 신경증'(Aktuelle Neurose; actual neurosis; névroses actuelles)* 중의 하나[신경쇠약이나 불안 신경증]의 모습을 띨 수 있다. 그렇게 현실 신경증이 히스테리 증상으로 발전되면서, 신경쇠약의 형태를 띠는 히스테리의 경우는 드물지 않다. 그러나 히스테리가 성적인 결과가 부정적인 신경쇠약[정상적인 성생활을 보이는 신경쇠약] 대신에 정신 신경증에 의지하는 것은, 비싼 대가를 치루는 해결 방식이다. 우리가 옳다는 증거는 히스테리의 비밀을 확실히 벗겨줄 수 있는 방법-우리가 나중에 언급할 정신분석

(psycho-analysis)이라는 방법-에 의하여 얻어질 수 있을 것이다.

* 이것은 글자 그대로 '현재의 신경증(present-day neurosis)' 이다. 이 용어는 이 논문에서 처음으로 나타난 것으로, 나중에 '현실 신경증(Aktualneurose)' 이라는 복합명사로 바뀐다. 그러나 이렇게 '현실 신경증'과 정신 신경증을 구분하는 것은, 이미 『히스테리 연구』(1895)에 암시 되어 있고, '방어 정신 신경증' 에 관한 두 번째 논문(「방어 정신 신경증에 대한 새로운 고찰」(1896))에서 좀 더 명확히 언급되어 있다. 그 논문에서 프로이트는 '현실 신경증' 을 별다른 정의 없이 '단순한' 신경증으로 지칭하고 있다. 또한 프로이트는 나중에 「나르시즘에 대한 소개」(1914)의 제2부에서, 건강염려증(hypochondria)도 제3의 '현실 신경증' 으로 간주될 수 있음을 암시하고 있다. 현실 신경증과 정신 신경증의 종류와 원인을 간단히 도표화하면 다음과 같다.

현실 신경증	신 경 쇠 약	과도한 자위행위나 몽정
	불안 신경증	성교 중단이나 욕구불만으로 끝난 성적 흥분
정신 신경증	히 스 테 리	어린 시절(과거)의 성적인 억압
	강 박 증	

아마 몇몇 사람은 신경쇠약 환자의 성적인 병인을 인정하면서도, 신경쇠약의 원인으로 거론하는 일반적인 다른 요인들에 주목하지 않는다면, 그것은 편견이라고 비난할 것이다. 물론 나는 신경증에 있어서 다른 모든 병인을 성적인 병인으로 대체하면서, 그것들이 효과가 없다고 주장할 생각은 없다. 그렇다면 그것은 나를 잘못 이해한 것이다. 내가 말하고 싶은 것은, 오히려 연구가들에게 잘 알려지고 그들이 합당하다고 인정하는 병인들에 성적인 요인이 덧붙여져야 한다는 것이다. 사실 지금까지 성적인 요인은 충분히 고려되지 않았다. 그러나 내 생각에, 그것은 일련의 병인에서 특별한 자리를 차지

할 만하다.* 왜냐하면 어떠한 신경쇠약에도 그 요인이 없는 적은 없기 때문이다. 그것은 단독으로도 신경증을 일으킬 수 있다. 그래서 다른 요인들은 보조적이고 보충적인 것으로 축소되어야 하는 것처럼 보인다. 의사는 오직 성적인 요인을 통해서만, 그 요인의 다양한 성질과 가지각색의 임상도 사이의 긴밀한 관계를 세울 수 있을 것이다. 반면에 과로나, 감정의 동요나, 장티푸스열의 후유증 등에 의해 신경쇠약이 되었다는 환자의 사례를 모아보면, 그들의 증상에서는 어떠한 공통점도 발견되지 않는다. 뿐만 아니라, 나는 병인의 유형에 따르는 증상을 기대할 수도 없었고, 역으로 임상도로부터 병인을 추론할 수도 없었다.

* 이것에 대해서는 불안 신경증에 관한 두 번째 논문(「'불안 신경증'에 대한 나의 논문에 대한 비판에 대하여」(1895))을 참조할 것.

성적인 원인은 치료 행위에 있어서 의사에게 가장 좋은 발판을 제공한다. 만약 유전이 있다면, 그것은 중요한 요인임에 틀림없다. 그것은 유전적 요소가 없으면 아주 경미한 결과만 있을 곳에서, 강력한 병리학적인 효과를 일으킨다. 그러나 유전은 의사의 손이 미칠 수 없는 곳에 있다. 모든 사람은 각자 병리적인 유전적 경향을 갖고 태어난다. 우리는 그것을 전혀 변화시킬 수 없다. 게다가 우리가 잊지 말아야 할 것은, 신경쇠약의 병인에 관한 한, 유전적 요소에 첫 번째 자리를 마련해주는 것은 피해야 한다는 것이다. 신경쇠약(두 가지 형태[신경쇠약과 불안 신경증] 모두)은 유전적으로 결함이 없는 사람이라도 누구나 쉽게 걸릴 수 있는 병이다. 그렇지 않다면, 행정 당국이 호소하는 신경쇠약의 엄청난 증가를 설명할 수 없을 것이다. 행정 당국이 신경쇠약의 책임을 문명의 죄로 돌리는 것은 옳다.(설혹 우리가 신경쇠약의 책임을 문명에 돌리는 방식이 그들이 생각하는 것과 판이하게 다르다고 할지라도 말이다.) 그러나 문명의 상태 또한 개인이 바꿀 수 있는 것이 아니다. 게다가 그것은 사회의 모든 구성원에게 공통적인 것이어서, 발병에 있어서 선택의 문제를 결코 설명해줄 수 없다. 신경쇠약에 걸리지 않은 의사도, 그가 돌아보아야 하는 신경쇠약 환자와 똑같이, 병을 일으킨다고 생각되는 문명의 영향에 노출되어 있는 것이다.* 이렇게 근원적인 요인들의 중요성은 제한적이게 마련이다. 또한 의사들은 '과로'의 요인을 신경증의 원인으로 강조하기를 좋아하지만, 그것은 대개 터무니없는 오용이다. 성적인 해독으로 인하여 신경쇠약에 걸린 사람이, 지적인 작업과 심리적인 시련을 잘 견디지 못하는 것은 사실이다. 그러나 일이나 흥분만으로 신경증에 걸리는 사람은 없다. 오히려 정신노동은 신경쇠약에 걸리지 않게 하는 방어 수단이다. 정확히 말해, 지칠 줄 모르는 정신노동자들은 신경쇠약의 피해로부터 벗어나 있다. 신경쇠약 환자들이 '과로가 병을 만들고 있다'고 하소연할 때, 그것은 대개 질적이건 양적이건 '정신노동'이라고 부를 만한 것이 못 된다. 책상 앞에서 '과로하는' 사무원이나, 집안일이 과도하게 많은 주부에게 의사가 설명해주어야 할 것은, 그들이 교양 있는 지식인에게는 쉬운 작업을 힘들게 수행했기 때문에 병에 걸린 것이 아니라, 그렇게 하는 동안 전반적으로 성생활을 무시하고 그것에 손상을 입혔기 때문에 병이 났다는 사실이다.**

* 이것은 「'문명화된' 성도덕과 현대인의 신경증」(1908)이라는 논문과 『문명 속의 불만』(1930)이라는 책에서 상세하게 논의하고 있다.

** '과로'에 대한 고찰은 『성욕에 관한 세 편의 에세이』(1905)의 제2편과 「끝이 있는 분석과 끝이 없는 분석」(1937)의 제3부의 주석을 참조할 것.

더군다나 신경쇠약 환자의 모든 병력과, 병의 신비스러운 호전과, 병의 이해할 수 없는 악화는 성적인 병인론에 의해서만 이해될 수 있다.(병의 호전과 악화는 보통 의사와 환자가 치료를 시도하는 것과 결부되어 있다.) 가령 200가지 이상이 되는 나의 사례 중에, 한 남자 이야기가 있다. 그는 그의 가정의가 처방한 치료가 아무런 도움이 되지 않자, 크나이프 사제(Pastor Kneipp)*를 찾아간다. 그의 치료가 시작된 뒤 1년 동안 그의 병은 엄청나게 호전된다. 그러나 1년 뒤 그의 증상이 다시 악화되어 뵈리스호펜(Wörishofen)으로 도움을 청하러 가지만, 두 번째 치료는 성공하지 못한다. 그 환자의 가족의 이력을 한 번 살펴보면, 그러한 이중의 수수께끼는 금방 풀린다. 그가 뵈리스호펜에서 처음 돌아온 뒤, 6개월 반만에 그의 부인이 아이를 낳는다. 따라서 그는 그녀가 임신했는지 아직 모르고 있을 때, 즉 임신 초기에 그녀를 떠나 다시 돌아온 후에, 그녀와 성관계를 다시 갖는다. 그리고 그에게 치료 효과가 있던 그 시기가 끝날 무렵, [아내가 해산하는 관계로] 다시 한번 성관계가 중단(coïtus interruptus)되고, 그의 신경증은 다시 시작된다. 그리고 두 번째 치료는 실패로 끝난다. 왜냐하면 그 임신이 그녀의 마지막 임신이었기[그 이후로 부부 관계가 없었다는 것을 암시하고 있음] 때문이다.

* 스바비아(Swabia)에 있는 바트 뵈리스호펜(Bad Worishofen)의 세바스챤 크나이프(1821-1897)는 냉수 '자연 요법(nature cure)'으로 유명했다. 그의 치료의 일부는 젖은 잔디를 맨발로 걷는 것이었다. 여기에 실린 사례는 불안에 대한 프로이트의 첫 번째 논문(「신경쇠약과 '불안 신경증'이라는 복합 증상을 구분해야 하는 근거에 대하여」(1895))에 간단히 언급되어 있다.

그와 비슷한 경우가 있었다. 그것은 뜻밖의 치료 효과가 있었기 때문에 설명을 필요로 한다. 그 사례는 훨씬 더 시사적인 것이었다. 왜냐하면 신경증의 증상들이 영문 모르게 교대되고 있었기 때문이다. 젊은 신경증 환자가 전형적인 신경쇠약 때문에, 의사에 의해 유명한 수치료소로 보내졌다. 거기서 그의 상태는 처음에 아주 호전되었다. 그래서 그 환자는 수치료 덕분으로 퇴원할 것으로 기대되었다. 그러나 6주가 되던 때, 상황이 돌변했다. 환자가 '물을 더 이상 견디지 못하고' 점점 더 신경질적이 된 것이다. 결국 그는 치료를 끝마치지 못하고 불만족한 상태로, 2주 뒤에 요양소를 떠났다. 그가 나에게 그 치료의 기만에 대해 불평을 늘어놓았을 때, 나는 그에게 그 치료 중에 그를 덮쳤던 증상에 대해 약간 물어보았다. 묘하게도 그의 증상에 변화가 있었는데, 치료 중에 그를 괴롭힌 것은 흥분과 호흡 곤란과 걸을 때의 현기증과 불면증이었다. 그래서 나는 환자에게 말했다. "당신은 수치료에 대해 잘못 생각하고 있습니다. 당신 자신이 잘 알고 있듯이, 당신은 오랫동안 자위행위를 한 결과 병이 난 것입니다. 요양소에서 당신은 그러한 방식의 충족행위를 포기한 결과, 급속히 회복될 수 있었던 것입니다. 그런데 당신의 상태가 좋아졌을 때, 당신은 무분별하게 어떤 부인-여자 환자라고 가정합시다-과 관계를 가지려고 애썼습니다. 그러나 그 관계는 정상적인 만족이 없는 흥분으로 끝났습니다. 요양소 주변의 멋진 산책이 당신에게 그런 기회를 제공한 것입니다. 당신이 다시 병이 난 것은 그러한 관계 때문이지, 갑자기 수치료를 참을 수 없게 된 것 때문이 아닙니다. 현재의 당신 건강 상태로 미루어볼 때, 당신은 아직 이 도시에서 그와 같은 관계를 계속하고 있다고 결론을 내릴 수 있습니다." 나는 그 환자가 내가 말했던 것을 하나하나 확인해주었다는 것을 독자들에게 보증할 수 있다.

현재 수치료소에서 가장 성공적으로 이용되고 있는 신경쇠약의 치료법은, 두 가지 요소를 통해 신경증의 조건을 개선하는 것을 목표로 하고 있다. 환자를 감호하는 것과 강하게 만드는 것이 그것이다. 나는 그 치료법이 환자의 성적인 조건을 고려하지 않는다는 것 외에, 그것을 비난할 생각은 없다. 내 경험에 따르면 그러한 요양소를 지도하는 의사들이, 자신들이 다루는 사람들이 문명이나 유전의 희생자가 아니라 성불구자들이라는 사실을 정확히 인식해주었으면 좋겠다. 그러면 그들은 한편으로 성공 사례뿐만 아니라 불성공 사례도 아주 쉽게 설명할 수 있고, 다른 한편으로 지금까지 우연이나 환자의 자발적인 행동에 좌우되던 새로운 성공을 이룰 수 있을 것이다. 불안으로 고통스러워하는 신경쇠약에 걸린 여자 환자가 집에서 멀리 떨어진 수치료소로 보내졌다면, 그리고 거기서 모든 의무감으로부터 해방되어 목욕과 운동과 충분한 음식을 먹었다면, 우리는 분명히 그녀가 만끽한 휴식과 수치료소가 가져온 활력 때문에 몇 주나 몇 달만에 (종종 눈에 띄게)호전되리라고 생각할 것이다. 그것은 충분히 있을 수 있는 일이다. 그러나 우리가 여기서 간과하고 있는 것은, 집으로부터의 격리가 부부관계의 중단을 야기하고 그러한 병인[부부관계]의 일시적인 제거가 좋은 치료[水治療] 하에서 그녀를 회복하게 만든다는 사실이다. 그러한 병인론의 관점을 등한시하면, 겉보기에 아무 만족스러운 치료도 순간적인 것이 되어버리고 사후에 보복을 당하게 된다. 그리하여 환자가 일상적인 생활로 되돌아오자마자 병의 증상이 다시 나타나고, 급기야 그는 삶의 일부분을 그러한 종류의 요양소에서 비생산적으로 보내거나 치유에 대한 희망을 다른 요양소로 돌리게 된다. 따라서 분명한 사실은, 신경쇠약의 치료는 수치료가 아니라 환자의 일상생활의 틀 내에서 공략해야 한다는 것이다.

그 밖에 우리의 병인론은 요양소 자체에 일어나는 실패의 원인을 요양소의 의사에게 밝혀줄 수 있다. 그리고 어떻게 하면 그러한 실패를 피할 수 있는지 그에게 가르쳐줄 수 있다. 성인 남녀에게 있어서 자위행위는 보통 생각하는 것보다 훨씬 더 빈번하다. 그것이 해로운 것은, 그것이 신경쇠약의 증상을 일으킨 뿐 아니라 환자로 하여금 그것을 부끄러운 비밀로 느끼도록 압박을 가하기 때문이다. 신경쇠약을 자위행위로 번역하는 데 익숙하지 않은 의사들은, 병의 상태를 설명할 때, 빈혈이나 영양실조나 과로 등과 같은 용어에 의존한다. 그리고 나서 그는 그러한 조건에 대항하기 위해 고안된 치료법을 환자에게 적용해서 치료한다. 그러나 그들은 환자에게 있어서 호전되는 기간과, 증상이 악화되고 심각한 우울(depression)을 동반하는 기간이 교대된다는 사실을 보고 놀란다. 일반적으로 이것이 그들의 치료의 결과가 의심스러운 이유이다. 환자가 끊임없이 그의 성적인 습관과 싸우는 것이라는 사실과, 그가 절망에 빠지는 것은 다시 한번 그 습관과 싸우고 있다는 사실과, 그가 절망에 빠지는 것은 다시 한번 그 습관에 굴복했기 때문이라는 사실을 의사가 안다면, 그리고 어떻게 하면 환자로부터 그의 비밀을 얻어내서, 그것을 심각하게 생각하지 않게 만들고 그 습관에 대항하도록 그를 지원할 수 있는 지를 안다면, 치료의 성공은 틀림없이 보장될 것이다.

환자의 자위행위의 습관을 깨뜨리는 것은, 새로운 치료 작업 중의 하나일 뿐이다. 그것은 성적인 병인론을 참작해야 하는 의사에게 부과된 임무이다. 정확히 그 작업은 다른 중독의 치료와 마찬가지로, 오직 병원에서 의사의 감독 하에 이루어질 수 있다. 자위행위자는 혼자 있을 때 그를 우울하게 만드는 일이 있을 때마다, 그에게 손쉬운 형태의 충족행위로 되돌아간다. 그 경우 의학적인 치료의 유일한 목표는, 신경쇠약 환자에게 원기를 회복시키고 그를 정상적인 성관계로 복귀시키는 것이다. 왜냐하면 한번 성적인 욕구(sexual need; besoin sexuelle)*가 일어나 한동안 만족되면, [얼마가 지나지 않아] 그것은 더 이상 침묵 상태로 있지 않기 때문이다. 그것은 다른 길을 따라 이동될 수밖에 없다. 그와 같은 것은 다른 중독에 대한 치료에도 적용될 수 있다. 의사가 마약에 대한 절대적인 욕구의 근원을 퇴치하지 않고 환자에게 마약을 빼앗는 것으로 만족하는 것은 피상적인 성공일 뿐이다. '습관' 이라는 말은 설명적 가치가 없는 간단한 방식의 말에 불과하다. 한동안 모르핀이나 코카인이나 클로랄 등을 복용한 사람이 모두 '중독' (addiction)되는 것은 아니다. 좀 더 정밀하게 조사해본 결과, 그러한 마약은 일반적으로 성적인 충족의 부족에 대한 대용품(직접적이건 간접적이건)의 역할을 하고 있었다. 그리고 우리는 정상적인 성생활이 더 이상 회복할 수 없을 때, 환자에게 재발하는 것을 알 수 있었다.**

* 리캉에 따르면, '욕구' 는 '요구' (demand; demande)나 '욕망' (desire; désir)과 구분되는 것으로, 육체적이고 본능적인 특성을 갖고 있다.

** 프로이트는 플리스(Fliess)에게 보낸 편지에서, 자위행위를 신경쇠약의 원인으로 여러 번 언급하고 있다.(가령 1893년 2월 8일자 편지 참조) 프로이트가 자위행위에 대해 가장 완벽하게 고찰한 것은, 그 주제를 중심으로 열린 '비엔나 정신분석학회' 에 보낸 논문(「자위행위에 대한 토론회에 보내는 기고」(1912))에서이다. 그러나 그것의 관점은 초기의 관점과 거의 다름이 없다.

불안 신경증의 병인이 의사에게 부여하는 또 다른 임무는, 환자로 하여금 해로운 형태의 성교를 포기하고 정상적인 성관계를 채택하도록 만드는 것이다. 물론 그 의무는 우선 환자가 믿고 이야기하는 의사, 즉 가정의에게 맡겨져야 한다. 그러나 자신을 너무 훌륭하게 생각한 나머지 그러한 영역에 끼어들 수 없다고 생각하는 의사가 있다면, 그는 환자에게 심각한 해를 끼칠 우려가 있다.

그 경우 그러한 의사의 노력이 가장 먼저 부닥치는 것은, 결혼에서 임신의 횟수를 제한하려는 말더스(Malthus)*의 계획이다. 왜냐하면 그것은 부부 관계의 문제이기 때문이다. 내가 보기에, 분명히 그 계획은 우리와 같은 중간 계층에서 점점 더 확대되고 있다. 내가 만난 부부들 중에 첫째 아이를 낳자마자 이미 피임을 시행하고 있는 부부가 있는가 하면, 신혼 첫날밤부터 그러한 계획에 맞춰 성관계를 갖는 부부들도 있다. '말더스 계획'(malthusianism)의 문제는 대단히 광범위하고 복잡하다. 나는 그것을 여기서 철저하게 다룰 생각은 없다. 그것이 신경증의 치료에 실제로 필요하긴 하지만 말이다. 나는 단지 신경증의 성적인 병인을 인정하는 의사가 그 문제에 대해 어떤 태도를 취하는 것이 가장 좋은지 논하려고 한다.

* 말더스(1766-1834)는 영국의 경제학자로 『인구론』으로 유명하다.

무슨 핑계를 대더라도, 분명히 가장 나쁜 것은 그 문제를 무시하는 것이다. 의사로서의 위엄이 필수적으로 해야 하는 일보다 우위에 있어서는 안 된다. 부부 중의 하나, 또는 둘 모두가 신경증에 노출되기를 원치 않는다면, 산아 제한을 생각하는 부부에게 의학적인 조언을 해주는 것이 좋다. 말더스의 산아 제한 조치는 조만간 결혼 생활에 필요하게 될 것이다. 이론적 관점에서, 그것은 인간성의 가장 위대한 승리 중의 하나이고, 인간을 예속하는 자연적인 구속으로부터 해방될 수 있는 가장 구체적인 방법 중의 하나이다. 만약에 우리가 산아에 대한 책임 있는 행동을, 자발적이고 의도적인 행위의 수준으로 끌어올리고, 그것이 자연적인 욕구의 충족과 필연적으로 얽히는 것으로부터 자유로울 수 있다면 말이다.

따라서 통찰력 있는 의사라면, 그러한 산아 제한 조치가 어떤 조건 하에서 정당화될 수 있는지 스스로 결정해야 할 것이다. 그리고 그 방식 중에서 해로운 것과 해롭지 않은 것을 구분해야 할 것이다. 충족을 방해하는 것은 모두 해로운 것이다. 그러나 우리가 이미 알고 있듯이, 현재 모든 합법적인 요구를 만족시키는 피임법은 없다. 즉 확실하고 편리하면서, 성관계를 갖는 동안 쾌감을 감소시키거나 여성의 섬세한 감수성을 해치지 않는 피임법은 없다. 의사의 실질적인 임무는 그러한 문제를 해결하는 데 있다. 그들은 그들의 힘을 다해 그러한 임무를 수행하고, 그 대가로 보수를 받는 것이다. 우리의 의술의 공백을 메울 사람은, 삶의 즐거움을 보존하면서 수많은 사람의 건강을 지켜주는 사람일 것이다. 또한 그는 우리의 사회적인 조건에 아주 근본적인 변화를 준비하는 사람일 것이다.*

* 프로이트는 「'문명화된' 성도덕과 현대인의 신경증」(1908)이라는 논문에서 피임에 대한 문제를 다시 거론하고 있다. 그는 이미 플리스에게 보낸 편지(적어도 1893년 2월 8일자 편지까지 거슬러 올라간다.)에서, 여러 차례 그 문제를 논한 바 있다.

이것으로 신경증의 성적인 병인을 인정한 뒤에 올 수 있는 모든 가능한 일들이 규명된 것은 아니가. 우리가 신경쇠약 환자를 위해 할 수 있는 가장 중요한 일은 예방이다. 만약 자위행위가 젊은이들의 신경쇠약의 원인이라면, 그리고 나중에 그것이 가져오는 정력 감퇴 때문에 불안 신경증의 중요한 병인이 된다면, 남성과 여성 모두에게 자위행위의 예방은 지금까지 그것이 주목받은 이상의 주목을 받을 만하다. 신경쇠약-우리는 이것이 점점 확산되고 있다고 들었다-으로부터 오는 폐해가 크건 작건 간에, 우리가 생각해야 할 것은, '사람은 충분한 힘을 가지고 성교에 임해야 한다.'(men should enter sexual relations with full potency)는 것이다. 실제로 그것은 모든 사람의 관심사이다. 그러나 예방에 관한 한, 개인은 상대적으로 무력하다. 전사회가 그 문제에 대해 관심을 가지고, 일반적으로 받아들일 수 있는 규정을 만들어야 한다. 지금은 구원을 약속할 상황과 거리가 멀다. 그러한 이유 때문에, 문명에도 신경쇠약의 확산의 책임이 있는 것이다. 많은 것이 변해야 할 것이다. 이제 자신의 젊은 날을 기억하지 못하는 세대의 의사들의 저항은 꺾여야 한다. 아이들이 보기에 자신을 인간의 수준으로 낮추지 않는 부모들의 콧대도 꺾여야 한다. 그리고 어머니들의 비합리적인 내숭도 물리쳐야 한다–어머니들은 지금 '자신의 아이가 신경증 환자가 되었다.'는 것을 한없이 부당한 운명으로 생각하고 있다. 그러나 무엇보다도, 대중의 머리 속에 성생활의 문제를 토론할 자리가 마련되어야 한다. 그것에 대해 말하는 사람을 풍기문란자나 저속한 본능에 편승하는 사람으로 낙인찍어서는 안 된다. 아직도 100년은 족히 해야 할 일들이 남아 있다. 그 동안 우리의 문명은 성의 요구와 타협하는 법을 배워야 할 것이다.*

* 그야말로 이 논문이 씌어진 지 100년이 지났다. 그러나 우리 사회는 아직도 성의 요구와 타협하는 법을 배우지 못하고 있다.

정신 신경증과 신경쇠약을 정확히 진단하여 구분하는 것의 가치는, 전자가 현실적으로 다른 평가와 특수한 치료법을 요한다는 데 있다. 정신 신경증은 두 상황에서 나타난다. 즉 독립적으로 나타나든가, 아니면 '현실 신경증'(신경쇠약과 불안 신경증)의 후속으로 나타난다. 후자의 경우, 우리가 다루는 것은 새로운 유형의 신경증, 즉 혼합 신경증이다–부언하면 이것은 아주 흔하다. '현실 신경증'의 병인은 정신 신경증의 보조적인 병인이 된다. 그 결과, 가령 불안 신경증이 지배적이지만, 신경쇠약이나 히스테리나 강박증의 순수한 특징을 포함하는 임상도가 생긴다. 우리가 그러한 종류의 혼합형과 마주친다고 해서 각 신경증의 임상도를 분리해내려는 노력을 포기한다면, 그것은 현명하지 못한 일일 것이다. 그 경우는 결국 다음과 같이 쉽게 설명될 수 있다. 불안 신경증이 지배적인 위치를 차지하고 있다는 것은, 병인론적으로 그

병이 '현재의' 성적인 해독(害毒)의 영향하에 나타났다는 것을 보여주는 것이다. 그런데 당사자는 그러한 사실과는 별도로 특수한 병인에 의해 하나 또는 여러 정신 신경증에 걸리는 경향이 있기 때문에, 자발적이건 아니면 허약하게 만드는 다른 요인의 출현에 의해서건, 언젠가는 정신 신경증에 걸리게 된다. 이런 식으로 정신 신경증에 아직 없는 보조적인 병인이, 불안 신경증의 현재의 병인에 의해 보충되는 것이다.*

* 이러한 프로이트의 생각은, 이보다는 덜 완전하지만, 「방어 정신 신경증」(1894)에 이미 나타나 있다.

그 경우, 임상도에서 정신 신경증의 요소를 무시하고, 오로지 '현실 신경증'만을 다루는 치료법을 택하는 것이 옳다. 많은 경우, 신경쇠약을 효과적으로 다스린 다음에, 그것이 수반하는 신경증[정신 신경증]을 극복할 수 있기 때문이다. 그러나 자발적으로 나타나는 정신 신경증이나, 신경쇠약과 정신 신경증이 결합된 병이 끝난 뒤에 독립적으로 남게 되는 정신 신경증의 경우는 다른 관점이 필요하다. 내가 정신 신경증의 '자발적인' 출현이라고 말한 것은, 기억 검사 때 어떠한 병인도 나타나지 않았다는 것을 의미하는 것이 아니다. 물론 그럴지도 모르지만, 어떤 대수롭지 않은 요인-감정의 움직임이나 육체적인 병으로 인한 쇠약 등-을 주목하게 될지도 모른다. 그렇지만 그 모든 경우에 기억해두어야 할 것은, 정신 신경증의 진짜 병인은 '촉발 요인'(precipitating causes)에 있는 것이 아니라, 보통의 기억 검사(anamnestic examination)로는 파악할 수 없는 곳에 있다는 것이다.*

* '촉발 요인'은 병을 처음 일으킨 구체적인 어떤 기억이나 사건이고, '기억 검사'는 병의 원인을 찾기 위해 기억을 추적해 들어가는 조사 방법을 말한다.

우리가 이미 알고 있듯이, 특수한 신경질환 체질이 있다는 가설은 그러한 공백을 메우려는 시도 속에 만들어졌다. 그러나 그것은 병리학적인 조건을 치료하는 데 확실한 성공의 전망을 열어놓지 못했다. 불쌍한 환자들을 도와줄 수 없는 의사들은, 신경질환 체질 자체를 일반적인 퇴화의 한 징후로 생각하기 때문에, 편리하고 조작적인 그 용어를 왕왕 사용한다. 다행히도 상황은 다르다. 신경질환 체질은 분명히 존재하지만, 나는 그것이 정신 신경증을 만드는 충분조건이라고 생각지 않는다. 또한 나는 신경질환 체질이 차후에 일어나는 촉발 원인과 협동하여, 정신 신경증의 적절한 병인을 구성한다고도 생각지 않는다. 개인적인 병의 변화를 조상의 체험과 연관시키는 것은 지나친 것이다. 우리는 한 인간의 탄생과 성숙 사이에 놓여 있는, 어린 시절이라는 중요하고 긴 기간을 잊고 있다. 그 시절에 장래의 병의 씨앗이 생길 수 있다. 실제로 그것이 정신 신경증에서 일어나는 일이다. 따라서 그것의 진짜 병인은 어린 시절의 체험에서 찾아야 한다. 그것도 오직 성생활에 관한 인상에서 찾아야 한다. 어린아이의 성생활을 무시하는 것은 잘못이다. 내 경험에 따르면, 어린아이들은 심리적인 성적 활동뿐 아니라, 육체적인 성적 활동도 하고 있다. 인간의 성적인 장치가 외적인 생식기와 두 개의 생식선으로만 이루어진 것이 아닌 만큼, 인간의 성생활도 사춘기와 함께 시작되는 것이 아니다. 그것은 대강 조사해보아도 알 수 있는 일이다. 그럼에도 불구하고 인간의 조직과 발달은 어린 시절에 과도한 성적인 활동을 피하는 쪽으로 나아가고 있다. 인간에게 있어서 성적인 본능의 힘은, 사춘기 때 위대한 문화적인 목적을 위해 방출되기 위해 잠시 저장되는 것 같다.(빌헬름 플리스(Wilhelm Fliess))* 우리는 그러한 사실로부터, 어린 시절의 성적인 경험이 왜 병적으로 작용하는지 이해할 수 있을 것이다. 그러나 그것이 정작 일어날 때의 활동은 미미하지만, 나중에 성숙기가 되어 그것이 다시 나타날 때의 '사후' 작용(deferred effect; action après coup)은 엄청나다. 그러한 사후 작용은 어린 시절의 성적인 경험이 남겨놓은 심리적 흔적으로부터 유래한다.(다른 길은 있을 수 없다.) 그러한 경험[어린 시절의 성적인 경험]과 그 경험의 재현(정확히 말하면 그 경험으로부터 나오는 리비도적인 충동의 강화) 사이에, 육체적인 성적 장치뿐만 아니라 심리적인 장치도 엄청나게 발달하게 된다. 그래서 때 이른 성적인 경험의 영향은 비정상적인 심리 반응으로 귀결되고, 정신병리적인 구조가 나타나는 것이다.

* 플리스(1858-1928)는 유태계 독일인 의사이자 생물학자로, 프로이트와 오랫동안 편지를 나눔으로써 프로이트에게 자기분석의 장을 제공한 친구이다.

이러한 지적에는 정신 신경증 이론의 근거가 되는 주요한 요인들이 언급되어 있다. 사후의 효과의 본질과, 어린 시절의 성적 장치와 심리적인 도구의 상태가 그것이다. 정신 신경증이 나타나는 메커니즘을 진정으로 이해하기 위해서는, 더 광범위한 설명이 필요하다. 무엇보다도 필수적인 것은, 심리 장치의 구성과 작용방식에 대한 믿을 수 있는 가설-내가 보기에 새로운 가설-을 만드는 것이다. 내가 지금 준비하고 있는 꿈의 해석에 관한 책에서, 나는 신경증의 심리학의 기본 요소들을 다룰 예정이다. 왜냐하면 꿈은 히스테리적인 '고정관념'(idées fixes)*이나 강박증, 그리고 망상과 같은 정신병리학적인 구조에 속하기 때문이다.**

* 원문 자체가 불어로 되어 있음.

** 이 논문이 발표된 지 2년 뒤에 『꿈의 해석』(1900)이 출판된다. 그것의 제7장은 심리의 구조와 기능에 관한 프로이트의 관점을 처음으로 완전하게 보여주고 있다.

정신 신경증은 무의식적인 심리의 흔적이 사후에 작용하는 것이기 때문에, 심리치료로 접근이 가능하다. 그렇지만 그 경우, 지금까지 시행되어 오던 '암시'(suggestion)–최면(hypnosis)에 의하든 최면에 의하지 않든–와 다른 방식을 도입해야 한다. 나는 브로이어(J. Breuer)가 제안한 '정화법'(cathartic)*에 의거해, 최근 몇 년 동안 하나의 치료 방법을 거의 완전하게 고안해냈다. 나는 그것을 '정신분석적인'(Psycho-analytic) 방법이라고 명명할 것을 제안한다. 나는 그것으로 수많은 성공을 했고, 그래서 나는 그것의 효과를 엄청나게 증가시킬 수 있기를 희망하고 있다. 그 방법의 기술과 범위는, 1895년에 (브로이어와 함께) 출판한 『히스테리 연구』에 처음으로 보고되어 있다. 그 뒤로 그것은 많이 개량되었다. 그 당시 우리는 히스테리 증상을 제거할 수는 있지만, 히스테리 자체는 치유할 수 없다고 겸손하게 말했다.** 그러나 그 이후로, 그렇게 구분하는 것은 별 의미가 없는 것으로 나에게 비쳤다. 그리하여 히스테리와 강박증에 대한 진정한 치료의 전망이 생겼다. 그 뒤 나는 [나의 방법에 대한] 동료 전문가들의 출판물들을 유심히 읽어보았다. 그것들은 하나같이 '브로이어와 프로이트가 고안한 창의적인 방법은 실패했다.'거나, 아니면 '그 방법은 그것이 약속한 것을 이행하지 못했다.'는 내용이었다. 그때 나의 느낌은 신문에서 자신의 사망 소식을 읽었지만, 사실을 더 잘 알고 있는 당사자가 느끼는 확신과 같은 것이었다. 사실 그 방법은 아주 어려워서 반드시 배워야 한다. 나는 나의 비평가들 중에, 그것을 나에게 배우려고 한 사람이 한 명도 없었다고 기억한다. 또한 나는 그들이 나처럼 그것을 스스로 발견할 만큼 충분히 몰두했다고 생각지 않는다. 독자들이 전적으로 『히스테리 연구』의 지적에 의존하여, 그 기술을 숙달하기는 어렵다. 게다가 그것은 완벽한 교육을 제공할 목적으로 씌어진 것도 아니다.

* 브로이어(1842–1925)는 오스트리아의 정신과 의사로, '정화 요법

(cathartic cure)'을 개발하여 '정신분석'을 여는 데 결정적인 기여를 했다.

** 프로이트는 초기 강연(「최면에 의한 치료의 성공 사례」(1893))에서도 그와 비슷한 이야기를 했다.

현재 정신분석 치료가 모든 경우에 다 적용되는 것은 아니다. 내가 아는 한, 그것의 한계는 다음과 같다. 그것은 환자에게 어느 정도의 성숙과 이해력을 요구한다. 그래서 그것은 어린아이들이나, 나약하거나 교육을 받지 못한 어른에게는 부적합하다. 또한 그것은 너무 나이가 든 사람에게도 실패한다. 그들에게 축적되어 있는 재료 때문에 그것은 지나치게 많은 시간이 걸리기 때문이다. 그래서 그들은 치료가 끝날 때쯤, 신경의 건강에 더 이상 가치를 부여할 필요가 없는 시기에 도달하고 만다. 결국 그것이 가능한 시기는, 환자가 정상적인 심리 상태를 가지고 있어서 병리적인 재료를 통제할 수 있을 때이다. 그리고 히스테리적인 혼란이나, 중간 중간에 일어나는 조증(躁症, mania)이나 우울증(melancolia)*에, 정신분석적 방법은 아무런 효과가 없다. 그렇지만 그런 경우, 먼저 일반적인 조치로 격렬한 표출을 진정시킨 다음에는, 정신분석을 실시할 수 있다. 실제 치료에서 우리의 방법이 적용될 수 있는 것은, 격심한 발작을 동반하는 경우보다 만성적인 정신 신경증의 경우이다. 발작의 경우 무엇보다 중요한 것은, 그것을 신속하게 해결하는 것이다. 그와 같은 이유로 해서, 우리의 새로운 치료법에 가장 알맞은 영역은, 히스테리적인 공포증이나 여러 가지 형태의 강박증이다.

* '조증'은 주기적으로 희열을 동반하는 흥분 상태이고, '우울증'은 죄의식이나 자신에 대한 과소평가로 인하여 정신적인 고통을 동반하는 심각한 의기소침 상태를 말한다.

우리의 방법이 그러한 한계 내에 국한되는 것은, 내가 그것을 만들어 낸 상황에 의해 대충 설명이 될 수 있다. 사실 나의 재료는 교육받은 계층의 만성적인 신경증 환자들이었다. 그러나 나는 어린아이들이나, [발작이 일어나] 병원에 구조를 청하러 가는 대중들을 위한 보충적인 방법도 개발 가능하다고 생각한다. 내가 여기서 말해둘 것은, 지금까지 내가 치료한 것은 심각한 히스테리나 강박증뿐이었다는 사실이다. 그리고 병리적으로 가벼운 경우는, 정확히 말할 수는 없지만 몇 개월의 치료로 적어도 겉으로는 치유되었다. 새로운 치료법은 많은 희생을 요하기 때문에, 일반적으로 인정된 방법으로 성공하지 못한 환자나 그보다 더 간단하고 편리한 치료법으로는 아무 것도 기대할 수 없다고 결론이 난 환자만을 받을 수 있다-이것은 쉽게 이해될 수 있을 것이다. 그래서 나는 불완전한 도구를 가지고 가장 어려운 일에 뛰어들어야만 했다. 그런 만큼 그 테스트는 훨씬 더 설득력 있는 것이다.

정신분석적인 치료법의 가장 큰 어려움은, 그 방법 자체에 있는 것이 아니라 정신 신경증의 본질에 대한 의사와 세인의 이해의 부족에 있다. 의사들이 아무런 근거 없이 환자를 위로하고 환자에게 여타의 치료 방법을 권하는 것을 정당하다고 생각하는 것은, 그러한 총체적인 무지의 당연한 결과에 지나지 않는다. "내 요양소에 6주만 와 계시면, 당신은 증상(여행 불안, 강박증 등)으로부터 벗어날 것입니다." 사실 요양소는 기분전환과 간호와 보호를 통해, 정신 신경증의 과정에서 일어날지도 모를 격심한 발작을 잠재우는 데 필수적이다. 그러나 만성적인 상태를 제거하는 것이라면 그것은 아무 소용도 없다. 그리고 소위 과학적이라고 하는 양질의 요양소도 일반적인 수치료소 이상의 것을 하지 못한다.

결국 자신의 병과 타협해야 하는 환자에게 더 알맞고 더 좋은 것은, 의사가 매일 매일의 치료로부터 아는 대로 진실을 말해주는 것이다. 정신 신경증은 병의 한 종류로서 결코 가벼운 병이 아니다. 히스테리가 시작되면, 아무도 그것이 언제 끝날지 모른다. '그것은 언젠가 갑자기 사라질 것이다.' 라는 예언으로 위안하면서 대부분의 시간을 보내는 것은 헛된 일이다. 치유는 대체로 환자 속에 있는 건강한 부분과 병든 부분이 서로를 인정하고 타협하는 것으로 나타나거나, 아니면 어떤 증상이 공포로 전환되는 도중에 나타난다. 가까스로 진정된 소녀의 히스테리는 신혼초의 행복으로 잠시 중단되지만, 부인의 히스테리로 되살아난다. 유일한 차이가 있다면 그것은 다른 사람, 즉 남편이 자신의 이해관계 때문에 그녀의 병적인 조건에 대해 침묵한다는 것이다. 그러한 종류의 병은 환자를 무능하게 만들지는 않을지라도, 거의 정신력의 자유로운 개화를 방해한다. 강박관념은 일생동안 따라다닌다. 그리고 공포증이나, 의지에 제한을 가하는 다른 병도 지금까지 치료의 영향권에서 벗어나 있다. 이 모든 것을 세인들은 모르고 있다. 그래서 히스테리에 걸린 소녀의 아버지는, 예컨대 그녀가 병에 걸린 지 불과 몇 개월 되지 않았는데, 1년간의 치료에 동의하라고 하면 분개한다. 말하자면 세인들은 모든 정신 신경증이 괜한 것이라고 깊이 확신하고 있다. 그래서 그들은 병의 진행 과정을 참지 못할뿐더러 치료에 희생정신을 발휘하지도 않는다. 만약 그런 사람이 3개월 동안 지속되는 티푸스나, 6개월의 치료를 요하는 다리 골절에 대해 이해심을 보인다면, 그리고 자신의 아이가 척추 변형 징후를 보이자마자 수 년 이상의 척추 교정을 받아야 한다고 생각한다면, 그것은 의사들이 훌륭한 지식을 사람들에게 정직하게 전해주었기 때문이다. 신경증에 대해서도, 병의 본질에 대한 통찰은 의학계의 공동 자산이 되어야 한다. 의사들 쪽에서는 정직이, 세인들 쪽에서는 자발적인 순종이 확립되어야 한다. 물론 그러한 병을 근본적으로 치료하는 데는 특수한 훈련이 필요하다. 그것은 다른 종류의 의료 행위와 양립할 수 없다. 또한 그러한 범주의 의사들-내가 생각하기에 그러한 의사들은 장래에 아주 많아질 것이다-에게 영광스러운 실현의 기회를 주고, 인간의 심리 생활에 대한 만족스러운 통찰을 이끌어낼 기회를 제공해야 할 것이다.

신경증의 병인에 있어서 성욕의 역할에 대한 나의 관점(1905)

내가 생각하기에 신경증에 있어서 성적인 병인이 차지하는 중요성에 대한 나의 이론을 가장 잘 평가하는 길은, 그 이론의 발전 과정을 추적하는 것이다. 나는 그것이 발전을 거치는 과정에서 수정되었다는 것을 조금도 부인할 생각이 없다. 동료 전문가들은 그 이론이 지속적으로 파고든 경험의 산물이라는 나의 고백에 공감할 것이다. 만약 그것이 반대로 [경험으로부터 나오지 않고] 사유로부터 나왔다면, 그것은 완전한 형태를 갖춘 뒤로는 변하지 않았을 것이다.

그 이론은 원래 '신경쇠약'이라는 이름으로 포괄되는 임상도에 관한 것이었다. 나는 그 중에서 특히 두 가지 형태에 주목했다. 그것들은 경우에 따라 [복합 형태가 아닌] 순수한 형태로 나타날 수 있다. 나는 그것들을 각각, '고유한 의미에서의 신경쇠약'과 '불안 신경증'이라고 명명했다. 성적인 요인이 그러한 형태의 병인에서 어떤 역할을 한다는 것은 오래 전부터 잘 알려진 사실이다. 그러나 사람들은 그러한 요인이 한결같이 작용하는 것으로 보지 않았고, 또한 그것이 다른 병인보다 우세하다고 생각하지 않았다. 나는 우선 신경증 환자의 '성생활'(vita sexualis)에 큰 장애가 있는 빈도에 놀랐다. 그러한 장애를 탐구하면 할수록(물론 모든 사람이 성에 관한 한, 진실을 숨기려고 한다는 것을 염두에 두면서), 그리고 처음부터 부정하는 환자를 조사하는 데 능숙해지면 질수록, 나는 성생활로부터 오는 그러한 병인을 예외 없이 발견할 수 있었다. 그래서 그것이 나에게 보편적인 것으로 보일 정도였다. 그러나 변칙적인 성생활은 사회적인 압력 때문에, 보통 사회에서도 그와 같은 빈도로 일어난다고 처음부터 가정할 필요가 있다. 그리고 정상적인 성의 기능으로부터 어느 정도 일탈해야 병인으로 간주할 수 있는지에 대해서도 의심의 여지가 있었다. 그래서 나는 성적인 해독(害毒, sexual noxa)[변칙적인 성행위를 말함]이라는 변함없는 증거보다 더 명확해 보이는 이차적인 발견에 더 많은 가치를 부여하기로 했다. 그 결과 병이 취하는 형태와 성적인 해독의 본질 사이에는 일정한 관계가 있음이 드러났다. 전형적인 신경쇠약의 경우는 자위행위나 몽정(夢精)의 반복이 한결같이 발견되었고, 불안 신경증에서는 성교 중단(coitus interruptus)이나 '욕구불만으로 끝난 흥분'이나 생산된 리비도의 불충분한 방출(discharge)을 공통 요소로 하는 요인들이 드러났다. 그러한 발견은 쉽게 이루어졌고, 원하면 언제든지 확인할 수 있었다. 내가 신경증의 병인에서 성적인 영향에 대해 특권적인 위치를 부여해야 한다고 주장할 용기를 갖게 된 것은, 그러한 발견을 한 다음이었다. 더군다나 나는 신경쇠약과 불안 신경증이 혼합된 아주 흔한 형태에서도 내가 그 두 가지 형태의 병인으로 가정했던 것이 결합되어 있다는 것을 확인할 수 있었을 뿐 아니라, 그렇게 양분되는 신경증의 증상학은 마치 양극적인 성(즉 남성과 여성)과 일치하는 것 같았다.

내가 단순한 신경증(simple neuroses)[현실 신경증]의 중요한 원인으로 성욕(sexuality)을 주목할 당시[1]에도, 정신 신경증(히스테리와 강박증)에 관한 한, 나는 순전히 심리적인 이론-성적인 요인을 다른 감정의 원인보다 더 중요시하지 않는 이론-을 더 믿고 있었다. 나는 10년 이상 일찍 시작한 브로이어의 히스테리 환자에 대한 관찰을 근거로, 그와 공동으로 히스테리 증상

---

1) 「신경쇠약과 '불안 신경증'이라는 복합 증상을 구분해야 하는 근거에 대하여」(1895) 참조.

의 생성 메커니즘을 연구했다. 우리는 최면 상태에서 환자의 기억을 일깨우는 방법을 사용했다. 우리는 샤르코(Charcot)*의 외상성 히스테리(traumatic hysteria)와 일반적인 비외상성 히스테리(non-traumatic hysteria) 사이에 다리를 놓을 수 있다는 결론에 도달했다.[2] 우리가 도달한 가설은, 히스테리 증상이 심리적인 외상의 항구적인 결과라는 것이었다. 즉 히스테리는 그 외상이 수반하는 '정동의 양'(sum of affect)이 어떤 특별한 이유로 해서 의식으로부터 밀려나, 신체적인 신경 감응(somatic innervation)에서 비정상적인 길을 찾은 결과였다. '감돈(嵌頓)된 정동'(strangulated affect)과 '전환'(conversion), 그리고 '해소'(abreaction)**라는 용어가, 그러한 가설의 특징을 분명히 보여주고 있다.

* 샤르코(1825-1993)는 프랑스의 신경과 의사로, 히스테리와 최면에 대한 놀라운 연구로 프로이트에게 가장 큰 영향을 준 프로이트의 스승이다.

** '감돈'은 의학 용어로 탈장되는 것을 말한다. 따라서 '감돈된 정동'은 억압되어 정동이 정상적인 경로에서 벗어나는 것을 말한다. 또한 '전환'은 심리적인 갈등이 신체적인 증상으로 바뀌는 것을 말하고, '해소'는 억압된 정동이 밖으로 드러남으로써 주체가 정신적인 외상에 얽힌 정동으로부터 해방되는 것을 말한다. 그리하여 해소는 주체에게 정화(catharsis)의 효과를 가져온다.

그러나 정신 신경증과 단순한 신경증 사이에는 긴밀한 관계가 있었기 때문에-물론 경험이 없는 사람이 그 차이를 진단해내는 것은 쉬운 일이 아니다-한 영역에서 얻은 지식을 다른 영역으로 확대하는 데는 오랜 시간이 걸리지 않았다. 게다가 그러한 지식의 적용과는 관계없이, 히스테리 증상의 심리적인 메커니즘에 대한 심층적인 연구도 똑같은 결론에 이르렀다. 사실 브로이

2) 『히스테리 연구』(1905) 참조.

어와 내가 도입한 '정화법'을 통해, 히스테리 증상의 발원인 심리적인 외상을 계속해서 추적해 들어갔을 때, 마지막에 도달한 환자의 체험은 어린 시절의 성생활에 관한 것이었다. 성적인 성질의 것이 아닌 평범한 감정에 의해 야기된 병의 경우도 마찬가지였다. 그러한 어린 시절의 성적인 외상을 고려에 넣지 않으면, 증상을 밝히거나 (그것이 결정되는 방식을 이해하거나) 그것의 재발을 방지할 수 없었다. 이렇게 해서 정신 신경증의 병인에 있어서, 성적인 경험의 유례없는 중요성이 확실히 세워졌고, 동시에 그것은 지금까지 나의 이론의 초석들 중의 하나로 남아 있는 것이다.

그 이론은 다음과 같이 표현될 수 있다. 전생애에 걸친 히스테리성 신경증의 원인은 아주 어린 시절의 성적인 경험-대부분 사소한-에 있다. 물론 이 말이 이상하게 들릴 것이다. 그러나 그 이론의 역사적인 발전과정을 고려할 때, 히스테리는 분명히 개인의 성적인 기능이 특별한 행동으로 표현된 것이고, 그 행동은 어린 시절에 받은 최초의 영향이나 경험에 의해 결정된다. 그래서 한편으로는 하나의 역설로 초라해지고, 다른 한편으로는 지금까지 간과한 어린 시절의 인상이 행사하는 의미심장한 효과에 주목할 수 있는 동기로 풍성해지는 것이다.

나는 어린 시절의 성적인 경험을 히스테리(와 강박 신경증)의 원인으로 볼 수 있는지의 문제는 이 논문의 뒤로 미루고, 1895년과 1896년 사이에 출판된 몇 편의 나의 짧은 글에서,[3] 그 이론이 취했던 형태로 되돌아가고자 한다. 그 당시 나는 가설적인 병인을 강조함으로써, '현재에'(contemporary) 병인이 있는 일반적인 신경증과 먼 과거의 성적인 경험에서 주로 병인을 찾아야 하는 정신 신경증을 대비시켰다. 그 이론은 다음의 명제에서 절정에 이른다. '정상적인 성생활(vita sexualis)에서 신경증은 불가능하다.'

3) 「방어 정신 신경증에 대한 새로운 고찰」(1896)과 「히스테리의 병인」(1896)

나는 지금도 그 명제가 부정확하다고 생각지 않는다. 그러나 그러한 현상을 이해하기 위해 10년을 꾸준히 노력해오는 과정에서, 내가 그 당시 가졌던 관점으로부터 상당한 진전이 있었기 때문에, 이제는 좀 더 깊은 경험을 토대로 하여 내 이론이 태어날 때 겪었던 불충분함과 내가 잘못 이해한 것을 바로잡을 시점이 되었다고 생각한다. 그 당시 나의 자료는 아주 빈약했다. 그러다 나는 우연히, 어른이나 나이가 많은 다른 아이들에 의해 성적인 유혹(sexual seduction)이 주된 역할을 하는 사례를 엄청나게 접할 수 있었다. 그래서 나는 그러한 사건(의심의 여지가 없는)의 빈도를 과대평가하게 되었다. 게다가 나는 그 당시 히스테리 환자의 어린 시절에 대한 왜곡된 기억과, 실제 사건의 흔적을 구분할 줄 몰랐다. 그 이후 나는 유혹의 환상(phantasies of seduction)을 주체 자신의 성행위(어린 시절의 자위행위)의 기억에 대한 방어로 보아야 한다는 것을 알았다. 그러한 설명 덕분에, 어린 시절의 성적인 경험에서 '외상적인' 요소는 더 이상 강조되지 않았다. 나는 그 뒤 어린 시절의 성적인 활동(자발적인 것이건 타의에 의한 것이건)이 사춘기 이후의 성생활의 방향을 결정한다고 생각하게 되었다. 그와 같은 설명 덕분에 나는 내가 초기에 범했던 잘못 중에서 가장 중요한 것을 바로잡을 수 있었고, 히스테리 증상의 메커니즘에 대한 생각을 바꿀 수 있었다. 이제 더 이상 그 증상들은 어린 시절의 성적인 경험에 대한 억압된 기억의 직접적인 파생물로 보이지 않았고, 증상과 어린 시절의 인상 사이에 환자의 환상(허구적인 기억)이 끼어드는 것처럼 보였다. 그것들[허구적인 기억]은 대부분 사춘기 때 만들어지는 것으로, 한편으로는 어린 시절의 기억으로부터 나와 그 기억 위에 세워지고, 다른 한편으로는 아무런 매개 없이 직접 증상으로 바뀌었다. 그러한 히스테리적인 환상이라는 요소를 도입한 뒤에야 신경증의 구조와, 신경증과 환자의 삶의 관계가 명백해졌다. 그리고 히스테리 환자의 무의식적인 환상과 편집증에서 망상의 형태로 떠오르는 상상 사이에 놀라운 유사성이 있다는 것이 밝혀졌다.*

* 프로이트는 이 문단에서 처음으로(『성욕에 관한 세 편의 에세이』에 간단하게 암시되어 있는 것을 제외하면), 어린 시절의 외상적 경험과 무의식적인 환상의 상대적 중요성에 대한 자신의 관점의 변화를 분명히 보여주고 있다. 그러나 프로이트가 자신의 잘못을 인식한 것은 그보다 몇 년 전의 일이다. 그는 이미 플리스에게 보낸 편지(1897년 9월 21일자)에서 자신의 잘못을 밝히고 있다. 그러한 잘못의 발견이 프로이트의 마음에 미친 영향은, 『정신분석 운동의 역사』(1부)와 『자서전적 연구』(3부)에 생생히 나타나 있다.

이러한 나의 관점의 수정은, 어떤 의미에서 '어린 시절의 성적인 외상'(infantile sexual traumas)이 '성욕의 유아증'(infantilism of sexuality)*으로 대체된 것이다. 그로부터 얼마 뒤 원래의 이론이 두 번째로 수정되었다.** 나는 어린 시절에 경험하는 유혹의 빈도가 높다는 가설을 포기함과 동시에 성에 대한 '우연의' (accidental) 영향을 지나치게 강조하는 것을 포기했다. 나는 그때까지 기질적이고 유전적인 요소를 부정하지 않으면서, 질병을 일으키는 주된 책임을 성에 대한 우연의 영향에 돌리고 있었다. 심지어 나는 신경증의 선택의 문제(환자가 어떤 형태의 정신 신경증에 희생되는지를 결정하는 문제)를, 어린 시절의 성적 경험을 세부적으로 참조함으로써 해결하려고 했다. 내가 그 당시 생각한 것은(단서가 붙긴 하지만), 그러한 장면[성관계]에서 수동적인 자세는 히스테리적인 성향을 낳고, 반면에 능동적인 자세는 강박 신경증의 성향을 낳는다는 것이었다. 사실 몇 가지 사실들은 수동성과 히스테리, 능동성과 강박 신경증 사이의 가설적인 관계를 유지하기를 요구했지만,*** 나중에 나는 그러한 생각을 완전히 포기했다. 우연히 경험의 영향이 뒤로 물러섬에 따라, 기질(constitution)과 유전의 요인이 우세해졌다. 그러나 나의 관점과 다른 데서 통용되는 관점 사이에 차이가 있다면, 나의 이론에서는 '성적인 기질'(sexual constitution)이 '일반적인 신경증의 성향'(general neuropathic disposition)을 대신한다는 것이다.**** 나는 최근에 출판한 『성욕에 관한 세 편의 에세이』(1905)에서, 그러한 성적인 기질의 다양한 형태와 일반적인 성욕동(sexual instinct; pulsion sexulle)의 복합적인 특성, 드리고 신체의 여러 부분을 출처로 하는 그 욕동의 파생물을 기술한 바 있다.

* 유아증은 생리적이건 심리적이건, 어린아이의 성장이 어른에게 나타나는 것. 다시 말해 유아적인 성의 상태가 어른까지 연장되는 것을 말한다. 그것은 퇴행적인 반동형성인 유치증(puerilism)과는 다르다.

** 프로이트의 이론의 변화는, 유년기의 성적인 '외상론'에서 어린아이에 대한 어른의 성적인 '유혹론'을 거쳐 유년기적인 성적 기질의 '억압론'에 이르는 과정으로 압축할 수 있다. 전자의 두 과정은 우연한 경험에 중점을 두고 있는 반면에, 마지막 과정은 성적인 기질의 필연적인 발달 순서에 초점을 두고 있다.

*** 프로이트는 「방어 정신 신경증」(1896)에 대한 프로이트의 두 번째 논문과 같은 시기에 나온 그의 불어 논문(「유전과 신경증의 병인」(1896))에서도 그와 같은 방식으로 '신경증의 선택'의 문제를 해결하고 있다. 그 문제에 대한 프로이트의 관심은 적어도 그 해[1896년]초까지 거슬러 올라간다. 그는 그 용어를 이미 플리스에게 보낸 편지(1896년 5월 30일자)에서 사용하고 있다. 몇 년 뒤, 그는 강박증을 언급하면서 그 주제로 되돌아온다.(「강박 신경증의 성향」(1913)) 이처럼 그것은 그의 마음을 계속해서 사로잡은 문제였다.

**** '성적인 기질론'과 '신경증의 성향론'은 다르다. 후자는 유전적인 요인을 강조하는 반면에, 전자는 성욕동의 발달과 성적인 경험을 중요시한다.

나의 이론은 '어린 시절의 성적인 외상'에 대한 수정된 관점과 관련을 맺으면서, 1894년과 1896년 사이에 발표한 논문에서 이미 지적한 방향으로 발전해나갔다. 나는 그 당시 성욕이 병인으로 자리를 잡기 전인데도, 어떠한 경험이 주체의 자아에 견딜 수 없는 것으로 나타나 자아의 방어(defense) 노력을 야기하지 않으면 발병하지 않는다고 주장했다.[4] 그리고 나는 그러한 방어가 히스테리에서 일어나는 심리 분열(split in the psyche)-또는 그 당시 말했던 대로 의식의 분열-의 원인이라고 생각했다. 방어가 성공적이면 정동을 동반하고 있는 견딜 수 없는 경험은 의식과 자아의 기억으로부터 추방된다. 그러나 추방된 것은 무의식의 상태로 활동을 계속하다가 증상과 그 증상에 붙어 있는 정동을 이용해 의식으로 되돌아온다. 발병은 그러한 방어의 실패와 일치한다. 이러한 관점은 신경증을 더 이상 분석할 수 없는 수수께끼 같은 질환으로 간주하는 대신에, 심리적인 힘들의 상호작용을 깊이 파고들면서 히스테리의 심리적 과정과 정상적인 과정을 접근시키는 장점을 갖고 있다.

정상적인 사람에 대한 더 많은 정보가 제공됨에 따라, 예기치 못한 발견이 이루어졌다. 즉 정상적인 사람들의 어린 시절의 성적인 내력이 본질적으로 신경증 환자의 어린 시절과 다르지 않았다. 특히 유혹의 역할은 정상적인 사람의 경우도 똑같았고, 우연의 영향은 '억압'(내가 '방어'라는 말 대신에 사용하기 시작한)*과 비교할 때 훨씬 더 뒤로 물러나있었다. 따라서 개인이 어린 시절에 어떤 성적인 경험을 했느냐 하는 것은 더 이상 문제가 되지 않았다. 문제가 되는 것은 오히려 그러한 체험에 대한 그의 반응이었다. 즉 그가 그 경험에 '억압'으로 대응했는지의 여부가 문제였다. 우리는 어린 시절의 자발적인 성적 행동이 성장 과정에서 얼마나 자주 억압 행위에 의해 중단되

4) 「방어 정신 신경증」(1894)

는지 보여줄 수 있다. 따라서 신경증에 걸린 성인은, 예외 없이 어린 시절부터 '성적인 억압'이 따라 다니고 있다. 그것은 그가 현실적인 요구에 직면할 때 겉으로 표출한다. 히스테리 환자들을 정신분석해보면, 그들의 발병이 리비도와 성적인 억압 사이의 갈등의 결과라는 것과 그들의 증상이 본질적으로 그 두 심리적인 흐름 사이의 타협이라는 사실을 알 수 있다.

* '억압'(Verdrängung. repression)이라는 용어가 처음 나타난 것은, 브로이어와 프로이트의 「히스테리 현상의 심리 메커니즘에 관한 소론-예비적 고찰」(1893)(『히스테리 연구』(1895)에 실려 있음)만큼 오래된 일이다. 오랜 세월이 지난 뒤 프로이트는 『억제, 증상, 불안』(1926)에서 다시 '방어'(Abwehr; defense)라는 용어로 돌아간다. 거기서 그는 '방어'를 포괄적인 개념으로 명시하고, '억압'을 그 중의 한 형태로 보고 있다.

억압에 대한 나의 관점을 자세히 논하지 않고서는, 그 부분에 관한 나의 이론을 더 이상 설명할 수 없다. 그러나 여기서는 나의 『성욕에 관한 세 편의 에세이』(1905)를 참조하는 것으로 만족할 것이다. 그 『에세이』에서 내가 시도한 것은, 육체적인 과정-여기서 성욕의 본질을 찾아야 한다-에 대해 약한 조명이라도 던지는 것이었다. 나는 그 책에서 어린아이의 성적인 기질이, 예상했던 것보다 비교할 수 없을 만큼 훨씬 더 다채롭다는 것을 보여주었다. 그것은 '다형적 도착증'이라고 말할 만한 것이었다. 소위 성적인 기능의 정상적인 행위는 그러한 성향으로부터 시작해서 몇몇 구성 요소가 억압된 뒤에 이루어진다. 그리고 나는 그 책에서 성욕에서의 유아기적인 요소를 보여줌으로써, 건강과 도착증(perversion)과 신경증 사이의 상호관계를 간단히 세울 수 있었다. 한마디로 '정상'(normality)은 유아기적인 성향을 구성하는 어떤 부분 욕동(components instincts)이 억압된 결과이며, 그 억압 뒤에 남은 요소가 생식기능에 종사하는 성기대(genital zones)에 종속된 결과이다. 반면에 도착증은 어떤 부분 욕동이 너무 강력하게 발달한 결과 [부분 욕동들의] 재편성이 교란됨으로써 일어나는 것이고, 신경증은 리비도의 흐름을 지나치게 억압한데서 오는 것이다. 따라서 신경증은 '음성적인' (negative) 도착증으로 기술할 수 있다. 왜냐하면 유아기적인 성향의 거의 모든 도착증적인 욕동이, 비록 억압 상태로 있지만 신경증의 증상을 형성하는 데 관여하기 때문이다.

내가 강조하고 싶은 것은, 정신 신경증의 병인에 대한 나의 생각이 온갖 수정을 거쳤음에도 불구하고, 나는 '성욕' (sexualité)과 '유아증' (infantilisme)*의 중요성을 부인하거나 포기한 적이 결코 없다는 사실이다. 내가 우연의 영향을 기질적인 요인으로 대체하고, 순전히 심리적인 의미로만 쓰이는 '방어' 를 유기체 내의 '성적인 억압' 으로 바꾼 것은, 그러한 사실과 관계없이 이루어진 것이다. 그렇지만 일반적으로 정신 신경증이 아주 평범한 감정이나 신체적인 원인으로도 일어난다고 보고 있고, 어린 시절의 특수한 경험에 의존하는 병인론을 포기하고 있는데, 어디서 그 질병의 성적인 병인을 확인할 수 있는 결정적인 증거를 찾을 수 있는가 라는 질문이 있을 수 있다. 나는 그 질문에 대해, 신경증 환자의 정신분석적인 조사가 내 신념의 원천이라고 대답할 것이다. 만약 우리가 그러한 독보적인 탐구 방법을 이용한다면, '환자의 증상이 성행위-전체적이건 부분적이건-를 구성한다.' (the patient's symptoms constitute his sexual activity)는 것을 알 수 있을 것이다. 성행위는 정상적이거나 도착증적인 부분 성욕동을 원천으로 하고 있다. 대부분의 히스테리 증상은 성적인 흥분으로부터 직접 표출되고, 신경증에서 일련의 성감대(erotogenic zones)는 유아적인 속성이 강화됨으로 해서 생식기(genitals)의 의미를 획득한다. 뿐만 아니라 가장 복잡한 증상도 성적인 상황을 내용으로 하고 있는 환상이 전환된 표상이다. 히스테리의 언어를 해석할 줄 아는 사람이라면 누구나 신경증이 환자의 억압된 성과 관련이 있다는 사실을 인정할 것이다. 그렇지만 이때의 성적 기능은 반드시 유아기적인 성향에 국한시켜서 생각해야 한다. 평범한 감정이 발병의 원인인 경우에도 정신 분석을 해보면, 정신적인 외상의 성적인 구성요소-결코 없을 수 없는-가 병을 낳고 있다는 것을 알 수 있다.

우리도 모르는 사이에, 우리는 정신 신경증의 원인의 문제에서 본질의 문제로 옮겨왔다. 정신분석을 통해 배운 것을 고려할 때, 그 질환의 본질은 성적인 리비도가 유기체 내에서 형성되고 사용되는 성적인 과정이 혼란에 빠진 데 있다고 할 수 있다. 이러한 과정의 최종 단계는 화학적이라고 생각된다. 사실 '현실 신경증' 에서는 성적인 신진대사의 장애가 신체적인 효과로 나타나고 있고, 정신 신경증에서는 그 장애가 심리적인 효과로 나타나고 있다. 그리고 임상적으로 신경증과 그레이브즈(Graves)씨 병과 애디슨(Addison)씨 병*의 유사성과, 신경증과 알칼로이드(alkaloids)의 사용으로부터 오는 중독과 금단 현상의 유사성은 이론의 여지가 없다. 따라서 후자의 두 질병이 더 이상 '신경 질환' (nervous diseases)으로 기술되어서는 안 되는 것과 마찬가지로, 진정한 '신경증' 역시 그 이름에도 불구하고, 머지않아 신경질환의 범주로부터 제외되어야 할 것이다.**

* 의학 용어(병명)로, 내용은 정확히 알 수 없음.

** 『성욕에 관한 세 편의 에세이』제3편 참조.

이렇게 성적인 기능에 종사하는 과정에 손상을 입힐 수 있는 모든 것은 신경증의 병인에 포함된다. 따라서 문화와 교육의 정도에 따라 다른 성적인 기질이 해독으로 받아들이는 한, 성적인 기능 자체에 영향을 미치는 해독(害毒)이 1선을 형성할 것이고, 반면에 유기체에는 전반적인 손상을 입히지만 성적인 과정에는 부수적인 손상만을 입히는 해독과 외상은 2선을 형성할 것이다. 그러나 잊지 말아야 할 것은, 신경증에 있어서 병인의 문제는 적어도 다른 일반적인 병의 원인만큼 복잡하다는 것이다. 단일한 병인으로 이루어진 경우는 거의 없다. 대부분의 경우에는 많은 병인이 참여한다. 그 병인들은 상호보완적이지 상호 대립적이지 않다. 그래서 신경 질환의 상태가 건강한 상태와 확연히 구분되는 것은 아니다. 발병은 여러 가지 원인이 가중된 결과이고, 병인이 되는 조건은 어떤 방향에서도 채워질 수 있다. 유전이나 기질에서만 신경증의 병인을 찾는 것은, 주체가 살아가는 동안 성에 작용하는 우연한 영향을 유일한 병인으로 생각하는 것만큼 일방적인 것이다. 반면에 좀 더 나은 통찰력의 소유자라면, 그러한 질병의 본질이 유기체 내의 성적인 과정의 혼란에 있다고 설명할 것이다.

1905년 6월 빈

IV

정신분석에 대하여

1909년 9월, 미국 메사추세츠주 워체스터 클라크 대학교의
개교 20주년을 기념하기 위해 마련된 다섯 편의 강연.

클라크 대학교의 총장이자 심리학 및 교육학 교수인
스탠리 홀(Stanley Hall) 박사에게 이 책을 바칩니다.

첫 번째 강연

여러분,

신세계(New world)[미국을 가리킴]에서 여러분들에게 강연을 하고 있는 내 자신을 발견할 때, 나는 신기하고 당혹스러운 느낌을 가지게 됩니다. 의심할 나위 없이 나의 이러한 영광은, 오직 나의 이름이 정신분석이라는 주제와 연관되어 있다는 사실에서 기인할 것입니다. 그래서 저는 오늘 정신분석에 관해서 말씀드리고자 합니다. 그 새로운 검사와 치료법의 역사와 발달 과정에 대해, 되도록 간결하게 말씀드리도록 하겠습니다.

정신분석이 존재하게 된 것은 순전히 나만의 공로는 아닙니다.[1] 그것이 처

1) 그럼에도 불구하고 정신분석에 대한 전적인 책임은 나에게 있다고 말한 『정신분석 운동사』(1914)를 참조할 것.

음 시작될 때 나는 참여하지 못하였습니다. 빈의 의사 브로이어[2]가 처음으로 이 방법을 히스테리로 고생하고 있는 한 소녀에게 적용하고 있을 당시, 나는 학생이었으며 마지막 시험을 준비하고 있었습니다. 우선 그 환자의 이야기와 치료에 대해 우리의 관심을 돌려봅시다. 그것은 브로이어와 내가 저술한 『히스테리 연구』(1895)[3]에 자세히 소개되어 있습니다.

강연을 시작하기 전에, 미리 언급하고 싶은 것이 하나 있습니다. 나는 청중 여러분들이 의학적인 전문지식을 가지고 있지 않다는 사실을 알고 있습니다. 그러나 그것은 아무런 문제가 되지 않습니다. 여러분들은 내가 말하는 것을 이해하기 위해, 어떤 의학적 지식이 필요할 것이라는 생각으로 두려워할 필요가 없습니다. 우리들의 행보의 첫 단계는 의사들과 함께 하지만, 곧 그들과 헤어져 브로이어와 함께 독자적인 길을 가게 될 것입니다.

브로이어의 환자는 21살 난 똑똑한 소녀였습니다. 그녀의 병은 2년 이상 계속되었습니다. 그 과정에서 중증으로 여겨질 정도의 신체적이고 정신적인 일련의 장애가 발생하였습니다. 또한 그녀의 우측 팔다리에 감각 상실을 동반한 경직성 마비(rigid paralysis)가 있었으며, 때때로 좌측에도 같은 증상이 나타나곤 했습니다. 안구 운동 장애가 있었고 시력도 많이 떨어져 있었습니다. 고개를 가누는 데 어려움이 있었으며 매우 신경질적으로 기침을 하였습니다. 그리고 먹는 것에 대해 혐오감을 가지고 있어서, 한 번은 갈증으로 고통스러워 하면서도 몇 주간 아무 것도 마실 수가 없었습니다. 언어 능력도 떨어져 모국어를 말하거나 이해할 수 없는 지경에 이르렀습니다. 결국 그녀

2) 요제프 브로이어(Josef Breuer)는 1842년에 태어났으며, '왕립 과학 아카데미'의 객원으로 있습니다. 그는 호흡과 균형 감각의 생리에 대한 연구로 유명합니다.

3) 이 책 중에서 내가 쓴 부분은 이미 뉴욕의 브릴(A. A. Brill) 박사에 의해 영어로 번역되었습니다(1909). [이것은 영어로 출간된 최초의 프로이트 책이다. 그러나 브릴에 의해 브로이어와 프로이트의 『히스테리 연구』가 완역된 것은 한참 뒤의 일이다(1936). 이 환자(안나 O)의 사례는 1955년 이 책이 새로 번역될 때 비로소 번역 출판된다.]

는 간질성 실신발작(absence),* 정신착란(confusion),** 망상과 전 인격의 변질로 악화되었습니다. 이것이 우리가 지금 관심을 돌려야 할 것들입니다.

* 원문 자체가 불어로 되어 있음, 잠시 동안 의식을 잃고 근육의 경련을 일으키는 상태.
** 의식이 혼미해지고, 시공간의 감각이 없고, 환각적인 망상이 일어나는 병적인 상태.

여러분들은 여러 증상들이 나열되는 것을 들으면서, 비록 의사는 아니지만 이러한 많은 증상들이 아주 중증이고 아마 대뇌를 침범하였으며 회복될 가망성이 아주 적고 조기에 사망할 것이라고 생각할 것입니다. 그러나 여러분들은 이와 같은 심한 증상들이 나타나는 많은 예에서, 생각과는 달리 훨씬 더 낙관적인 견해를 갖는 것이 정당하다는 것을 배울 준비가 되어 있어야 합니다. 이런 종류의 증상들이 심한 정서적인 충격을 받았지만 객관적인 검사에서는, 심장이나 신장 등과 같은 중요한 내장이 정상으로 나타난 젊은 여자 환자에게 나타날 때, 게다가 여러 가지 증상이 세부적으로 기대했던 것과 다를 때, 의사들은 그 사례를 그렇게 심각한 것으로 보지 않으려는 경향이 있습니다. 의사들은 그것이 대뇌 조직의 질환이 아니라, 고대 그리스부터 히스테리라고 불리면서, 다른 많은 심각한 질병들의 임상도와 착각을 일으키게 하는 힘을 가진 수수께끼 같은 것이라고 주장합니다. 그들은 그것이 생명에는 지장이 없으며, 건강한 상태로 회복하는 것도(완전한 회복까지도) 가능하다고 생각합니다. 이러한 히스테리와 심한 조직성 장애를 구분하는 것은 그렇게 쉽지 않습니다. 그러나 어떻게 그것들을 감별 진단하는가를 알 필요는 없습니다. 브로이어의 환자의 경우, 의사라면 누구나 히스테리라고 진단할 수 있는 종류의 질환이라는 것을 아는 것으로 충분합니다. 여기서 우리는 그 환자의 질환에 대한 보고서 중에서, 다음의 사실을 인용해볼까 합니다. 그녀의 질병이 처음 나타난 것은, 그녀가 헌신적으로 좋아했던 아버지가 병(이 병은 그를 죽음에 이르게 합니다.)에 걸려 간호하고 있을 때였습니다. 그러나 그녀는 자기 자신의 질환 때문에 간호를 포기하고 맙니다.

지금까지는 의학적 지식을 갖춘 의사와 동행하는 것이 우리에게 도움이 되었습니다. 그러나 이제 그들과 헤어져야 할 시간이 되었습니다. 뇌조직의 심각한 질환 중의 하나라는 진단 대신에 히스테리라는 진단이 나왔다고 해서, 의학적인 도움의 전망이 현저하게 좋아지리라고 기대해서는 안됩니다. 대부분의 경우, 의술은 뇌조직의 심각한 질환에 대해 무력합니다. 그것은 히스테리의 경우도 마찬가지입니다. 의사는 히스테리를 물리치기 위해 아무 것도 할 수 없습니다. 의사는 언제 어떻게 호전될 것인지를 자연에 맡길 수밖에 없는 것입니다.[4)]

그래서 히스테리라는 것을 안다는 것이 환자에게 큰 차이가 있는 것은 아닙니다. 그러나 의사에게는 정반대입니다. 조직에 생긴 병으로 고생하는 사람에 대한 의사의 태도와 히스테리 환자에 대한 그의 태도는 현저하게 다릅니다. 그는 히스테리가 훨씬 덜 심각한 병이라는 사실로 해서, 전자만큼 후자에게 동정심을 갖지 않습니다. 그렇지만 환자는 똑같이 취급되기를 바랍니다. 그 밖에 다른 요인이 있습니다. 의사들은 연구를 통해, 비전문가들에게 알려지지 않은 많은 것들을 배웁니다. 그들은 질병과 그것의 변화-가령 뇌졸중과 악성종양으로 고생하는 사람에게 일어나는-의 원인을 머리 속으로 그릴 수 있습니다 그 그림은 어느 정도 맞아떨어집니다. 왜냐하면 의사는 그 그림을 통해 병의 세부사항을 이해하기 때문입니다. 그러나 그 모든 지식들-

4) 나는 이러한 주장이 정확하지 않다는 것을 알고 있습니다. 그러나 이 강연은 1880년 이전의 상황으로 여러분들을 데려가고 있습니다. 지금의 사정이 달라졌다면, 그것은 내가 여기서 기술하고 있는 활동[정신분석]의 역사 때문입니다.

해부학, 생리학, 병리학의 훈련-은 히스테리 현상과 마주칠 때는 아무런 소용이 없습니다. 의사들은 히스테리를 이해할 수 없을 뿐 아니라, 히스테리 환자들 앞에서 비전문가나 다름없습니다. 이러한 사실은 많은 지식을 갖춘 사람들에게 유쾌한 일이 못됩니다. 그래서 히스테리 환자들은 의사들의 동정심을 사지 못하는 것입니다. 의사들은 히스테리 환자들을 과학적인 법칙으로부터 벗어난 사람들로 간주합니다. 마치 정교도의 눈에 비친 이교도처럼 말입니다. 의사는 나쁜 것은 모두 히스테리 환자에게 돌립니다. 병이 악화되면, 그것은 과장이거나 거짓말이거나 꾀병이라고 비난합니다. 그리고 환자들로부터 그의 관심을 거두어들이는 것으로, 그들에 대한 처벌을 대신합니다.

그러나 브로이어는 그의 여자 환자에게, 그러한 비판받을 만한 태도를 취하지 않았습니다. 그는 처음에 그녀를 어떻게 도와야 할지 몰랐지만, 동정심과 관심을 가지고 대했습니다. 게다가 그녀의 능력이 그의 작업을 좀 더 쉽게 만들어준 것 같습니다. 왜냐하면 그가 증언하고 있듯이 그녀는 놀라운 지적 능력과 성격의 소유자였기 때문입니다. 더군다나 그의 친절하고 세밀한 조사는 그녀로 하여금 그에게 최초의 도움을 주도록 만들었습니다.

환자가 간질성 실신발작(정신착란이 동반된 인격의 변질 상태)을 일으키는 동안, 그녀는 그녀의 마음을 점령하고 있는 어떤 사고의 흐름으로부터 튀어나온 것으로 보이는 몇 개의 단어들을 중얼거리는 습관이 있었습니다. 브로이어는 그 단어들을 들은 뒤 그녀를 최면 상태에 빠지게 하였습니다. 그런 다음, 그는 그녀가 그 말들을 출발점으로 하여 무언가를 끌어내도록, 그녀에게 그것들을 반복적으로 불러주었습니다. 환자는 그러한 계획에 순응하였고, 그녀의 마음을 사로잡고 있던 심리적인 것들-이것들의 존재를 드러낸 것은 그녀가 중얼거린 단편적인 말들입니다-을 재생해내었습니다. 그 심리적인 것들은 가끔 시적 아름다움을 갖고 있는 우울한 환상들-우리는 이것을 '백일몽(day-dream)' *이라고 부를 수 있을 것입니다-이었습니다. 그것의 출발점은 대개 병든 아버지의 침대 옆에 있는 한 소녀의 이미지였습니다. 그녀는 그러한 환상들을 이야기하고 나면 자유로운 것처럼 보였고, 정상적인 정신상태로 되돌아갔습니다. 이러한 상태의 호전은 수 시간 동안 지속되다가, 다음 날 실신 발작이 다시 나타났습니다. 그러면 같은 방식으로 그녀에게 새로운 환상과 관련된 몇 개의 단어를 말해줌으로써 다시 호전시키곤 했습니다. 결국 실신발작으로 표현된 그녀의 정신상태의 변질은, 그러한 감정으로 충만한 환상들로부터 발생한 자극의 결과라는 결론에 도달하지 않을 수 없었습니다. 그 당시 환자는 묘하게도, 영어로만 말하고 이해할 수 있었습니다. 그러한 그녀가 이러한 종류의 치료를 '대화치료(talking cure)' *라고 명명했으며, 때로는 농담조로 '굴뚝청소(chimney-sweeping)' 라고 부르기도 했습니다.[5)]

* 이 용어는 원문 자체가 영어로 되어 있음. 각성과 꿈의 중간 상태로서, 현실과는 유리되어 있지만 의식은 있는 몽상 상태를 말함.

비록 우연이지만, 이러한 굴뚝청소가 그녀의 반복적인 정신착란을 일시적으로 호전시키는 것 이상을 이룩한다는 것을 알게 되었습니다. 실제로 그녀가 최면 상태에서 증상이 처음 나타났을 때의 상황과 문맥을 떠올리면서 그 당시의 감정을 표출시키면, 고통스러운 증상이 사라졌습니다. '몹시 더운 여름이었습니다. 화자는 갈증으로 무척 괴로워했습니다. 어떤 이유인지 모르지만, 그녀는 물을 마실 수 없었습니다. 그녀는 그렇게 갈망하는 물을 한 컵 집어들긴 하지만, 그것이 입에 닿자마자 마치 공수병에 걸린 사람처럼 컵을

5) 『히스테리 연구』 참조

밀쳐버리는 것이었습니다. 그 순간 그녀는 수 초 간의 실신발작 상태에 빠지는 것이 분명했습니다. 그녀는 참외와 같은 과일에 의지하여 겨우 갈증을 면할 수밖에 없었습니다. 이러한 증상은 약 6주간 지속되었습니다. 그러던 어느 날, 그녀는 최면상태에서 평소 좋아하지 않던 그녀의 영국 '간호사'에 대해서 불평을 늘어놓기 시작하였습니다. 그리고 혐오감을 표시하면서, 자기가 그 여자의 방에 들어갔을 때 그 여자의 작은 개가 어떻게 컵의 물을 마시고 있었는지에 대해 이야기했습니다. 그때 환자는 아무 말도 하지 않았습니다. 예의를 지켜야 했기 때문입니다. 그렇게 한 번 더 분노에 찬 표현을 하고 나더니 화가 수그러들었습니다. 그리고 나서 마실 것을 요구했고, 아무런 어려움 없이 많은 양의 물을 마셨습니다. 그런 다음 물 컵을 입에 댄 채 최면에서 깨어났습니다. 그 이후 그 장애는 사라지고 다시 재발하지 않았습니다.'

여기서 잠시 그 경험에 머물러봅시다. 이전에는 그 누구도 이러한 방법으로 히스테리 증상을 없애지 못했고, 또 그것의 원인에 대해 깊은 통찰을 한 적이 없었습니다. 다른 증상들도 그와 동일한 방식으로 일어나고 그와 동일한 방식으로 제거할 수 있다는 희망이 증명된다면, 그것은 중대한 발견임에 틀림없을 것입니다. 브로이어는 그것을 확신하고, 좀 더 심각한 다른 증상들의 병인에 대해 체계적인 연구를 진행하였습니다. 그 결과 그것은 사실로 판명되었습니다. 거의 대부분의 증상들이 그런 식으로, 정서적인 경험의 찌꺼기(residues)–'앙금'(precipitates)이라고 말할 수도 있습니다–로서 태어나는 것이었습니다. 그래서 우리는 나중에 그런 경험들에 대해 '정신적인 외상'(psychical traumas)이라는 이름을 붙여주었습니다. 각 증상의 특성은 그것의 원인이 되는 외상적 장면들과 관련이 있었습니다. 기술적인 용어를 빌리면, 증상들은 그 장면에 의해 '결정됩니다.'(determined) 다시 말해 증상은 그 장면에 대한 기억의 찌꺼기를 대표합니다. 이제 더 이상 증상을 변덕스럽고 수수께끼 같은 신경증의 산물로 기술할 필요가 없어졌습니다. 그러나 예상치 못한 점을 밝혀야겠습니다. 증상을 남기는 것은 항상 단일한 경험이 아니라는 점입니다. 반대로 대개 여러 외상들이 집중되고, 가끔은 서로 유사한 수많은 외상들이 반복됨으로써 그러한 결과가 일어나는 것입니다. 따라서 병인이 되는 기억들 전체가 연대기적으로 연결 · 재현되거나, 혹은 역순으로 가장 최근의 것이 먼저 재현되고 가장 오래된 것이 맨 나중으로 돌려집니다. 그렇다고 아주 강력한 최초의 외상으로 빨리 가려고, 최근의 것을 건너뛰는 것은 완전히 불가능합니다.

여러분들은 틀림없이, 개가 컵의 물을 먹는 것을 보고 혐오감을 느껴 물에 대한 공포증(fear of water)이 생긴 것 외에, 히스테리 증상을 일으킨 다른 예를 나에게 요구할 것입니다. 가령 그 환자의 시력 장애에 관해, 그것의 원인이 되는 상황을 브로이어는 다음과 같이 기술하고 있습니다. '그녀가 눈물을 머금은 채 아버지의 침대 옆에 앉아 있을 때, 아버지가 갑자기 시간을 물었습니다. 그러나 그녀는 시계를 명확히 볼 수 없었습니다. 그녀는 시계를 눈에 갖다 대며 시간을 보려고 몹시 애를 썼습니다. 그래서 시계의 숫자판이 아주 크게 보였습니다-이것이 그녀의 거시증(macropsia)*과 내사시(convergent squint)**의 원인입이다. 그리고 그녀는 아버지에게 눈물을 보이지 않으려고 울음을 참느라고 애를 먹었습니다.'[6] 게다가 그녀의 모든 병인이 되는 인상들은, 그녀가 병든 아버지를 간호하던 시기로부터 나온 것입니다. '어느 날 밤, 그녀는 아버지가 걱정이 되어 잠에서 깨어났습니다. 아버지는 고열 상태였습니다. 그래서 그녀는 수술을 해주기로 한 의사가 비엔나로부터 도착하기를 애타게 [잔뜩 긴장해서] 기다렸습니다. 그녀의 어머니는

6) 『히스테리 연구』 참조

잠시 멀리 가고 없었고, 안나(Anna)***는 아버지의 침대 옆에 앉아, 오른팔을 의자 뒤로 걸치고 있었습니다. 그때 그녀는 백일몽(waking dream) 상태에서, 벽으로부터 검은 뱀이 나와 아버지를 물려고 아버지에게 다가가는 것을 보았습니다.(그녀의 집 뒤 밭에는 실제로 뱀들이 있었는데, 그것들이 그녀를 몹시 놀라게 한 적이 있었습니다. 그것이 그녀의 환각에 재료를 제공한 것입니다.) 그녀는 뱀을 쫓아버리고 싶었습니다. 그렇지만 몸이 마비되었습니다. 의자 뒤에 걸친 오른팔이 무감각해지면서 마비되었습니다. 그녀가 마비된 팔을 보고 있노라니, 손가락들이 해골(손톱)을 가진 작은 뱀들로 변하였습니다.(아마 그녀가 마비된 오른손으로 뱀을 쫓아버리려고 하는 과정에서, 그 손의 마비가 뱀의 환각과 연합된 것 같습니다.) 환각이 사라지자, 그녀는 두려움 속에 기도를 하려고 했습니다. 그러나 말이 나오지 않았습니다. 그녀는 어떤 언어로도 말할 수 없었습니다. 그녀가 결국 찾아낸 것은 영어 동시였습니다. 그 이후 그녀는 영어로만 생각하고 말할 수 있었습니다.'[7] 환자가 최면 상태에서 그 장면을 떠올리자, 그녀의 병 초기부터 지속되어 오던 오른팔의 마비가 사라지고 치료가 끝났습니다.

* 실물보다 크게 보이는 환시의 일종.

** '사시'(strabismus)는 두 눈의 고정축이 평행하지 않는 현상으로, 두 눈이 안쪽으로 모이는 '내사시'와 바깥 쪽으로 벌어지는 '외사시'가 있음.

*** 안나 O(Anna O)는 프로이트가 지금 예로 들고 있는 브로이어의 여자 환자 이름임. 빈 여자로 원래 이름은 베르타 파펜하임(Bertha Pappenheim, 1859-1936)임. 신경증의 치료가 끝난 뒤에는 유명한 여성 운동가가 됨.

7) 『히스테리 연구』 참조

몇 년 후 나는 브로이어의 검사 및 치료 방법을 나의 환자에게 적용해보았습니다. 그 결과 나의 경험은 그와 완전히 일치하였습니다. 40세 가량 된 부인이 틱(tic)* 장애로 고생을 하고 있었습니다. 그녀는 흥분할 때마다 또는 간혹 뚜렷한 이유도 없이, 이상한 소리를 내곤 했습니다. 그 틱 장애는 두 가지 경험에 기원을 두고 있었습니다. 그것들의 공통 요소는, 그 순간에 그녀가 어떤 소리도 내서는 안 된다는 결심을 했었다는 것과, 일종의 반대 의지(counter-will)가 그녀로 하여금 이상한 소리로 침묵을 깨게 만들었다는 것입니다. 그 중 첫 번째 경우를 보면, 그녀의 아이들 중 하나가 병에 걸렸을 때, 그녀는 갖은 노력 끝에 그 아이를 잠재운 뒤, 그가 깨지 않도록 조용히 해야 한다고 다짐했습니다. 두 번째 경우는, 마차로 두 아이와 산책을 하던 중에 천둥을 동반한 비바람이 쳐서 말들이 마구 날뛸 때 말들을 더 이상 놀라지 않게 하려고 아주 조그만 소리도 내지 않았습니다.[8] 이 예는 『히스테리 연구』에 보고되어 있는 많은 다른 예 중에서 뽑은 것입니다.[9]

* 불규칙한 간격으로 반복되고, 갑작스럽게 찾아왔다 사라지는, 본의 아닌 근육의 움직임이나 무의지적인 말.

여러분이 일반화하는 것을 허락한다면-이 강연처럼 요약적인 설명에서는 불가피한 일입니다- 나는 우리가 알게 된 것을 다음과 같이 공식화하고 싶습니다. '히스테리 환자들은 [무의식적인] 기억 때문에 고통스러워하는 것입니다.' (our hysterical patients suffer from reminiscences) 그들의 증상은 특별한 (외상적) 경험의 찌꺼기들이고 '기억의 상징들' (Erinnerungssymbole;

---

8) 『히스테리 연구』 참조

9) 여기서 발췌한 부분은, 히스테리에 대한 나의 글과 함께 브릴(A. A. Brill)의 영역본에 실려 있습니다. [여기에 보고된 사례는 에미 폰 N. (Emmy von N.) 부인의 것임]

mnemonic symbols; symboles commémoratifs)입니다. 이것을 다른 분야의 기억의 상징들과 비교해보면, 우리는 이런 종류의 상징을 더 깊이 이해할 수 있을 것입니다. 대도시를 장식하고 있는 기념비와 기념물들 역시 기억의 상징들입니다. 여러분들이 런던의 거리를 걷노라면, 큰 역 앞에 화려하게 조각된 채어링 크로스(Charing Cross)라는 고딕 양식의 기둥을 발견할 것입니다. 13세기의 플랜태지닛(Plantagenet) 왕가의 왕들 중 한 명이, 그가 사랑하는 왕비-엘리노어(Eleanor)*-의 시신을 웨스트민스터(Westminster) 사원으로 옮기도록 명령하였습니다. 그리고 관이 멈춘 곳마다 고딕 양식의 십자가를 건립하였습니다. 채어링 크로스는 그러한 장례행렬을 기념하는 마지막 기념비였습니다.[10] 런던 브리지(London Bridge)에서 멀지 않은 다른 지점에, 단순히 '기념비'(The Monument)라고 불리는 좀 더 현대적인 양식의 높은 기둥이 있습니다. 그것은 1666년 그 근처에서 발생한 런던 대화재-대부분의 도시를 파괴한-를 기념하기 위한 것입니다. 이 기념물들은 기억의 상징이라는 점에서 히스테리 증상과 비슷합니다. 지금까지의 비교는 타당한 것처럼 보입니다. 그러나 오늘날에도 엘리노어 왕비의 기념비 앞에서 잠시 깊은 슬픔에 잠기는 런던 사람을, 우리는 어떻게 생각해야 할까요? 현대의 노동 조건은 일을 열심히 하기를 요구하고 있는데 말입니다. 그리고 마음으로 좋아하는 젊은 왕비를 생각하면 오히려 즐거워야 하는데 말입니다. 또한 자기의 사랑하는 고향이 대화재 이후 예전보다 훨씬 더 훌륭하게 재건되었는데도, '기념비' 앞에서 재로 변한 고향을 생각하며 눈물을 흘리는 다른 런던 사람을 우리는 어떻게 생각해야 할까요? 히스테리와 신경증 환자들도, 그 두 명의 비현실적인 런던 사람처럼 행동합니다. 그들은 먼 과거의 고통스러운 경

10) 이것은 원래의 기념비를 재건축한 복제품입니다. 어니스트 존즈(Ernest Jones) 박사가 나에게 말해준 대로, '채어링(Charing)'이라는 이름은 '사랑하는 왕비(chère reine)'라는 말에서 파생한 것입니다.

험을 기억할 뿐만 아니라 아직도 감정적으로 그것에 얽매여 있습니다. 그들은 과거로부터 자유로워질 수 없으며, 또한 과거를 위해 현실을 무시합니다. 그렇게 정신생활이 병인이 되는 외상에 고착되는 것은, 신경증의 가장 의미 있고 실제로 가장 중요한 특성 중의 하나입니다.

* 1290년에 죽은 엘리노어, 또는 알리에노르 드 카스티유(Aliénor de Castille)는 에드워드 1세의 왕비임.

여러분들은 지금 브로이어의 환자의 경우를 생각하면서, 어떤 반대의 의견이 떠오를 것입니다. 나는 기꺼이 여러분에게 그런 기회를 드릴 준비가 되어 있습니다. 그녀의 모든 정신적 외상은 병든 아버지를 간호하면서 시작되었고, 그녀의 증상은 아버지의 병과 죽음에 대한 '기억의 기호들'(Erinnerungszeichen; mnemonic signs; signes de souvenir)이라고 여겨집니다. 따라서 그것은 애도와 일치하기 때문에, 아버지가 사망한 다음 얼마 동안 죽은 사람에 대한 기억에 고착되는 것은 확실히 병적인 것이 아닙니다. 오히려 그것은 정상적인 감정의 과정일 것입니다. 나도 여러분에게 동의합니다. 브로이어의 환자의 경우, 그녀의 외상에 대한 고착이 그렇게 놀랄 만한 것은 아니었습니다. 그러나 내가 치료했던 틱 환자의 경우, 그 현상이 나타난 것은 15년과 10년 이상 과거로 거슬러 올라갑니다. 그리고 과거에 대한 비정상적 애착의 양상이 아주 명백합니다. 아마 브로이어의 환자도 외상을 경험하고 증상이 발생한 뒤 곧바로 카타르시스 치료를 받지 않았다면, 비슷한 양상을 보였을 것입니다. 지금까지 우리는 히스테리 증상과 환자의 전기적인 사실 사이의 관계에 대해서만 이야기하였습니다. 그러나 브로이어의 관찰에는 두 가지의 요소가 더 있습니다. 그것들은 병에 걸리는 과정과 회복되는 과정이 어떻게 일어나는지에 관한 것입니다.

첫째, 브로이어의 환자는 병인이 되는 거의 모든 상황에서, 자신의 강력한 감정을 억압해야 했습니다. 그녀는 감정 표시나 말 또는 그에 상응하는 행동을 통해 감정을 발산시킬 수 없었습니다. 간호사의 개에 관한 일화에서, 그녀는 간호사의 기분을 고려해서 아주 심한 혐오감을 억제하였습니다. 그녀는 아버지 곁을 지키는 동안에도, 병든 아버지에게 자신의 불안과 고통스러운 우울함을 보이지 않으려고 계속해서 신경을 썼습니다. 그녀가 의사 앞에서 똑같은 장면들을 재현했을 때, 그 당시 억제된 정동(affect)이 마치 오랫동안 축척된 것인 양 특별히 격렬하게 나타났습니다. 더욱이 그러한 장면이 시작될 때부터 지속된 증상은, 그것의 결정적인 원인에 접근했을 때 극도에 달했습니다. 그리고 그 원인이 완전히 발산되었을 때 사라졌습니다. 거꾸로 의사와 함께 있는 자리에서, 어떤 원인으로 인해 정동이 일어나지 않은 채로 장면의 회상이 이루어지면, 아무런 치료 효과가 나타나지 않았습니다. 따라서 발병과 회복은 모두 정동에 달려 있었습니다. 정동은 양적인 성질의 것으로 이동할 수 있습니다. 그러한 맥락에서 질병은 병인이 되는 상황에서 발달한 정동의 정상적인 배출구가 차단되었기 때문에 생기는 것이고, 질병의 본질은 그러한 '감돈된'(strangulated) 정동이 비정상적으로 사용되는 데 있다고 가정해야 됩니다. 그것들의 일부는 환자의 심리 생활에 지속적인 부담으로 남아 흥분을 일으키는 원천이 되고, 다른 일부는 평상시와 다른 신체적인 신경감응(innervations)과 억제(inhibitions)로 전환되어 신체적인 증상으로 나타납니다. 우리는 후자의 경우를 위해 '히스테리적인 전환'(hysterical conversion)이라는 용어를 만들었습니다. 그것과는 달리, 우리의 흥분의 어떤 부분은 신체의 신경감응을 따라 정상적으로 흐르면서, 우리가 '감정의 표현'이라고 알고 있는 것을 만들어냅니다. 히스테리적인 전환은 정동이 집중된 심리 과정의 발산을 과장합니다. 그것은 새로운 길로 접어든 훨씬 더 강력한 감정의 표현을 나타냅니다. 마치 물의 흐름이 두 개의 통로로 나뉘어 있을 때, 그 중 하나가 장애에 부딪치면 다른 하나가 즉시 차고 넘치는 것과 같습니다. 여러분이 보다시피, 우리는 지금 히스테리에 관한 순전히 심리적인 이론–감정의 과정을 제일선에 두는–에 도달하려는 순간에 있습니다.

브로이어의 두 번째 관찰은, 병의 추이의 특징 가운데서도 의식 상태에 큰 중요성을 부여하고 있습니다. 브로이어의 환자는 정상적인 의식 상태 옆에 다양한 심리의 복합물이 있음을 보여주었습니다. 간질성 실신 발작과 정신착란과 인격의 변질이 그것입니다. 그녀는 정상적인 상태에서는 병인이 되는 장면과, 그 장면과 증상과의 관계에 대해 전혀 모르고 있었습니다. 우리가 그렇게 판단한 것은, 그녀가 그 장면을 잊어버리고 있거나 아니면 그것과 병인의 관련성을 부정했기 때문입니다. 그녀에게 최면을 걸어 상당한 노력을 기울이면, 그녀의 기억으로부터 그 장면을 떠올릴 수 있었습니다. 증상은 그러한 회상 작업을 통해 제거되었습니다. 만약 최면을 통한 검사가 우리에게 길을 가리켜주지 않았다면, 그러한 사실은 설명하기 아주 곤란했을 것입니다. 최면 현상에 대한 연구 덕분에 우리는 처음에 당혹스러웠던 생각에 익숙해질 수 있었습니다. 즉 한 사람의 심리 속에는 여러 정신적인 집합체가 존재하고, 그것들은 서로 독립적이며, 서로에 대해 '아무 것도 모르고' 있으며, 의식을 자기 쪽으로 끌어당기려고 한다는 생각 말입니다. 이런 경우를 보통 '이중 의식'(double conscience)*이라고 하는데, 그것은 종종 자발적으로 나타납니다. 그러한 인격의 분열이 일어날 경우 의식(consciounsness)은 그 두 상태 중의 하나와 결부되어 있는데, 우리는 그 상태를 '의식적'(conscient)이라고 말합니다. 그리고 의식과 동떨어져 있는 다른 하나의 상태를 '무의식적'(inconscient)이라고 말합니다. 최면 상태에서 주어진 명령은 '최면 후 암시(post-hypnotic suggestion)'라는 현상으로, 정상적인 상태에서 나중에 결정적으로 실행됩니다. 그 현상은 무의식 상태가 의식 상태에 대해 행사하는 영향의 뛰어난 예를 제공합니다. 게다가 그것은 우리가 히스테리라는 현상을 설명할 수 있는 패턴을 제공해줍니다. 브로이어는 히스테리 증상이, 그가 유사최면(hypnoid)이라고 명명한 특수한 심리 상태에서 일어난다는 가설을 세웠습니다.** 이러한 관점에서 볼 때, 유사최면 상태는 흥분이 정상적으로 발산될 기회를 제공하지 않기 때문에 그 상태에서 일어나는 흥분은 쉽게 병인이 될 수 있습니다. 결과적으로 비정상적인 산물-즉 증상-은 흥분 과정에서 나오는 것입니다. 그것은 이물질처럼 정상적인 상태 속으로 침투합니다.(그러나 의식은 유사최면 상태라는 것을 모르고 있습니다.) 증상이 있는 곳에는 항상 건망증, 즉 기억의 공백이 있습니다. 그 공백을 채운다는 것은 증상이 출현할 수 있는 조건을 제거하는 것을 포함하고 있는 것입니다.

* 원문 자체가 불어로 되어 있음.
** 최면 상태와 유사한 의식 상태.

이 부분의 설명이 여러분에게 명쾌하지 않을 것 같아 두렵습니다. 그러나 여러분은 우리가 어렵고 새로운 문제를 다루고 있으며, 그것을 더 명확하게 하는 것은 가능하지 않다는 것을 명심해야 합니다-왜냐하면 그 주제에 대한 연구가 아직 많이 진행되지 않았기 때문입니다. 게다가 브로이어의 '유사최면 상태'의 이론은 거추장스럽고 불필요한 것으로 판명되어 오늘날 정신분석에서 파기되었습니다. 나중에 여러분들은 적어도, 브로이어가 제기한 '유사최면 상태'라는 장막 뒤에 가려져 있는 영향과 과정이 얼마나 큰지를 알게 될 것입니다. 여러분들은 아마도 브로이어의 연구가 아주 불충분한 이론과, 현상에 대한 불만족스러운 설명만을 제공했다고 생각할 것입니다. 그러나 완벽한 이론은 하늘에서 떨어지는 것이 아닙니다. 여러분들은 누군가가 연구의 초기 단계에서 완벽한 이론을 내놓았다고 주장하면, 일단 의심을 해보는 것이 좋습니다. 그런 이론은 생각일 뿐, 사실에 대한 편견 없는 검사의 결과일 수는 없습니다.

두 번째 강연

여러분,

브로이어가 그의 환자에게 '대화 요법'을 시행하던 때와 비슷한 시기에, 위대한 샤르코는 파리의 살페트리에르(Salpêtrière)*에서 정신질환에 대한 새로운 이해를 몰고 온 연구를 시작하고 있었습니다. 그 당시는 그의 발견이 빈에 알려질 수 없었습니다. 그러나 십여 년 후 브로이어와 내가 히스테리 현상의 심리적 메커니즘에 관한 「예비적 고찰」이라는 논문을 출판했을 때, 우리는 샤르코의 연구에 완전히 매료되어 있었습니다. 그 논문은 브로이어의 최초의 여자 환자를 '정화 요법'으로 치료한 것과 관련된 것이었습니다. 우리는 환자의 병인이 된 경험을 정신적 외상으로 생각했으며, 그것을 히스테리성 마비에 영향을 미친다는 신체적 외상–샤르코가 확립한 이론–과 동일시했습니다. '유사최면 상태'에 관한 브로이어의 가설 자체가, 샤르코가 최면하에서 인위적으로 일으킨 외상적 마비(traumatic paralyses)의 반영에 다름 아니었습니다.

* 프랑스 파리에서 가장 유명한 정신병원.

1885-1886년에 걸쳐, 나는 그 위대한 프랑스 연구가의 학생이 되었습니다. 그는 개인적으로 심리학적인 관점을 도입하는 것을 좋아하지 않았습니다. 히스테리에 존재하는 특이한 심리 과정에 좀 더 깊이 접근한 사람은 샤르코의 제자였던 피에르 쟈네(Pirre Janet)*였습니다. 우리는 그의 예를 따라, 심리 분열(splitting of the mind)과 인격의 유리(遊離, dissociation of the personality)를 우리의 생각의 중심에 놓았습니다. 여러분들은 쟈네에게서, 프랑스에서 지배적이던 유전과 퇴행의 영향에 관한 학설을 고려한 히스테리 이론을 발견할 수 있을 것입니다. 그에 따르면, 히스테리는 신경 체계가 퇴행적으로 변형된 형태이며, 그러한 형태의 신경 체계는 정신적인 종합의 힘이 선천적으로 약하다는 것입니다. 히스테리 환자들은 선천적으로 다양한 심리 과정을 하나로 묶는 능력이 없기 때문에, 정신적인 유리의 경향이 나타난다는 것입니다. 평범하지만 분명한 비유를 하나 든다면, 쟈네의 히스테리 환자는 쇼핑을 나갔다가 많은 짐꾸러미와 상자들을 들고 집으로 돌아오는 연약한 여자를 연상시킵니다. 그녀는 두 팔과 열 손가락으로 그것들을 전부 들 수 없었습니다. 그래서 그 중의 하나가 떨어졌습니다. 몸을 숙여 그것을 집으려 하자, 다른 하나가 떨어졌습니다. 그런 식으로 계속됐습니다. 그러나 그러한 정신적인 박약의 가설이 부합하지 않은 예가 있습니다. 가령 어떤 능력의 감소 현상이 나타나는 가운데, (마치 보상에 의한 것처럼) 다른 능력이 부분적으로 상승하는 경우입니다. 브로이어의 환자가 영어를 제외한 자신의 모국어와 다른 모든 언어들을 잊어버렸을 때 영어를 파악하는 능력은 아주 뛰어나, 독일어책을 그녀에게 쥐어주면 곧바로 그것을 정확하고 유창하게 영어로 번역할 수 있을 정도였습니다.

* 쟈네(1859-1947)는 프랑스의 의사이자 심리학자임.

나중에 브로이어에 의해 시작된 연구를 내 자신의 방식에 따라 계속해나가자, 나는 곧 히스테리적인 유리(의식의 분열)의 기원에 관한 새로운 관점에 도달할 수 있었습니다. 나는 쟈네처럼 실험실의 실험에서 시작한 것이 아니라 치료의 목적을 가지고 시작했기 때문에, 그런 종류의 견해 차이는 필연적이었습니다. 그리고 그것은 나중의 결과에 결정적이었습니다.

나는 무엇보다도 임상적인 필요에 의해 연구를 계속했습니다. 브로이어가 시행한 카타르시스 요법은 환자를 먼저 깊은 최면 상태에 빠뜨리는 것을 전제하고 있습니다. 왜냐하면 최면 상태에서만 병인에 관계된 지식을 얻을 수 있었기 때문입니다. 그것은 정상적인 상태에서는 알 수 없는 것들이었습니다. 그러나 나는 곧 최면술을 싫어하게 되었습니다. 왜냐하면 그것은 위험하고 신비스러운 보조수단이었기 때문입니다. 내가 그러한 사실을 발견한 것은, 온갖 노력에도 불구하고 나의 환자들 중 극히 일부만 최면 상태에 빠뜨릴 수 있었기 때문입니다. 결국 나는 최면을 포기하고, 그것과 별도로 카타르시스 요법을 사용하기로 결정했습니다. 대부분의 환자들의 정신 상태를 내 마음대로 변화시킬 수 없었기 때문에, 나는 그들을 정상적인 상태로 두고 작업을 하기로 한 것입니다. 고백하건대 처음에는 이것이 의미 없고 가망이 없는 시도처럼 보였습니다. 환자로부터 나도 모르고 동시에 그도 모르는 어떤 것을 알아내는 것이 문제였습니다. 어떻게 그것을 유도해내기를 바랄 수 있었겠습니까? 그러나 낭시(Nancy)[프랑스 동부 로렌 지방에 있는 도시]에 있는 베르넴(Bernheim)의 집에서 [1889년에] 목격한, 매우 괄목할 만하고 유익한 실험이 머리에 떠올랐습니다. 그것이 나에게 큰 도움이 되었습니다. 그 당시 베르넴이 우리에게 보여준 것은 이렇습니다. 어떤 사람을 몽유 상태(hypnotic somnabulism)에 빠뜨린 후 그 상태에서 온갖 종류의 경험을 하게 한 다음 의식을 회복시켰을 때, 그 사람은 몽유 상태에서 경험한 일들을 겉으로만 잊어버릴 뿐, 실제로는 정상 상태에서 그 기억들을 되살릴 수 있었습니다. 베르넴이 그 환자들에게 몽유 상태에서의 경험을 물었을 때, 그들은 그것에 대해 아무 것도 모른다는 말로 시작했습니다. 그러나 베르넴은 포기하지 않고, 그들에게 그것에 대해 알고 있다고 주장하면서 그것에 대한 확신을 심어주었더니, 잊혔던 기억들이 다시 나타났습니다.

나도 내 환자들에게 같은 방법을 적용해보았습니다. 그들이 더 이상 아무 것도 모른다고 주장하는 지점에 도달했을 때, 나는 그들에게 모든 것을 알고 있고 그것을 말만 하면 된다고 확신시켜주었습니다. 그리고 나는 위험을 무릅쓰고, 그들의 이마 위에 내 손을 얹어놓는 순간 정확한 기억이 떠오를 것이라고 선언하기도 했습니다.* 그러한 방법으로 나는 최면술을 사용하지 않고, 환자들로부터 그들이 잊고 있던 병인이 된 장면과 그 장면으로부터 남겨진 증상들 사이의 관계를 정립하는 데 필요한 것들을 얻을 수 있었습니다. 그러나 그것은 고된 작업이었으며, 사람을 탈진하게 만들었습니다. 그래서 그것은 영구적인 방법으로 사용하기에 부적절하였습니다.

* 이것은 프로이트의 '압박법'으로 알려져 있는 것이다. 프로이트는 최면을 포기한 직후 그 방법을 잠시 사용하지만, 그것에도 암시 효과가 있다는 사실을 알고난 뒤로부터 그 방법마저 포기하고 완전히 자유연상에 의지하여 정신분석을 시행한다.

그럼에도 나는 그것을 사용하여 어떤 결정적인 결론을 끌어내기 전까지, 그것을 포기하지 않았습니다. 그리하여 나는 잊혀진 기억이 없어진 것이 아니라는 확신을 얻었습니다. 그 기억들은 환자들의 마음속에 있으면서, 환자가 이미 알고 있는 것과 연합하여 의식으로 떠오를 준비를 하고 있었습니다.

그러나 그것들이 의식화되는 것을 방해하고 무의식 상태로 남아 있게 하는 어떤 힘이 있었습니다. 그러한 힘이 있다는 것은 확실합니다. 왜냐하면 무의식적인 기억을 환자의 의식 속으로 떠올리려고 하면, 그 힘에 대응하는 어떤 노력이 필요해지기 때문입니다. 병적인 상태를 유지하는 힘은 환자의 편에서 '저항' (resistnace)의 형태로 나타납니다.

나는 그로부터 저항이라는 개념 위에, 히스테리에서 일어나는 구체적인 심리 과정에 대한 나의 관점을 세워나갔습니다. 우선 그러한 저항을 없애는 것이 환자의 회복에 필요한 것으로 드러났습니다. 이제 그러한 치료의 메커니즘으로 시작하여, 질병의 근원에 대한 분명한 구상을 할 수 있게 되었습니다. 잊혀진 것이 의식화되는 것에 반대하는, 저항의 형태로 된 바로 그 힘이, 예전에는 그 망각을 초래했고 병인이 되는 경험들을 의식 밖으로 몰아낸 것임에 틀림없었습니다. 나는 그러한 가설적인 과정을 '억압' (repression)이라고 불렀습니다. 이렇게 억압은 저항이라는 부정할 수 없는 존재에 의해 증명됩니다.

그러나 그러한 힘들은 무엇이며 우리가 히스테리의 병인의 메커니즘으로 인정하는 억압의 조건은 무엇인지, 의문이 생길 것입니다. 우리가 카타르시스 요법을 통해 알게 된 병인이 되는 상황들에 대한 비교 연구는, 그 질문에 대한 대답을 가능하게 해주었습니다. 그 모든 체험에서 문제가 된 것은, '욕망 충동' (wishful impulse; motion de désir)의 출현이었습니다. 그것은 주체의 다른 욕망과 날카롭게 대립하고 있었으며, 그 사람의 인격의 윤리적이고 미적인 기준과 양립하지 않는 것이었습니다. 그리하여 거기에는 갈등 (conflict)이 생기고, 그 결과 양립할 수 없는 욕망을 싣고 의식에 나타난 생각은, 그 욕망과 결부된 기억과 함께 의식 밖으로 밀려나 잊혀지게 됩니다. 그래서 환자의 자아와 양립할 수 없는 생각은 억압의 동기가 되고, 주체의 윤리와 다른 기준들은 억압하는 힘이 되는 것입니다. 양립할 수 없는 욕망의 수용이나 갈등의 연장은 심한 불쾌감을 초래합니다. 그러한 불쾌감을 피해가는 방법이 억압입니다. 그래서 억압은 인격을 보호하는 장치 중의 하나인 것입니다.

다른 많은 예 중에서, 나의 사례를 하나 들어보겠습니다. 그것에는 억압의 조건과 용도가 분명히 드러나 있습니다. 그러한 목적을 위해, 그 사례의 내력을 요약하고 자료의 중요한 부분도 생략하도록 하겠습니다. 얼마 전에 사랑하는 아버지를 여읜 소녀 환자가 있었습니다.* 그녀는 아버지를 간호했었습니다-이러한 상황은 브로이어의 여자 환자와 유사합니다. 얼마 후 그녀의 언니가 결혼을 했습니다. 그녀의 형부는 그녀의 마음 속에 특별한 감정을 일으켰습니다. 그러한 감정은 보통 가족간의 애정으로 쉽게 위장되는 법입니다. 그녀의 언니는 그 후 오래지 않아 병들어 죽었습니다. 그 여자 환자와 어머니가 [그 언니 곁에] 없는 상태에서 일어난 일이었습니다. 그녀들은 그 비극적인 일에 대한 정확한 정보도 듣지 못한 채, 급히 호출되었습니다. 그 소녀가 죽은 언니의 침대 곁으로 다가갔을 때, 그녀의 마음 속에는 잠시 다음과 같은 생각이 들었습니다. 그것은 말로 표현할 수 없는 생각이었습니다. '이제 형부는 자유로우니까, 나와 결혼할 수 있을 거야.' 우리는 그 소녀가 형부에게 느꼈던 강렬한 사랑-무의식적인-을 보여주는 그러한 생각이, 그녀 자신의 반발 심리 때문에 곧 억압에 처해지게 되었다고 확신합니다. 그 소녀는 심한 히스테리 증상과 함께 병이 들었습니다. 나와 치료하는 동안, 그녀는 언니 침대 앞에서 일어난 장면과 그녀의 마음 속에 일어난 가증스럽고 이기적인 충동을 완전히 망각하고 있었다는 것을 인정하였습니다. 그녀는 치료하는 동안 그것을 기억해냈고, 병인이 된 요소를 아주 격렬한 감정을 표시하면서 재현해냈습니다. 그리고 그녀는 다시 건강해졌습니다.

* 이 소녀의 이름은 엘리자벳 폰 R(Elisabeth von R) 양으로, 이 사례는『히스테리 연구』에 완전하게 실려 있다.

나는 거친 비유를 사용하여, 억압 과정과, 억압과 저항의 필연적인 관계에 대한 구체적인 이미지를 여러분에게 드릴 수 있습니다. 나는 그것을 현재의 상황에 적용해볼까 합니다. 이 강의실에서 조용하게 경청하는 청중들 속에, 분위기를 흐리고 버릇없이 웃고 떠들며 발을 질질 끌면서 소리를 내어, 내가 강연에 집중할 수 없게 만드는 사람이 있다고 가정합시다. 나는 강연을 더 이상 진행할 수 없다고 말을 할 것입니다. 그러면 여러분들 중 힘센 사람 서너 명이 일어나 그 사람과 잠깐 실랑이를 벌인 뒤 그 방해꾼을 문 밖으로 내보낼 것입니다. 이제 그는 '억압되었고', 나는 강연을 계속할 수 있습니다. 그러나 밖으로 쫓겨난 사람이 다시 강의실로 들어오려고 할 경우 훼방이 반복되지 않도록, 나의 의지를 실행했던 사람들이 그가 문을 열지 못하도록 의자를 문에 받쳐놓음으로써, 일단 억압은 성취된 뒤니까 이제는 '저항'을 확립할 것입니다. 이제 문제의 두 장소[강의실의 안과 밖]를 심리적 차원으로 옮겨봅시다. 그러면 그것들은 '의식'(conscious)과 '무의식'(unconscious)이 됩니다. 이렇게 해서 여러분들은 억압의 과정에 대한 좋은 이미지를 갖게 되었습니다.

여러분들은 이제 우리의 관점과 쟈네의 관점의 차이가 무엇인지 알 수 있을 것입니다. 우리는 쟈네가 말한 것처럼, 심리 장치(mental apparatus)가 선천적으로 종합에 무능하기 때문에, 심리 분열이 생긴 것이라고 보지 않습니다. 우리는 그것을 역동적으로 설명합니다. 그것은 서로 반대되는 힘들 사이의 갈등으로부터 유래합니다. 우리는 갈등을 두 심리 집단 간의 싸움의 결과라고 생각합니다. 그러나 우리의 관점에는 많은 새로운 문제들이 제기됩니다. 물론 심리적인 갈등의 상황은 굉장히 흔합니다. 심리의 분열을 일으키지 않고, 자아가 고통스러운 기억으로부터 벗어나려고 하는 것은 아주 흔히 발견되는 일입니다. 만약 갈등이 유리(遊離)[심리의 분열]라는 결과를 가져오려면, 또 다른 조건이 필요할 것입니다. 나는 억압의 가설이 심리 이론의 끝이 아니라, 시작에 불과하다는 것에 동의합니다. 그렇지만 우리가 한발자국씩 전진하면서 우리의 연구를 더 깊고 심오하게 가져간다면, 완벽한 지식을 기대할 수 있을 것입니다.

브로이어의 환자의 경우를 억압의 관점에서 설명하는 것은 바람직하지 못합니다. 그 사례는 그러한 목적에 적합하지 않습니다. 왜냐하면 그 내용은 최면의 도움으로 얻어진 것이기 때문입니다. 여러분들이 저항과 억압을 관찰하고, 사건이 병인이 되는 과정에 대한 정확한 개념을 가지려면, 오직 최면을 배제하는 수밖에 없습니다. 최면은 저항을 은폐시키고, 심리의 어떤 영역을 자유롭게 접근할 수 있게 해줍니다. 그러나 그 대신, 그것은 그 영역의 경계에 저항을 쌓아 그것 너머로 접근할 수 없도록 벽을 만듭니다.

브로이어의 관찰이 우리에게 가르쳐준 가장 가치 있는 것은, 병인이 되는 경험과 증상의 관계와, 정신적 외상과 증상 사이의 관계에 관한 정보들입니다. 우리는 이제 그러한 발견들을 억압의 이론의 관점에서 살펴보아야 하겠습니다. 언뜻 보면, 억압에서 증상 형성으로 가는 길은 추적하기 불가능해 보입니다. 복잡한 이론적인 설명 대신, 내가 억압을 성명하기 위해 사용한 비유로 돌아가 봅시다. 그러면 훼방꾼을 격리시키고 보초를 문 앞에 세워두는 것으로 문제가 끝난 것은 아니라는 것을 알게 될 것입니다. 문 밖으로 쫓겨난 그 사람이 화가 나서 무모하게 더 심한 문제를 야기할지 모릅니다. 물론 그는 이제 더 이상 우리와 함께 있지 않습니다. 우리는 그로부터 벗어나 있습니다. 즉 그의 무례한 웃음과 소리 높은 잔소리로부터 벗어나 있습니다. 그럼에도 어떤 점에서 억압은 성공하지 못했습니다. 지금 그는 밖에서 참을 수 없는 소란을 피우고 있습니다. 그가 소리치고 주먹으로 문을 두드리는 행동은, 그가 전에 한 나쁜 행동보다 더 심하게 나의 강연을 방해합니다. 그런 상황에서 존경하는 홀 총장님께서 중재자의 역할을 떠맡아 평화를 회복시켜 준다면 몹시 기쁠 것입니다. 총장님은 문 밖에서 그 무뢰한과 이야기를 나눈 뒤, 우리에게로 와서 그의 행동이 좋아질 것을 보증 할테니, 그를 다시 들여 놓자고 간청할 것입니다. 우리는 총장님의 권위를 믿고 억압을 해제하기로 결정할 것입니다. 그리고 평화와 고요가 찾아옵니다. 이 이미지는 신경증의 정신분석 치료에 있어서 의사에게 부과된 임무가 무엇인지를 아주 적절하게 보여주고 있습니다.

이제 비유를 통하지 않고 문제에 직접 접근해봅시다. 우리가 히스테리 환자와 신경증 환자에 대한 검사를 통해 다다른 결론은, 그들이 견딜 수 없는 욕망과 결부된 어떤 관념을 억압하는 데 '실패한다'(failure)는 것입니다. 그들은 그 관념을 의식과 기억 밖으로 몰아내서, 겉으로는 많은 불쾌감으로부터 벗어난 것 같습니다. '그러나 억압된 욕망의 충동은 무의식 속에 계속 존재합니다.'(but the repressed wishful impulse continues to exist in the unconscious) 그것은 활성화될 기회를 노리고 있습니다. 만약 그런 기회가 있으면, 그것은 억압된 것 대신, 왜곡되어 알아 볼 수 없는 '대체물'(substitute)을 의식으로 내보냅니다. 이때, 억압을 통해 모면하고자 했던 불쾌감이 그 대체물에 따라붙습니다. 억압된 관념에 대한 그러한 대체물-즉 '증상'(symptom)-은 방어적인 자아의 새로운 공격으로부터 보호되어 있습니다. 그리고 짧은 기간의 갈등 대신에, 끝이 없는 고통이 나타납니다. 우리는 증상에 있는 왜곡의 징후 곁에서, 억압된 원래의 관념과 유사한 점을 발견할 수 있습니다. 그러한 대체물이 형성되는 경로는 환자의 정신분석을 통해서 추적할 수 있습니다. 병을 회복시키기 위해서는, 그와 같은 경로를 따라 증상을 억압된 관념으로 되돌려야 합니다. 만약 억압된 것을 의식적인 심리 활동으로 다시 가져올 수 있다면-이 과정은 엄청난 저항의 극복을 가정하고 있습니다- 환자가 피하고 싶었던 정신적 갈등은, 의사의 지도를 받으면서 억압에 의해 제공된 것보다 나은 결과에 이를 수 있습니다. 갈등과 신경증을 행복한 종말로 인도하는 여러 가지 해결 방식이 있습니다. 그것들은 경우에 따라 서로 결합하기도 합니다. 즉 환자는 병인이 되는 욕망을 거부하는 것을 잘못으로 생각하고, 그것을 전부 혹은 부분적으로 받아들이거나, 또는 그 욕망 자체가 반대의 여지가 없는 좀 더 고차원적인 목적을 향하거나(이것을 우리는 '승화'(sublimation)라고 부릅니다.), 또는 억압의 메커니즘-욕망의 거부를 정당한 것으로 인정하면서도 자동적이기 때문에 쓸모없는-을, 아주 고차원적인 인간의 정신 기능의 도움으로 비판적인 판단력으로 바꾸어나갑니다-그 결과 욕망에 대한 의식의 통제가 이루어집니다.

지금까지 '정신분석'(psychoanalysis)이라고 명명된 치료 방법이 채택하고 있는 기본적인 입장을 명쾌하고 이해하기 쉽게 설명하지 못했다면 용서해주시기 바랍니다. 어려움은 단지 주제의 생소함에만 있는 것이 아닙니다. 억압에도 불구하고 무의식 속에서 감지할 수 있는 양립할 수 없는 욕망의 본질은 무엇일까요? 어떤 주관적이고 기질적인 조건이 개인에게 존재하기에 억압에 실패하여 대체물이나 증상이 형성되는 것일까요? 이것에 대해서는 다음 강연에서 논의될 것입니다.

세 번째 강연

여러분, 진실을 말한다는 것이 항상 쉽지만은 않습니다. 특히 간결해야 할 경우에는 더욱 그렇습니다. 그래서 나는 여기서 내가 지난 번 강연에서 저지른 잘못을 수정해야겠습니다. 나는 여러분에게 다음과 같이 말씀드렸습니다. 나는 최면을 이용하지 않고, 나의 환자에게 논의되고 있는 주제와 연관하여, 그의 마음속에 떠오르는 것을 나에게 말하라고 강조했습니다. 그리고 그들이 겉으로는 잊어버렸다고 주장하지만, 사실은 모든 것을 알고 있고, 또한 그들의 마음속에 떠오른 관념*은 우리가 찾고 있는 것을 분명히 포함하고 있다고 확신시켜 주었습니다. 그랬더니 실제로 나의 환자에게 떠오른 첫 번째 관념은 필요한 것을 가져다주었고, 그것은 일련의 잊혀진 기억이라는 사실이 밝혀졌습니다. 그렇지만 이것은 일반적인 경우가 아닙니다. 간결하게 설명하기 위하여, 그렇게 간단하게 말한 것입니다. 실은 진짜 잊어버린 것이 나의 단순한 주장으로 인해 되살아난 것은 처음 몇 번뿐이었습니다. 그 방법을 계속해 나가다보니, 그것은 좋은 방법이 아니라는 생각이 들기 시작했습니다. 왜냐하면 그 방법은 적절하지 못했을 뿐 아니라, 환자들에 의해 잘못된 것으로 거부되었기 때문입니다. 이러한 상태에서 나의 주장은 더 이상 도움이 되지 못했습니다. 그래서 최면을 포기한 것을 후회했습니다.

* 여기서 '관념'에 해당하는 독어의 원문은 'Einfall'이다. 그것의 정의는 '문맥에 관계없이 느닷없이 떠오르는 생각'으로, 보통 '연상'(association)으로 번역한다. 그러나 '연상'에 해당하는 독어('Assoziation')가 따로 있기 때문에, 편의상 '관념'이라고 번역한 것이다.

내가 어쩔 줄 모르고 있는 동안, 나는 어떤 과학적인 편견에 사로잡혀 있었습니다. 그 편견의 정당성은 수년 뒤, 취리히에 있는 나의 동료인 융(Jung)*과 그의 제자들에 의해 증명되었습니다. 나는 편견을 갖는 것이 가끔 아주 유용하다고 말하고 싶습니다. 나는 심리 과정이 엄격하게 결정된다는 건방진 생각[편견]을 품고 있었기 때문에, 긴장된 상태에서 환자에게 떠오른 관념은 완전히 임의적이거나, 우리 찾고 있는 잊혀진 관념[환자의]과 아무런 관련이 없다고 생각할 수 없었던 것입니다. 그 두 관념[환자에게 떠오른 관념과 잊혀진 관념]이 일치하지 않는다는 것은, 우리가 가정한 심리 상황으로부터 충분히 설명될 수 있을 것입니다. 치료 중인 환자에게는 상반된 두 힘이 작용하고 있습니다. 한편에는 무의식 속에 있는 잊혀진 것을 의식 쪽으로 끌어당기려는 의식적인 노력이 있고, 다른 한편에서는 우리가 이미 알고 있는 저항이 억압된 것과 그것의 파생물이 의식화되는 것을 방해하고 있습니다. 이러한 저항이 아주 약해지거나 없어지면, 잊혀진 것은 왜곡됨이 없이 의식화될 것입니다. 따라서 의식화를 추구하고 있는 것에 대한 저항이 크면 클수록 그것에 대한 왜곡도 클 것입니다. 그러므로 우리가 찾고 있는 것[잊혀진 것] 대신에, 환자의 마음속에 떠오르는 관념 자체가 증상처럼 생기는 것입니다. 그것은 억압된 것 대신에 생긴 인위적이고 순간적인 새로운 대체물입니다. 그것은 저항의 영향에 의해 왜곡되는 정도에 따라, 억압된 것과 달라집니다. 그러나 그것은 증상과 같은 성격을 지녔기 때문에 우리가 찾는 것과 어떤 유사성을 보여주고 있습니다. 그리고 저항이 지나치게 강하지 않다면, 환자의 마음속에 떠오른 관념으로부터 우리가 찾고 있는 숨겨진 요소를 추측해내는 것도 가능합니다. 환자에게 떠오르는 관념은 억압된 요소에 대한 '암시'(allusion)의 성질을 띠고 있습니다. 그것은 간접화법으로 그 요소를 표현하는 것과 같습니다.

* 융(1875-1961)은 스위스 취리히의 정신과 의사로, 단어 연상 검사를 통한

콤플렉스의 발견으로 프로이트와 가까워졌지만, 리비도에 대한 견해의 차이로 프로이트와 헤어진다. 그는 '집단 무의식'(collective unconscious)과 '원형'(archetype)이라는 개념의 창시자로 알려져 있다.

정상적인 정신생활의 영역에도, 우리가 가정하고 있는 상황과 비슷한 상황에서 비슷한 결과가 생기는 경우가 있습니다. 농담(jokes)이 그 한 경우입니다. 그래서 정신분석 기법의 문제들은 나로 하여금 농담을 만드는 기법을 연구하지 않을 수 없도록 만들었습니다. 그 한 예를 들어보겠습니다. 우연히 영어로 된 농담입니다.

그 일화는 다음과 같습니다.[11] 별로 양심이 없는 두 사업가가 극히 무모한 투기로 상당한 부를 얻었습니다. 그래서 그들은 지금 상류 사회로 진출하려고 노력을 하고 있습니다. 그들이 보기에 그럴듯한 한 방법이, 그 도시에서 가장 뛰어나고 값비싼 화가에게 자신들의 초상화를 그리게 하는 것이었습니다. 그 화가의 그림은 그 도시에서 하나의 사건으로 여겨지고 있었기 때문입니다. 그 비싼 그림들은 큰 저녁 파티에서 처음으로 공개되었습니다. 그 두 주인공은 가장 영향력 있는 감식가이자 예술 비평가인 어떤 사람을, 초상화가 나란히 걸려있는 벽 앞으로 데려갔습니다. 그것은 그에게서 찬사를 이끌어내기 위한 것이었습니다. 그는 오랫동안 그 그림을 살려보더니, 무언가 빠진 것을 확인한 듯이 고개를 저으며, 두 그림 사이의 빈 공간을 가리키며 물었습니다. "그런데 구세주는 어디에 있습니까?" 나는 여러분들이 이 농담을 아주 재미있어 할 것이라고 생각합니다. 그것을 음미해보도록 합시다. 그 감식가가 말하고 싶었던 것은 다음과 같을 것입니다. "당신들은 구세주가 십자가에 못박힐 때, 양쪽에 있던 두 불한당들입니다." 그러나 그는 그렇게 말하

11) 프로이트, 『농담과 무의식의 관계』 참조[이 책의 제2장 제2부는 이 표현 방식에 대해 이 강연보다 훨씬 더 길게 다루고 있음]

지 않았습니다. 그 대신, 그는 언뜻 보기에 이상하고 부적당한 지적을 했습니다. 그러나 우리는 잠시 뒤, 그것이 그가 마음속에 품고 있던 경멸의 암시이며 그것의 완벽한 대체물이라는 것을 깨달을 것입니다. 우리는 농담에서, 환자의 마음속에 일어난 관념의 모든 특징을 발견할 수는 없습니다. 그러나 우리는 농담의 동기와 환자의 관념의 동기 사이에 존재하는 동일성을 강조하고 싶습니다. 왜 그 비평가는 그 두 불한당에게 그가 말하고 싶었던 것을 솔직히 말하지 않은 것일까요? 왜냐면 그들의 면전에서 그렇게 가식 없이 말하고 싶은 마음 곁에는, 반대로 작용하는 기막힌 동기가 있었기 때문입니다. 주인되는 사람을 욕보이는 것은 위험한 일입니다. 더욱이 그들은 그들의 명령에 따라 움직이는 주먹들이 있습니다. 누구나 그 주먹들에 의해, 내가 지난 번 강연에서 억압에 대한 비유로 제시한 운명에 처해질 수 있습니다. 바로 그러한 이유로 해서, 그 비평가는 마음속에 있던 모욕적인 언사를 직접 표현하지 않고 '생략에 의한 암시'(allusion accompaneid by omission)*라는 왜곡된 방식을 사용한 것입니다. 이와 같은 상황이 원인이 되어, 환자는 우리가 찾고 있는 것 대신 다소 왜곡된 대체 관념을 만들어내는 것입니다.

* 이 기법에 대해서는 『농담과 무의식과의 관계』의 제2장 제2부를 참조할 것.

여러분, '콤플렉스'(complex)라는 이중의 정동(affect)이 실려 있는 상호 의존적인 관념의 요소들을 기술하기 위해서는, 취리히 학파(블로일러(Bleuler),* 융 등)를 따르는 것이 좋습니다. 우리가 환자들 마음속에 억압된 콤플렉스를 찾기 위해서는, 환자가 마지막으로 기억하는 것으로부터 시작하면, 그것을 알아낼 수 있을 것입니다. 그 환자가 우리의 요구대로 충분히 '자유 연상'(free associations)을 해준다면 말입니다. 따라서 우리는 환자가 말하고 싶은 것은 무엇이나 말하게 합니다. 우리는 우리가 찾고 있는 콤플렉스와 간접적이라도 관련이 없는 생각은 환자에게 떠오르지 않는다는 가정을 굳게 믿고 있습니다. 여러분들에게는 억압된 것을 찾는 이 방법이 지나치게 우연에 의존하고 있는 것처럼 보이지만, 나는 적어도 여러분에게 그것이 실천적인 유일한 방법이라고 단언할 수 있습니다.

* 블로일러(1857-1939)는 스위스의 정신과 의사로, 정신분열증(schizophrenia)과 자폐증(autism)과 같은 용어의 창시자로 알려져 있다.

우리가 그 방법을 실행할 때, 우리는 또 다른 난관에 부딪히게 됩니다. 왜냐하면 환자가 자주 침묵할 뿐만 아니라, 무슨 말을 해야 할지 모르거나 아무 생각도 떠오르지 않는다고 주장하기 때문입니다. 그것이 사실이고 환자의 말이 옳다면, 우리의 방법은 불충분한 것으로 판명이 날 것입니다. 그러나 좀 더 자세히 살펴보면, 그와 같은 관념의 흐름의 단절은 결코 일어나지 않습니다. 그러한 단절이 일어나는 것은, 환자가 의식화된 관념을 억제하거나 끊임없이 제거하기 때문입니다. 그것은 관념의 가치에 대한 비판으로, 위장된 저항일 뿐입니다. 우리는 환자에게 미리 그러한 행동에 대해 주의를 주고 그러한 비판을 마음에 두지 말라고 요구함으로써, 그것을 예방할 수 있습니다. 우리는 환자에게 그러한 종류의 비판적인 선택을 완전히 거부하고, 마음속에 떠오르는 것은 무엇이든지 말해야 한다고 이야기합니다. 그가 말하는 것이 부정확하고 질문에 맞지 않고 불합리하게 여겨질지라도 말입니다. 이러한 처방이 잘 지켜진다면, 우리는 억압된 콤플렉스의 발자취로 우리를 이끌고 갈 자료를 얻을 수 있을 것입니다.

이러한 관념의 자료, 즉 환자가 의사의 영향이 아닌 저항의 영향에 의해 완전히 거부하는 자료는, 말하자면 정신분석가에게 원광석과 같은 것입니다. 정신분석가는 단순한 해석의 기법으로, 그 광석으로부터 귀금속을 뽑아낼 수 있습니다. 여러분들은 환자의 억압된 콤플렉스의 배열이나 상호관계까지 파고들지 않고, 그것에 대한 신속하고 잠정적인 지식을 얻고 싶으십니까? 그러면 융과 그의 제자들이 고안한 '연상 실험'(association experiment) 검사를 사용하십시오.[12] 그 방법은 정성분석(qualitative analysis)*이 화학자에게 제공하는 것과 같은 것을 정신분석가에게 제공합니다. 신경증 치료에서 그 방법이 필수적인 것은 아니지만, 콤플렉스에 대한 객관적인 증명이나 정신병의 검사에는 필수적입니다. 그것은 취리히 학파에 의해 시작돼 대단히 성공을 거둔 검사입니다.

* 프로이트는 분석화학에서 많은 아이디어를 제공받는다. '정신분석'이라는 신조어도 화학의 '분석'이라는 말에서 힌트를 얻은 것이다. 분석화학은 크게 정성분석(qualitative analyse)과 정량분석(quantitative analysis)으로 나뉘는데, 정성분석은 내용물에 대한 분석이고 정량분석은 그것의 양에 관한 분석이다.

환자에게 일어나는 관념들을 정신분석의 기본 법칙에 따라 조사하는 것이, 무의식을 발견하는 우리의 유일한 방법은 아닙니다. 두 가지 다른 방법이 그 목적에 협력하고 있습니다. 환자의 꿈의 해석과, 그의 실수와 우연한 행동을 조사하는 것입니다.

여러분, 나는 여러분에게 정신분석의 전 영역에 대한 압축적인 개관 대신에, 차라리 꿈의 해석에 관한 자세한 설명[13]을 하는 것이 낫지 않을까, 오랫동안 망설였습니다. 나는 순전히 주관적이고, 겉보기에 이차적인 이유로 해서 참기로 했습니다. 실용적인 목적을 지향하는 이 나라에서, 시대에 뒤진다

12) 융, 『단어 연상에 대한 연구』, 1906

13) 프로이트, 『꿈의 해석』 참조

고 무시당하는 그 기술[정신분석]이 갖고 있는 중요성이 여러분들에게 채 인식되기도 전에 내 모습이 해몽가로 비치는 것이 싫었기 때문입니다. 사실 꿈의 해석은 실제로 무의식에 이르는 왕도입니다.* 그것은 정신분석의 가장 확실한 기초이며, 모든 연구가가 수련을 받아야 확신을 얻을 수 있는 분야입니다. 만약 누군가가 나에게 어떻게 정신분석가가 될 수 있느냐고 묻는다면, 나는 "자기 자신의 꿈을 연구함으로써"라고 대답할 것입니다. 정신분석을 반대하는 사람들은, 지금까지 완벽한 직관으로 『꿈의 해석』을 고려하지 않거나, 아니면 아주 피상적으로 그것을 반대하며 무시해왔습니다. 만약 반대로 여러분들이 꿈의 문제에 대한 해결을 받아들일 수 있다면, 정신분석을 대면할 때 느끼는 생소함은 여러분에게 어려움이 되지 않을 것입니다.

* 이 문장은 『꿈의 해석』 제2판(1909)에 거의 같은 내용으로 삽입되어 있다.

여러분들은 밤의 꿈이, 한편으로는 정신적인 질병의 산물과 외적인 유사성과 내적인 혈연 관계를 유지하고 있고, 다른 한편으로는 아주 건강한 각성 상태와 모순되지 않는다는 것을 잊지 말아야 할 것입니다. 그러한 '정상적인' 착각, 망상, 그리고 성격의 변질 등에 대한 이해 대신 놀라움으로 반응하는 사람은, 병적인 정신 상태의 비정상적 구조를 문외한과 다르게 이해할 가능성이 희박하다고 말할 수 있습니다. 그것은 조금도 역설적인 주장이 아닙니다. 여러분들은 거의 대부분의 정신과 의사들을, 그런 문외한 속에 포함시킬 수 있을 것입니다.

이제 나를 따라 꿈의 세계로 간단한 소풍을 가봅시다. 우리는 깨어 있을 때 꿈을 업신여기는 버릇이 있습니다. 그것은 정신분석가가 환자에게 요구한 연상을 환자 자신이 업신여기는 것과 같은 것입니다. 우리는 일반적으로 꿈을 빨리, 그리고 완전히 잊어버립니다. 우리가 꿈을 경시하는 이유는, 불명료하거나 의미 없는 꿈이 아닐 경우에는 그것이 갖고 있는 이상한 특성 때문이고, 다른 꿈의 경우에는 명명백백한 불합리성과 부조리함 때문입니다. 꿈에 대한 우리의 거부감은, 꿈에 분명히 드러나 있는 파렴치하고 비도덕적인 경향과 결부되어 있습니다. 잘 알다시피, 고대사회에서는 꿈을 경시하지 않았습니다. 오늘날에도 낮은 계층의 사람들은 꿈의 가치에 대해 의심하지 않습니다. 고대 사람들처럼 그들은 꿈에서 미래의 계시를 기대합니다.

나는 현재의 지식의 공백을 채우기 위해, 신비스러운 가정을 할 필요성을 느끼지 않습니다. 나는 꿈의 예언적 성격을 확인해 줄 만한 어떠한 것도 찾을 수 없었습니다. 꿈에 대해 이야기할 수 있는 다른 놀라운 것들이, 꿈에는 아주 많이 있습니다.

우선 모든 꿈이 꿈꾸는 사람에게 생소하고 이해할 수 없고 막연한 것은 아닙니다. 생후 18개월이 지난 꼬마들의 꿈을 자세히 조사해보면, 그것이 아주 간단하고 설명하기 쉽다는 것을 알 수 있을 것입니다. 꼬마들은 항상 꿈꾸기 전날에 충족되지 않았던 욕망을 실현시키는 꿈을 꿉니다. 그러한 간단한 문제를 해결하기 위해서라면, 어떠한 해석 기술도 필요하지 않습니다. 여러분들은 어린아이에게 그 전날('꿈꾸기 전날' : Traumtag; dream-day; jour du rêve)*의 경험에 대해 묻기만 하면 됩니다. 꿈의 수수께끼에 대한 가장 만족스런 해결은, 어른들의 꿈도 어린아이의 꿈과 다르지 않다는 것입니다. 그것 역시 그 전날 어른에게 일어난 욕망의 실현입니다. 그것은 사실입니다. 그러한 해결 과정에서 마주치는 어려움은, 꿈에 대한 좀 더 깊은 분석을 통해 단계적으로 극복될 수 있을 것입니다.

* 직역을 하면 '꿈을 꾼 날'이지만, 정확히 말하면, 그것은 '꿈꾸기 전날'이다. 꿈은 항시 그 전날의 사건이나, 적어도 그 전날에 우연히 기억난 사건과 관계가 있다.

무엇보다도 가장 심각한 최초의 어려움은 다음의 사실에 있습니다. 어른의 꿈은 대개 이해하기 어려운 내용이라는 것입니다. 그것은 조금도 욕망의 실현처럼 보이지 않습니다. 그 대답은 다음과 같습니다. 꿈은 왜곡된 것이기 때문입니다. 원래 꿈의 기초가 되는 심리 과정은 말로 표현 될 때 전혀 다르게 표현됩니다. 여러분들은 발현된 '꿈-내용'(manifest content of the dream)-아침에 희미하게 기억나기 때문에 말로 힘들게(필경 자의적으로) 엮어야 하는-과, 무의식 속에 있다고 여겨지는 잠재적인 '꿈-사고'(latent dream-thoughts)를 구별해야 합니다. 꿈의 왜곡은 우리가 히스테리 증상의 형성에 대해 연구하면서 알게 된 것과 동일한 과정을 거칩니다. 증상의 형성에서와 똑같은 정신적인 힘의 상호작용이 꿈의 형성에서도 작용합니다. 발현된 꿈-내용은 무의식적인 꿈-사고들이 왜곡된 대체물입니다. 그러한 왜곡은 자아의 방어적인 힘, 즉 저항의 작품들입니다. 그 저항은 깨어있는 동안, 무의식의 억압된 욕망이 의식 속으로 들어오는 것을 방해합니다. 수면 상태에서도, 그것은 적어도 그 욕망이 위장의 가면 뒤에 숨게 할 만큼 강력합니다. 그래서 꿈꾸는 사람은 히스테리 환자가 증상들의 관계와 의미를 모르듯이 꿈의 의미를 알지 못하는 것입니다.

꿈에 잠재적인 꿈-사고가 있고, 그것과 발현된 꿈-내용 사이에 내가 위에서 기술한 관계가 실제로 존재한다는 사실은, 여러분들이 꿈을 분석해보면 쉽게 납득이 갈 것입니다. 꿈을 분석하는 기술은 정신분석의 기술과 같습니다. 우선 발현된 꿈속의 요소들 사이에 있는 표면적인 관계를 완전히 무시하고, 정신분석의 법칙에 따라 자유연상을 이용하여 그 꿈의 각 요소가 제공하는 관념들을 수집하십시오. 그러면 그러한 자료들로부터 꿈의 잠재적 사고를 알아낼 수 있을 것입니다. 환자들의 증상과 기억에 대한 연상으로부터 그들의 숨겨진 콤플렉스에 도달한 것처럼 말입니다. 여러분들은 그러한 방식으로 발견된 꿈의 잠재적 사고를 통해, 어른들의 꿈을 어린아이의 꿈으로 환원시키는 것이 얼마나 타당한지를 볼 수 있을 것입니다. 그러한 과정을 거쳐, 발현된 꿈-내용을 대체하는 꿈의 진정한 의미는 항상 분명하고 명료합니다. 그것은 전날의 경험을 시발점으로 하여 충족되지 않은 욕망을 실현하고 있습니다. 여러분들이 깨어났을 때 기억하는 발현된 꿈은, '억압된'(repressed) 욕망의 '위장된'(disguised) 실현으로 기술할 수 있습니다.

이제 여러분들은 일종의 종합 작업을 통해서, 무의식적인 꿈-사고가 꿈-내용으로 왜곡되는 과정을 조망할 수 있습니다. 우리는 그 과정을 꿈의 작업(dream-work)이라고 부릅니다. 그것은 우리의 이론적인 흥미를 충분히 끌 만합니다. 왜냐하면 우리는 무의식 속에서-좀 더 정확히 말하면 의식과 무의식과 같이 분리된 두 개의 심리 체계 사이에서- 얼마나 생각지도 못한 심리 과정이 꿈의 작업을 통해 일어나는지를 연구할 수 있기 때문입니다. 새로 발견된 심리 과정 중에서, 압축(condensation)과 이동(displacement)이 가장 눈에 띄는 것입니다. 꿈의 작업은 두 개의 서로 다른 심리 집단-심리 분열의 결과인 심리 집단들-이 상호 작용함으로써 생기는 특수한 경우입니다. 그리고 본질적으로 그것은 억압이 실패할 경우, 억압된 콤플렉스를 증상으로 변형시키는 왜곡 작업과 동일합니다.

꿈의 분석-특히 여러분들 자신의 꿈의 분석은, 놀랍게도 여러분들에게 어린 시절에 최초 몇 년간 경험한 인상의 체험이 개인의 발달에서 생각하지도 못할 만큼 중요한 역할을 한다는 것을 가르쳐줄 것입니다. 말하자면 어른 속에 있는 어린아이는 꿈에서 자신의 모든 특징과 욕망을-훗날 쓸모없게 되어버린 것조차- 그대로 간직하면서 자신의 존재를 추구하고 있습니다. 여러분들은 전혀 다른 속성을 가지고 태어난 어린아이가, 어떤 발달, 억압, 승화와 '반동 형성'(reactions-formations)*을 거쳐, 소위 정상적인 어른으로-힘들게 획득한 문명의 수혜자이자 부분적으로 문명의 희생자인 어른으로- 성장하는지를 확실히 보게 될 것입니다.

* 무의식적인 욕망이나 내용에 대항하여, 주체가 동원하는 방어 행위나 심리적인 과정.

또한 여러분들은 꿈의 분석을 통해, 무의식이 성적인 콤플렉스의 형상화를 위해 특별한 상징을 사용한다는 사실을 발견할 수 있을 것입니다. 그러한 상징은 부분적으로 개인에 따라 다릅니다. 그러나 부분적으로 그것은 전형적인 형태로 고정되어 있고, 추측컨대 우리의 신화나 옛날이야기의 배경에 있는 상징과 일치하는 것처럼 보입니다. 따라서 사람들의 창작품도 꿈의 도움을 받아 설명하는 것이 불가능할 일은 아닐 것입니다.

마지막으로 여러분들이 경계해야 할 사항이 있습니다. 꿈을 욕망의 실현으로 보는 이론에 대한 반박 근거로서 불안-꿈(anxiety-dreams)의 경우를 제시하는 데 미혹되어서는 안 된다는 것입니다. 그러한 불안-꿈은 다른 꿈과 마찬가지로, 그것에 대한 어떤 판단이 이루어지기 전에 해석될 필요가 있습니다. 그러나 그러한 사실과는 관계없이, 일반적으로 불안은, 좀 더 광범위한 지식이 없이, 그리고 신경증적인 불안의 조건을 고려하지 않고 단순히 생각해도, 꿈의 내용에서 기인하는 것이 아닙니다. 불안은 강력해진 억압된 욕망과 자아가 마주칠 때 일어나는 자아의 거부 반응 중의 하나입니다. 따라서 그것은 꿈의 형성이 억압된 욕망의 실현에 지나치게 봉사할 때, 꿈속에서 생기는 것으로 쉽게 설명될 수 있습니다.

여러분들이 잘 알다시피, 꿈의 분석은 그것이 다른 방식으로는 알기 어려운 여러 가지 사실들에 대해 정보를 제공하는 것만으로도 정당화될 수 있습니다. 그러나 우리의 실제 주제는 신경증의 정신분석 치료와 연관되어 있습니다. 내가 이미 말씀드린 것을 통해, 여러분들은 꿈의 해석이 어떻게 환자의 숨겨지고, 억압된 욕망과 그 욕망을 자양분으로 하는 콤플렉스로 인도하는지를 쉽게 이해할 수 있을 것입니다. 환자의 저항에 의해 꿈의 해석이 지나치게 어려워지지 않는다면 말입니다.

나는 이제 세 번째 그룹의 심리 현상-이것에 대한 연구는 이미 정신 분석의 방편 중의 하나가 되었습니다-으로 넘어가겠습니다.

내가 말씀드리고자 하는 현상은, 정상적인 사람과 신경증 환자 모두에게 있는 실수입니다. 사람들은 실수를 중요시하지 않습니다. 알고 있는 것 같거나 실제로 다른 상황에서 알았던 것을 잊어버리는 것(가령 고유명사의 일시적인 망각), 그리고 우리에게 아주 빈번한 실언, 그와 같은 종류의 잘못 쓰기와 잘못 읽기, 행동의 실수, 물건을 잃어버리거나 깨뜨리는 일 등에 대해, 일반적으로 우리는 심리적 원인을 규명하지 않고 별 비판 없이 우연, 산만, 부주의 또는 그와 비슷한 이유의 결과라고 여깁니다. 이러한 것 외에도, 우리들이 전혀 알아차리지 못하는 행동이나 몸짓이 있는데, 우리는 그것에 대해서도 심리학적인 중요성을 부여하지 않습니다. 물건을 가지고 놀거나 만지작거리는 것, 노래 가락을 흥얼거리는 것, 자신의 몸이나 옷의 일부를 만지작거리는 것 등이 그것입니다.[14] 그러나 이러한 작은 일들, 즉 실수와 증상적인 행위나 우연한 행동이 의미가 없는 것은 아닙니다. 사람들도 그렇다고 무언의 동의를 보낼 준비가 되어 있을 것입니다. 그러한 행위는 항상 의미를 갖고 있으며, 또한 그 의미는 그러한 행동이 일어나는 상황으로부터 쉽게 그리고 확실하게 해석될 수 있습니다. 그것은 의식으로부터 감추어지고 격리되어야만 하는 욕동이나 의도가 표현의 기회를 얻은 것이든지, 아니면 실제로는 우리가 증상과 꿈을 만드는 것으로 알고 있는 억압된 욕망이나 콤플렉스로

14) 프로이트, 『일상생활의 정신병리학』(1901) 참조

부터 유래된 것입니다. 따라서 그것은 증상과 같이 취급할 만한 가치가 있으며, 그것에 대한 고찰은 꿈과 마찬가지로 심리 속에 숨겨진 것을 밝혀줄 수 있을 것입니다. 인간의 가장 내밀한 비밀은 대개 그러한 행동의 도움으로 그 모습을 드러냅니다. 만약 그러한 행동이 무의식적인 욕동의 억압에 대체로 성공하는 건강한 사람들에게서도 아주 쉽게 그리고 자주 발생한다면, 그것은 그러한 행동이 사소하면서 잘 드러나지 않는 특성을 갖고 있기 때문입니다. 그럼에도 불구하고 그러한 행동에는 고도의 이론적인 가치가 있습니다. 왜냐하면 그것은 억압과 대체물의 형성이 건강한 상태에서도 일어난다는 것을 보여주기 때문입니다.

여러분들이 이미 알고 있듯이, 정신 분석가들은 심리 결정론에 대해 남다른 신념을 갖고 있습니다. 그들에게 사소하고, 임의적이고, 우연한 것은 없습니다. 그들은 어떠한 경우에도 충분한 동기를 찾을 수 있다고 기대하고 있습니다. 일반적으로 그러한 기대를 할 수 없는 경우에도 말입니다. 원인을 찾으려는 우리의 타고난 욕구는 단 '하나의'(single) 심리적인 원인으로도 만족할 것 같은데도, 실제로는 하나의 동일한 심리 현상에 대해 '여러 가지'(sevral) 동기들을 찾을 준비가 되어 있습니다.

이제 심리 생활에서 숨겨진 것, 잊혀진 것, 억압된 것을 발견하기 위하여 우리가 이용하는 방식을 모아봅시다. 자유연상을 통해 환자에게 일어나는 관념들에 대한 연구, 그들의 꿈과 실수와 증상적인 행위에 대한 연구가 있습니다. 거기에 정신 분석 치료 과정에서 일어나는 다른 현상을 덧붙일 수 있습니다. 이것에 대해서는 나중에 '전이'(transference)라는 일반적인 용어로 고찰할 것입니다. 여러분들이 이 모든 것을 고려한다면, 여러분들은 우리의 기술이 이미 그러한 일들[억압된 것을 찾는 일]을 해결하고, 병인이 되는 심리적 자료를 의식 속으로 가져오고, 그리고 대체 증상의 형성으로 야기된 고통을 없애기에 충분하다는 결론을 내릴 것입니다. 치료의 과정에서 정상적인 사람과 병든 사람의 심리에 대한 지식을 확장하고 깊이 파고드는 것은, 확실히 그 작업[정신분석]이 갖고 있는 특별한 매력과 이점이라고 할 수 있습니다.

여러분들은 내가 여러분들을 인도한 그 기술이 특별히 어렵다는 인상을 받았을지 모르겠습니다. 내 생각으로, 그 기술은 그것이 다루어야 하는 대상에만 아주 적합한 것입니다. 그러나 적어도 다음의 사실은 분명합니다. 그것은 자명한 것이 아니라, 조직학이나 외과의 기술처럼 배워야 하는 것입니다. 정신분석이 그 기술에 대해 전혀 알지도 못하고 사용할 줄도 모르는 사람들로부터 많은 비판을 들어왔다는 것을 알면, 아마도 여러분들은 놀랄 것입니다. 게다가 그들은 우리의 발견의 정당성을 증명해보라고, 경멸조로 요구하기도 합니다. 이러한 반대자들 중에는, 보통 과학적 사고에 익숙한 사람들도 있습니다. 가령 그들은 육안으로 확인할 수 없는 것을 현미경으로 검사한 결과는 거부하지 않을 것이고, 현미경의 도움으로 상태를 판단하는 것을 좋아할 것입니다. 단지 정신분석에 관한 한, 인식의 상황은 비우호적입니다. 정신분석은 심리 속에 억압되어 있는 것을 의식적으로 인식하려고 노력합니다. 정신분석을 비판하는 사람들은 모두 인간이고, 따라서 그들도 그와 같은 억압물을 소유하고, 그 억압물을 어렵게 유지하고 있습니다. 그래서 억압물은 환자와 마찬가지로 그들[우리의 반대자들]에게도, 반드시 똑같은 저항을 일으킬 것입니다. 그러한 저항은 지적인 거부로 위장하고, 환자들의 논거와 비슷한 논거를 내세울 것입니다.(우리는 정신분석의 기본 법칙을 이용하여 그러한 논거를 막아낼 수 있습니다.) 우리의 환자와 마찬가지로 우리의 반대자에게서 확인할 수 있는 것은, 감정적인 영향이 그들의 판단에 아주 명확히 작용한다–판단이 약화된다는 의미에서–는 것입니다. 의식의 오만(가령 꿈을 경멸하면서 거부하는 것)은 무의식적 콤플렉스의 침입에 대한 일반적인 방어로서 우리가 갖추고 있는 가장 강력한 장치 중의 하나입니다. 그러한 이유로 해서, 사람들에게 무의식의 실체를 납득시키고 의식적인 지식과 모순되는 새로운 것을 인식시키기 어려운 것입니다.

네 번째 강연

여러분, 여러분들은 이제 내가 설명한 기술적인 방법의 도움으로, 우리가 병인이 되는 콤플렉스와 억압된 욕망에 대해 발견한 것을 알고 싶을 것입니다.

무엇보다도 우리는 정신분석적인 연구를 통해, 환자의 질병의 증상이 놀라우리만큼 규칙적으로 그들의 성생활(erotic life)*로부터 온 인상으로 귀결된다는 사실을 발견했습니다. 그 연구는 우리에게, 병인이 되는 욕망은 성적인 욕동의 성질을 띠고 있다는 것을 보여주었습니다. 그리하여 우리는 질병을 일으키는 영향들 중에서, 가장 중요한 것이 성적인 장애라고 가정하지 않을 수 없었습니다-이것은 남녀 모두에게 마찬가지입니다.

* 우리가 '성생활'이라고 번역한 것에 해당하는 독일어는 'Liebesleben'(문자적인 의미는 '애정 생활')이다. 프로이트는 때로 'Erotik'('성애')이라는 저속한 말을 사용하여 '성생활'을 표현하기도 하지만, 그렇다고 의미가 달라지는 것은 아니다. 우리가 그 두 용어를 굳이 '성생활'로 번역한 것은, 거기서 프로이트가 문제 삼고 있는 것이 감정적인 것 이상으로 욕동적인 것이기 때문이다.

그러한 나의 주장이 잘 믿어지지 않을 것이라는 사실을 나는 알고 있습니다. 나의 심리학적인 연구에 공감하고 따르는 사람들조차, 내가 성적인 요인을 과대평가하고 있다고 생각하는 경향이 있습니다. 그들이 나를 향해 묻는 질문은, 성적인 것이 아닌 다른 심리적인 흥분은 왜 내가 기술한 억압과 대체물의 형성을 일으키지 못하는가 라는 것입니다. 내가 대답할 수 있는 것은, 단지 나도 왜 그런지 모르겠다는 것과 그들의 생각에 이의가 없다는 것입니다. 그러나 여러 가지 경험을 토대로 생각 해 볼 때 그러한 흥분들은 큰 비중을 차지하지 않을 뿐만 아니라, 기껏해야 성적인 요인을 떠받칠 뿐이지 그것을 대체할 수는 없습니다. 이러한 입장은 이론적인 이유로 내가 가정한 것입니다. 내가 1895년에 브로이어 박사와 함께 『히스테리 연구』를 출판할 당시, 나는 아직 그러한 관점을 택하지 않았었습니다. 내가 그러한 입장으로 바꾼 것은, 나의 경험이 쌓이고 그 문제를 좀 더 깊이 파고든 다음이었습니다. 여러분들 중에는 여기 워체스터로 나와 함께 여행 온 나의 가장 가까운 친구들과 나의 지지자들이 있습니다. 그들에게 물어 보십시오, 그러면 그들 모두가 다음과 같이 말할 것입니다. 그들도 처음에는 성적인 병인론이 결정적으로 중요하다는 나의 주장을 믿지 않다가, 그들 자신이 분석을 통해 경험한 뒤에야 그것을 받아들이게 되었다고 말입니다.

환자들의 행동을 보면, 우리가 여기서 논하고 있는 명제의 정당성이 정확히 납득이 가지 않을 것입니다. 그들은 성생활에 대한 정보를 기꺼이 제공하기보다, 어떤 수단을 써서라도 그것을 숨기려고 애씁니다. 일반적으로 사람들은 성적인 문제에 대해 솔직하지 못합니다. 그들은 그들의 성(性)을 자유롭게 내보이는 것이 아니라, 그것을 숨기기 위하여 거짓 실로 짠 두꺼운 외투를 입습니다. 마치 성의 세계는 나쁜 날씨와 같습니다. 그들이 옳습니다. 실제로 우리의 문화생활의 햇빛과 바람은 성적인 활동에 알맞지 않습니다.

정확히 말해서, 우리 중의 누구도 자신의 성생활을 남에게 자유롭게 드러내 보일 수 있는 사람은 없을 것입니다. 그러나 여러분의 환자가 여러분과 치료하고 있는 동안, 그 문제를 거북하게 느껴서는 안 된다는 것을 깨달았을 때, 그들은 거짓의 가면을 벗어 던져버립니다. 그리고 그때서야 여러분은 논쟁의 여지가 있는 그 문제에 대해 판단을 내릴 수 있는 위치에 서게 될 것입니다. 애석하게도 의사들조차도 성생활의 문제에 대한 그들의 입장에 있어서, 다른 사람들보다 나을 것이 없습니다. 그들 중 많은 사람들은 성의 문제에 관한 한, '문명인'의 태도를 지배하는 내숭떨기와 음란함의 영향 하에 있습니다.

우리의 발견에 대한 설명을 계속해봅시다. 사실 정신분석적으로 조사해보면, 증상이 성적인 경험으로 귀결되지 않고 평범한 정신적인 외상으로 귀결되는 일련의 경우들이 있습니다. 그러나 그러한 구분은 다른 사정을 고려해 볼 때 별 의미가 없습니다. 왜냐하면 분석 작업이 어떤 사례를 철저하게 설명하고 완전히 회복시키다 보면, 어떠한 경우도 질병이 시작될 때 있었던 사건으로 귀결되지 않고, 환자의 사춘기나 아주 어린 시절까지 거슬러 올라가 마지막에는 최근의 질병을 결정함 인상과 사건에 도달합니다. 어린 시절의 경험만이 그 이후의 외상에 민감했던 이유를 설명할 수 있고, 거의 언제나 잊혀진 '기억 흔적'(memory-traces)의 발견과 의식화를 통해서만 증상이 제거될 수 있습니다. 우리는 여기서 꿈의 연구에서와 같은 결론에 도달할 수 있습니다. 즉 어린 시절에 억압된 지울 수 없는 욕망이 증상의 형성에 힘을 빌려주는 것입니다. 그것이 없다면, 그 이후의 외상에 대한 반응은 정상적으로 전개되었을 것입니다. 그런데 그러한 강력한 어린 시절의 욕망은 예외 없이 성적인 것이라고 말할 수 있습니다.

이제 여러분들의 놀라움이 절정에 달했을 것입니다. 여러분들은 물을 것입니다. '도대체 어린아이의 성이 있기나 한 것입니까? 오히려 어린 시절은 성적인 욕동이 없는 것을 특징으로 하는 시기가 아닙니까?' 아닙니다. 성경의 복음서에서 악마가 돼지 속에 들어가듯이,* 성욕동이 사춘기 때 생긴다는 것은 사실이 아닙니다. 어린아이는 처음부터 성욕동을 갖고 있고 성적인 활동을 하고 있습니다. 그는 태어날 때부터 그것을 갖고 나옵니다. 그리고 그의 성욕동은 여러 단계의 발달 과정을 거친 뒤에, 성인의 정상적인 성에 이릅니다. 그러한 어린이들의 성적인 활동을 관찰하는 것은 어렵지 않습니다. 역으로 그것을 간과하거나 변명을 위한 해명을 하기 위해서는 솜씨가 필요합니다.

* 마가복음 5장, 마태복은 8장, 누가복음 8장 참조.

다행히도 나는 여러분들 가운데서 증인을 내세워 내 주장을 뒷받침할 수 있습니다. 지금 내 손에 들고 있는 논문은 샌포드 벨(Sanford Bell)이 1902년에 『미국 심리학지(*The American Journal of Psychology*)』에 발표한 것입니다. 그 작가는 클라크 대학교의 특별 연구원(Fellow)입니다. 우리는 지금 그 연구소의 강연실에 모여 있습니다. 「두 성 간의 사랑의 감정에 대한 예비적 연구(A preliminary study of the Emotion of Love between the Sexes)」라는 제목이 붙은 그 논문-이것은 나의 『성욕에 관한 세편의 에세이』(1905)보다 3년 전에 나왔습니다-은 내가 방금 전에 말한 것과 똑같이 말하고 있습니다. "성애(sex-love)의 감정이 처음 나타나는 것은, 보통 생각하는 것처럼 사춘기가 아니다." 벨은 우리가 유럽에서 말하는 '미국 스타일'로 그 연구를 수행했습니다. 그는 15년 동안 2,500개 가량의 실증적인 관찰을 모았습니다. 그 중의 800개는 그가 직접 관찰한 것입니다. 사랑의 탄생을 나타내는 징후에 관해, 그는 다음과 같이 쓰고 있습니다. "수 백 쌍의 어린이들에게서 나타나는 현상을 편견 없이 관찰해보면, 그들의 행위를 성의 기원으로 돌리지 않을 수 없다. 어릴 때 유별나게 강력한 감정을 경험한 어린아이가 상대적으로 기억력이 뛰어나 그때의 감정을 고백할 때, 우리의 흥분은 최고조에 달한다." 그러나 여러분들 중에서 유아 성욕을 믿고 싶지 않은 사람들은, 사랑에 조숙한 어린아이 중에는 서너 살이나 다섯 살을 넘기지 않는 경우가 상당수 있다는 것을 알면 무척 놀랄 것입니다. 여러분들의 가까운 이웃 중의 하나가 그러한 관찰을 했다면, 나는 여러분들이 그것을 나의 관찰보다 더 믿는다고 해도 놀라지 않을 것입니다. 나 자신은 얼마 전에, 불안으로 고통받는 다섯 살 소년의 분석-그의 아버지가 기술적으로 정교하게 해낸 분석[15]-으로부터, 어린아이의 초기의 성생활에 있어서 육체적인 본능 현상과 심리 형성에 관한 완벽한 밑그림을 얻을 수 있었습니다. 몇 시간 전에 이 강의실에서 나의 친구 융이 여러분들에게 말씀드린 어린 소녀의 예를 기억해 봅시다. 그 소녀도 나의 환자와 같은 원인(동생의 출생) 때문에, [나의 환자와] 거의 같은 욕망과 그 욕망의 형성물과 콤플렉스를 암시하고 있습니다.* 그래서 나는 여러분들이 처음에는 이상하게 보이는 유아 성욕이라는 개념을 받아들일 것이라는 희망을 저버리지 않습니다. 나는 여러분들에게 취리히의 정신과 의사인 블로일러(Bleuler)의 칭찬할 만한 예를 인용할까 합니다.[16] 그는 얼마 전에 '나의 성욕론을 이해할 수 없다.'고 공표했었습니다. 그러나 그는 그로부터 얼마 뒤 직접적인 관찰을 통해 유아 성욕의 존재를 완전히 확인한 바 있습니다.

* 융, 「어린아이의 심리적인 갈등에 관하여」(1910) 참조

15) 「다섯 살배기 꼬마 한스의 공포증 분석」(1909)

16) 블로일러, 「어린아이에게 나타나는 성적인 비정상성」(1908)

왜 대부분의 사람들(의사건 아니건 간에)이 어린아이의 성생활에 대해 듣고 싶어하지 않는지를 설명하기란 쉬운 일입니다. 그들은 문명화된 교육의 압력에 의해, 자신의 유아기의 성적인 활동을 잊어버린 것입니다. 그들은 그로부터 억압된 것을 기억하기 원치 않습니다. 그러나 그들은 자기 분석-즉 어린 시절의 기억에 대한 검토와 해석-을 통해 그 문제를 조사해보면, 그것과는 다른 믿음에 도달하게 될 것입니다. 의심을 버리고, 나와 함께 아주 어린 시절부터 시작되는 유아 성욕을 고찰해봅시다.[17] 어린아이의 성욕동(Sexualtrieb;sexual instincts)은 고도로 복합적입니다. 그것의 원천은 서로 다른 여러 요소들로 나뉘어 있습니다. 그것은 무엇보다도 아직 생식 기능과 떨어져 있습니다. 그것이 그 기능에 종사하기 시작하는 것은 나중의 일입니다. 그것은 유사성과 연관성에 근거하여, 성적인 쾌락이라는 이름으로 한데 모을 수 있는 여러 종류의 쾌감을 얻는 데 이바지 합니다. 어린아이의 성적인 쾌락의 주된 근원은, 특히 자극에 민감한 어떤 신체 부위에 대한 적절한 자극입니다. 그것은 생식기를 제외한 입과 항문, 그리고 피부나 다른 민감한 부위를 말합니다. 어린아이는 첫 번째 단계의 성생활에서 자신의 신체로부터 만족을 얻고 외부 대상을 제외시키기 때문에, 우리는 그것을 '자기애'(autoerotism)(헤이브록 엘리스(Havelock Ellis)*가 만든 말)의 단계라고 부르겠습니다. 그리고 성적인 쾌감의 획득에 중요한 신체 부위를 '성감대'(erto-genic zones)라 부를까 합니다. 아주 어린아이에게서 자주 발견되는 손가락 빨기는, 성감대로부터 나오는 그러한 자기애적인 만족의 좋은 예입니다. 그러한 현상을 과학적으로 처음 관찰한 사람은 부다페스트의 소아과 의사인 린드너(Lindner)였습니다.[18] 그는 이미 그것을 성적인 만족으로 정확히 해석해냈으며, 나중에 그것이 다른 고차원적인 형태의 성적인 활동으로 이행한다

17) 『성욕에 관한 세 편의 에세이』(1905) 참조

18) 린드너, 「어린아이에게 나타나는 손가락과 입술 빨기」(1879)

고 기술하고 있습니다. 그 시기의 또 다른 성적인 만족은 성기에 대한 자위 행위적인 자극입니다. 그것은 그 이후의 생에 있어서 아주 중요한 역할을 하며, 일반적으로 많은 사람들은 그것을 완전히 극복하지 못합니다. 그러한 자기애적인 행위와 함께 우리가 자주 어린아이에게서 발견할 수 있는 것은, 성적 쾌락의 욕동적 요소(우리는 이것을 '리비도'(libido)라 부르기를 좋아합니다.)의 표출입니다. 그것은 다른 사람을 대상으로 하는 것을 전제하고 있습니다. 그러한 욕동은 능동적인 욕동과 수동적인 욕동처럼, 서로 상반되는 쌍으로 나타납니다. 그러한 그룹 중에서 가장 대표적인 것으로, 고통을 주고자 하는 욕망(가학증(sadism))과 그것의 수동적인 짝인 피학증(masochism)을 들 수 있습니다. 그리고 능동적이고 수동적인 응시 욕망(desire for looking)을 들 수 있습니다. 나중에 전자로부터는 호기심이 가지를 치고, 후자로부터는 예술적이고 연극적인 과시 욕동이 나옵니다. 어린아이의 다른 성적인 활동이 이미 '대상 선택'(object-choice)**의 관점 하에 들어오고 있는 것입니다. 대상 선택에서는 나 아닌 다른 사람이 중요해집니다. 그 사람이 중요한 것은, 처음에는 자기보존(self-preservative) 욕동을 고려해주었기 때문입니다. 그러나 어린 시절에는 성의 차이가 결정적인 역할을 하지 못합니다. 그래서 여러분들은 모든 어린이에게 동성애적인(homosexuality) 경향이 있다고 생각해도 좋습니다. 그것은 전혀 오해가 아닙니다.

* 엘리스(1859-1939)는 영국의 의사이자 작가임.
** 부모의 모습을 모델로 하여 이루어지는 대상 선택. 왜냐하면 어린아이의 욕구를 최초로, 그리고 가장 잘 충족시켜주는 사람은 부모이기 때문이다.

이렇게 광범위하고 내용이 풍부하지만 분열되어 있는 어린아이의 성 생활-여기서 각각의 욕동은 독립적으로 쾌락을 추구한다-은 이제 한 데 모여 두 개의 주된 방향으로 조직됩니다. 그리하여 대개 사춘기 말에, 개인의 결정적인 성의 특징이 완전히 형성됩니다. 한편으로는, 각각 분열 되어 있는 욕동들이 성기대(genital zone)의 우월성에 종속됩니다. 그리하여 성적인 전 생활이 생식에 봉사하고, 개별적인 욕동들의 충족은 고유한 의미에서의 성행위(sexual act)를 준비하고 돕는다는 의미에서만 중요성을 갖게 됩니다. 다른 한편으로, 대상 선택은 자기애를 거부합니다. 그 결과 성적인 욕동의 모든 구성요소들이, 성생활에서 사랑하는 사람과의 접촉을 통해 충족되고자 합니다. 그러나 본래의 모든 성욕동들이 최종적인 성의 구성에 참여하는 것은 아닙니다. 사춘기 이전에는 아직 교육의 영향 때문에 어떤 욕동들에 대한 아주 강력한 억압이 이루어져, 부끄러움, 혐오감, 도덕성과 같은 정신적 힘들이 형성되고, 그것들은 파수꾼처럼 그러한 억압을 유지하게 됩니다. 그래서 사춘기 때 성적인 욕구가 절정에 달했을 때도, 그러한 반작용적이고 저항적인 구조가 댐처럼 작용하여 그 욕구의 흐름을 소위 정상적인 길로 접어들도록 명령하고, 억압당한 욕동을 재활성화하는 것을 불가능하게 만듭니다. 특히 어린아이의 대변기호적인(coprophilic) 욕동-즉 대변과 관계된 쾌락-은 아주 심하게 억압됩니다. 그것은 최초의 대상 선택과 관계된 사람에 대한 '고착'(fixation)도 마찬가지입니다.

여러분, 일반 병리학의 격언 중의 하나는, 어떤 발달 과정이 저해되거나 지연되거나 불완전하게 넘어갈 경우, 그것은 병적인 소인의 씨앗이 된다고 말하고 있습니다. 성적인 기능의 아주 복잡한 발달도 마찬가지입니다. 그것이 모든 개인에게 순탄하게 이루어지는 것은 아닙니다. 그럴 경우, 그것은 퇴화(즉 퇴행)의 길을 따라 비정상적이거나 나중에 병이 날 수 있는 소인을 남기게 됩니다. 모든 '부분 욕동'(Partialtrieb; component insincts)*이 성기대에 종속되는 것은 아닙니다. 별도로 남아 있는 욕동은 우리가 도착증

(perversion)이라고 부르는 것을 야기시킵니다. 도착증은 정상적인 성의 목표를 그러한 욕동의 목표로 대체하는 것입니다. 우리가 이미 지적했듯이, 자기애가 완전히 극복되지 않는 경우도 아주 빈번합니다. 그것은 그로부터 생기는 여러 장애가 증명하고 있습니다. 그리고 성적인 대상으로서의 가치는 원래 남녀가 똑같이 나누어 갖고 있습니다. 그러한 사실은 나중에 성인에게 동성애의 경향으로 나타납니다. 어떤 상황에서 그것은 배타적인 동성애로 심화되기도 합니다. 이러한 일련의 장애는 성적인 기능의 발달에 대한 직접적인 저해와 일치합니다. 그것은 성생활에서의 도착증과 일반적인 유아증(infantilism)-이것은 드문 현상이 아닙니다-을 포괄하고 있습니다.

* 욕동은 본질적으로 부분적이다. 왜냐하면 욕동의 원천과 운명이 서로 다르기 때문이다. 이것에 대해서는 『성욕에 관한 세 편의 에세이』를 참조할 것.

신경증의 소인은 다른 방식으로 성적인 발달이 겪은 손상까지 거슬러 올라갑니다. 신경증과 도착증의 관계는 음화와 양화의 관계와 같습니다. 동일한 욕동의 요소가 도착증에서와 마찬가지로 신경증에서도 콤플렉스의 전달 수단이자 증상의 제작자의 기능을 하고 있습니다. 그러나 신경증에서 그것은 무의식으로부터 작용하고 있습니다. 따라서 그것은 억압을 당했지만, 그러한 억압에도 불구하고 무의식 속에서 지속되고 있던 것입니다. 정신분석은 아주 어린 나이에 그러한 욕동들이 지나치게 강하게 나타날 경우, 그것들은 성적 기능의 구조에서 취약점을 이루는 일종의 부분적인 고착에 이른다는 것을 분명하게 보여주었습니다. 만약 어른이 정상적인 성기능을 수행함에 있어서 장애에 부닥친다면, 발달 과정에서 일어난 억압이 유년기의 고착이 일어난 바로 그 지점에서 중단된 것입니다.

그러나 여러분들은 여기서 이의를 제기할 것입니다. '그런데 이 모든 것이 과연 성욕(sexuality)에 속하는 것입니까?' 나는 그 말을 여러분들이 보통 이해하는 것보다 훨씬 더 넓은 의미에서 사용했습니다. 나는 여러분들 생각을 별 어려움 없이 인정할 수 있습니다. 그러나 여러분들이 그 말을 지나치게 좁은 의미로 사용하고 있는 것이 아닌가 하는 의문이 생깁니다. 여러분들은 그것을 생식의 영역에 국한시키고 있습니다. 그것은 여러분들이 도착증에 대한 이해와, 도착증과 신경증과 정상적인 성생활의 관계에 대한 이해를 포기한다는 것을 의미합니다. 또한 여러분들은 진정한 의미에서 어린아이들의 육체적이고 심리적인 성생활의 시작-쉽게 관찰할 수 있는-을 놓치는 것입니다. 그러나 여러분들이 그 말을 어떤 용도로 사용하건, 정신분석은 유아 성욕도 고려에 넣은 완전한 의미로 성을 이해하고 있다는 것을 명심하길 바랍니다.

이제 어린아이의 성의 발달로 돌아갑시다. 우리들이 성생활의 심리적인 현상보다 육체적인 현상에 더 많은 관심을 기울이면서 제쳐놓았던 많은 것들을 여기서 덧붙여야겠습니다. 남에게 도움을 청하려는 욕구로부터 나오는 어린아이의 최초의 대상선택이, 다시 한 번 우리의 관심을 요구하고 있습니다. 그러한 선택은 처음에는 그를 돌보는 사람들을 향합니다. 그렇지만 그들은 곧 그의 부모에게 자리를 내주고 뒤로 물러납니다. 어린아이에 대한 직접적인 관찰과 어른에 대한 차후의 분석적인 검사가 일관되게 보여주고 있듯이, 어린아이와 부모의 관계가 성적인 흥분을 전혀 동반하지 않는 것은 아닙니다. 어린아이는 두 부모를 다 성적인 욕망의 대상으로 삼기도 하지만, 특히 그 중의 하나를 대상으로 삼습니다. 그렇게 함에 있어서, 어린아이는 보통 부모로부터 자극을 받고 그것을 따라갑니다. 왜냐하면 부모의 사랑은 성적인 행위의 가장 분명한 특성을 갖고 있기 때문입니다. 비록 그것이 목표가 억제된 사랑이라 할지라도 말입니다. 일반적으로 아버지는 딸을 좋아하고 어머니는 아들을 좋아합니다. 어린아이는 그것에 대해, 아들일 경우에는 아버지의 자리를, 딸일 경우에는 어머니의 자리를 차지하고 싶어하는 것으로 반응합니다. 부모와 자식의 이러한 관계에서 깨어난 감정과, 그 결과로서 생긴 형제자매 사이의 감정은 긍정적이고 애정 어린 것만은 아닙니다. 그것은 또한 부정적이고 적대적이기도 합니다. 이렇게 형성된 콤플렉스는 일찌감치 억압에 처해집니다. 그러나 그것은 무의식 속에 있으면서 엄청나고 지속적인 영향력을 행사합니다. 그리하여 우리는 다음과 같은 가설을 세울 수 있습니다. 즉 그것[가족 사이의 콤플렉스]은 그것이 연장(延長)된 것들과 함께, 모든 신경증의 '핵 콤플렉스'(nuclear complex)를 구성합니다. 그것은 다른 영역의 정신생활에서도 그만큼 활동적이라고 기대해도 좋습니다. 가령 아버지를 죽이고 어머니를 부인으로 맞이한 오이디푸스(Oedipus) 왕의 신화는, 어린 시절의 욕망이 나중에 근친상간(incest)의 장벽에 부딪쳐 약간 변형된 표현입니다. 셰익스피어의 『햄릿』 역시 근친상간의 콤플렉스라는 토양에 뿌리를 박고 있지만, 좀 더 잘 위장되어 있습니다.*

* 프로이트는 이 강연이 끝난 직후 발표한 「남자에게 있어서의 특수한 유형의 대상 선택에 대하여」(1910)(제1장)라는 논문에서, '오이디푸스 콤플렉스'(Oedipus complex)라는 용어를 처음으로 사용한다.

어린아이가 아직 억압되지 않는 콤플렉스에 의해 지배받는 동안, 그의 지적인 활동의 중요한 부분은 성적인 관심에 이바지합니다. 그는 어린아이가 어디서 온 것인지에 대해 의문을 갖기 시작하고, 그에게 주어진 증거를 근거로 해서 어른들이 상상하는 것보다 더 많은 진실을 알아냅니다. 어린아이의 그러한 연구심을 깨우는 것은, 보통 신생아[동생]의 탄생으로부터 오는 실질적인 위협입니다. 어린아이는 처음에는 갓난아이를 단지 경쟁자로만 간주합니다. 그리고 그의 내부에서 활동 중인 부분 욕동들의 영향으로, 어린아이는 여러 가지 '유아 성이론'(infantile sexual theories)에 도달합니다. 가령 어린아이는 남자의 성기가 남녀 모두에게 있다고 생각하거나, 먹는 것을 통해 어린아이가 임신되고 창자 끝에서[즉 항문으로] 태어난다고 상상하거나, 성교를 적대적인 행위나 일종의 난폭한 정복이라고 여깁니다. 그러나 그의 성적인 구성의 불완전함과, 여성의 성적인 기관이 숨겨져 있는 데서 오는 지식의 결함으로 말미암아, 그 어린 연구자는 자신의 연구를 실패로 간주하고 포기하고 맙니다. 그러한 어린 시절의 탐구뿐만 아니라, 그것이 밝혀주는 여러 가지 유아의 성이론은 어린이의 성격 형성과 나중의 신경증의 내용을 결정하는데 중요한 역할을 합니다.

어린아이가 자신의 첫 번째 사랑의 대상으로 부모를 선택하는 것은 피할 수 없는 사실일 뿐만 아니라, 완전히 정상적인 것입니다. 그러나 그의 리비도는 그러한 첫 번째 대상에 고착되어서는 안됩니다. 나중에 그 대상을 모델로 하여 결정적인 대상 선택이 이루어질 때, 외부의 인물로 옮겨져야 합니다. 그래서 어린이가 부모로부터 '분리'되는 것은 피할 수 없는 일입니다. 그 어린 개체의 사회 적응력이 위험에 처하지 않는다면 말입니다. 여러 가지 부분 욕동 중에서 억압할 것을 선택해야 하는 시기가 되었을 때, 그리고 나중에 부모의 영향-이것이야말로 욕동의 억압에 결정적인 것입니다-이 약해졌을 때, 교육에 커다란 임무가 떨어집니다. 그러나 오늘날의 교육이 충분한 이해와 함께, 항시 정확하게 시행되는 것은 아닙니다.

여러분, 어린아이의 성생활과 성적인 심리 발달에 대한 이러한 논의가, 정신분석과 신경 질환의 치료의 문제와 동떨어진 것이라고 생각지 마십시오. 여러분들이 원한다면, 정신분석 치료를 어린 시절의 잔재를 극복하는 것을 목표로 하는 교육의 연장으로 간주할 수도 있기 때문입니다.

다섯 번째 강연

여러분, 우리는 유아 성욕을 발견하고 신경증의 증상들을 성욕동의 요인들로 귀결시킴으로써, 신경 질환의 본질과 경향에 대한 기대치 않은 몇몇 공식에 도달할 수 있었습니다. 우리가 보기에, 사람들은 그들의 성적인 욕구의 충족이, 외부적인 장애나 내적인 적응력의 결핍으로 인해 '현실에서'(in reality) 좌절되었을 때 병이 납니다. 그래서 그들은 좌절 되었던 것에 대한 대리 만족을 병의 도움으로 얻기 위하여, '병'(illness)으로 도피하는 것입니다. 우리는 병적인 증상들이 개인의 성적 활동의 일부분이나 그의 전 성생활을 포함하고 있다는 것을 확인했고, 또한 현실로부터 움츠려드는 것이 병의 주요한 목적이면서 동시에 병에 의한 주된 손상이라는 것을 발견했습니다. 그래서 환자가 회복되기를 거부하는 것은 단순한 저항이 아니라, 여러 동기들로 구성된 것이 아닌가 생각됩니다. 환자의 자아는 억압을 포기하지 않으려고 합니다. 그것은 억압을 통해 자신의 타고난 성향을 무시합니다. 뿐만 아니라 현실이 환자에게 좀 더 나은 것을 제공하는 것이 확실하지 않는 한, 성욕동도 대리 만족을 단념하지 않습니다.

생물학적인 손상 때문에 불만족스런 현실로부터 우리가 병이라고 부르는 것으로 도피하는 것은(그렇다고 환자에게 간접적인 쾌락이 없는 것은 아닙니다.), 퇴화(퇴행)의 길을 통해 이루어집니다. 즉 그 이전 단계의 성생활-과거에 이 단계에서 만족이 억제되었던 것은 아닙니다-로 돌아갑니다. 이러한 퇴행은 필경 이중적입니다. 즉 리비도와 성적인 욕구가 그 이전의 발달 단계로 돌아간다는 점에서 '시간적'(temporal)이고, 그 욕구의 표출이 최초의 원초적인 표현 방식을 사용한다는 의미에서 '형식적'(formal)입니다. 그러나 이러한 두 가지 종류의 퇴행은 모두 어린 시절로 거슬러 올라가 어린 시절의 성생활에서 서로 만납니다.

신경 질환의 병인을 깊이 파고들면 들수록, 여러분들은 신경증과 인간 심리의 다른 산물들-가장 가치있는 것을 포함해서-사이의 관계를 더 많이 발견하게 될 겁니다. 그러한 사실로부터 여러분들이 배울 수 있는 것은, 일반적으로 문명의 높은 규범과 내적인 억압 때문에 현실을 만족스럽게 여기지 않는다는 것입니다. 바로 그러한 이유로 해서, 우리는 환상을 만들어내고, 그러한 환상 속에서 욕망을 실현시키는 산물들을 통해 현실의 결핍을 보상하고 있습니다. 그러한 환상은 인간 주체를 구성하는 본질의 상당 부분뿐만 아니라, 현실과 관련해서 억압된 욕동의 상당 부분을 포함하고 있습니다. 성공한 활동적인 사람은 자신의 욕망의 환상을, 노력을 통해 현실로 바꾸는 데 성공한 사람입니다. 그러나 외부 세계의 저항과 개인적인 나약함으로 인해, 그것을 성공하지 못한 경우에는 현실을 등지기 시작합니다. 그런 사람은 좀 더 만족스러운 환상의 세계 속으로 피신하다가, 병이 날 경우 그 환상의 내용을 증상으로 옮깁니다. 그렇지만 어떤 유리한 조건에서는, 그가 환상으로부터 영원히 멀어져 유년기로 퇴행하는 대신, 환상으로부터 현실로 돌아가는 길을 발견할 가능성도 있습니다. 만약 현실에 적대적인 사람이 '예술적인 재능'(artistic gift)-이것은 아직도 우리에게 심리학적인 신비로 남아 있습니다.-을 갖고 있다면, 그는 자신의 환상을 증상으로 만드는 대신, 예술적인 창조로 바꿀 수 있습니다. 그런 식으로 그는 신경증의 운명을 피하고, 그러한 우회를 통해 현실과의 관계를 회복합니다.[19] 그러나 현실 세계에 대한 반항이 계속 되면서도 그러한 귀중한 재능이 없거나 충분하지 않을 경우에는, 리비도(libido)가 계속해서 환상의 형성에 관여하면서 퇴행을 따라가며 신경증을 초래하게 됩니다. 오늘날 신경증은 인생에 실패했거나, 삶을 대면할 수 없을 만큼 나약한 사람들이 피신하는 수도원을 대신하고 있는 것입니다.

이 시점에서, 나는 여러분들에게 신경증 환자에 대한 정신분석적인 검사로부터 얻은 주요한 발견을 말해볼까 합니다. 즉 신경증이 건강한 사람에게서 발견할 수 없는 심리적인 내용을 갖고 있는 것은 아닙니다. 융(Jung)의 표현에 따르면, 신경증 환자는 우리와 같은 건강한 사람들도 맞서 싸워야 하는 콤플렉스와 동일한 콤플렉스 때문에 병에 걸립니다. 그러한 투쟁이 건강함으로 발전할 것인지 아니면 신경증이나 고도의 보상적인 성취를 이룰 것인지는, 서로 대치하고 있는 힘의 양적인 관계에 달려 있습니다.

여러분, 나는 신경증에서 성욕동이 작용한다는 가설을 확정지을 수 있는 가장 중요한 경험을 아직 말씀드리지 않았습니다. 우리가 신경증 환자를 정신분석으로 치료할 때마다, '전이'(transference)라고 하는 이상한 현상이 나타납니다. 즉 환자는 의사에게 애정 어린 여러 감정(흔히 적개심이 섞인)을 보냅니다. 그것은 의사와 환자 사이의 실제 관계에 근거한 감정이 아니라, 그것이 표출될 때의 특수한 세부 사항들이 보여주듯이, 이제는 무의식이 되어버린 환자의 오래된 욕망의 환상으로부터 나오는 것입니다. 그래서 환자는 더 이상 기억할 수 없는 그러한 부분의 감정생활을 의사와의 관계에서 다시 경험하는 것입니다. 그러한 재경험('전이')을 통해서만 환자는 무의식적인

19) 오토 랑크(Otto Rank), 『예술과 예술가』(1907) 참조

성욕동의 존재와 힘을 납득할 수 있습니다. 화학적인 비유를 든다면, 증상은 예전의 사랑의 경험(넓은 의미에서)의 침전물이며, 그것이 용해되어 다른 정신적 산물로 환원 되려면 전이 경험이라는 좀 더 높은 온도까지 올라가야 하는 것입니다. 페렌치(S. Ferenzi)*의 적절한 표현에 따르면,[20] 이러한 반응에서 의사는 촉매 역할을 하면서 그 과정에서 발산된 정동(affects)을 일시적으로 자신 쪽으로 끌어당깁니다. 전이에 대한 연구는 우리가 처음에 환자의 무의식을 조사하는 기술적인 방법으로 사용한 최면의 암시를 이해하는 데 열쇠를 제공합니다. 그 당시 최면은 치료상으로는 도움이 되었지만, 사실을 과학적으로 이해하는 데는 방해가 되었었습니다. 왜냐하면 그것은 어떤 영역 안에 있는 심리적인 저항을 그 영역의 경계로 가져가, 치울 수 없는 벽을 쌓았기 때문입니다. 그렇다고 여러분들이 전이라는 현상(여기서 조금밖에 말할 수 없는 것이 애석합니다.)을 정신분석의 영향으로 만들어진 것이라고 생각해서는 안됩니다. 전이는 환자와 의사 사이뿐 아니라, 모든 인관 관계에서 자연스럽게 일어나는 것입니다. 그것은 어디에서나 치료의 영향을 갖고 있습니다. 그것의 존재를 의심하면 할수록, 그것은 더 강력하게 작용합니다. 따라서 그것은 정신분석이 만들어낸 것이 아닙니다. 정신분석은 단지 그것을 의식에 드러내고 장악하여, 심리 과정을 원하는 목표로 인도할 뿐입니다. 그러나 나는 전이라는 현상이 환자뿐만 아니라 의사를 납득시키는 데 결정적인 역할을 한다는 것을 강조하고 그 주제를 떠나고자 합니다. 내가 아는 바로는, 나의 지지자들도 전이를 경험한 뒤에야 비로소, 신경증의 병인에 관한 나의 주장의 정당성을 믿었습니다. 그러한 확신을 얻으려면 정신분석을 직접 해야 하고, 전이의 효과를 직접 관찰해야 한다는 것을 나는 잘 알고 있습니다.

---

20) 페렌치, 「전이와 내입(Tansfert et introspection) 참조

* 페렌치(1873-1933)는 헝가리의 정신과 의사이자 정신분석가로 프로이트의 제자였다.

여러분, 내 생각에는 지적인 관점에서 볼 때, 정신분석적인 사고를 인정하려면 두 가지 난관을 고려해야 합니다. 첫째는 사람들이 어떠한 예외도 인정하지 않는 엄격한 결정론을 심리 생활에 적용시키는 것에 익숙하지 못하다는 것이고, 둘째는 무의식적인 심리 과정과 우리에게 친숙한 의식적인 과정을 구분하는 특징에 대해 무지하다는 점입니다. 정신분석적인 작업에 대한 가장 광범위한 저항 중의 하나는, 환자이건 건강한 사람이건 그 두 가지 요인 중에서 후자로부터 비롯되는 경우가 많습니다. 사람들은 정신분석에 의해 해를 당할까 두려워합니다. 또한 그들은 억압된 성욕동을 환자의 의식 속으로 불러오는 것을 두려워합니다. 마치 거기에는 그들의 고상한 윤리를 압도하고 교양을 빼앗을 것 같은 위험이 도사리고 있는 것처럼 말입니다.* 사람들은 환자가 마음속에 아픈 상처를 갖고 있지만, 그것을 건드려 고통을 증가시키는 것을 꺼려한다는 것을 알고 있습니다. 우리는 다음의 비유를 인정합니다. 아픈 데를 건드려 고통만을 야기한다면, 건드리지 않는 것이 더 낫습니다. 그러나 우리가 이미 알고 있듯이, 외과 의사는 영구 치료를 할 수 있는 조치를 취해야 한다고 생각하면, 환부의 검사와 치료를 피해가지 않습니다. 환자의 상태가 일시적으로 악화된다고 하더라도, 수술이 목표를 달성하여 환자의 병을 완전히 고치기만 한다면, 아무도 의사에게 검사로 야기된 피할 수 없는 고통이나 수술 후의 반응에 대해 책임을 묻지 않을 것입니다. 정신분석의 경우도 거의 대동소이합니다. 그것도 외과와 같은 주장을 할 수 있습니다. 정신분석이 치료의 과정에서 환자에게 야기하는 고통의 증가는, 외과 의사가 환자에게 가하는 고통에 비해 비교가 안 될 만큼 적을 뿐만 아니라, 숨어 있는 질병의 심각성에 비추에 볼 때 무시해도 좋을 정도입니다. 그와 반대로 그렇게 두려워하는 결과(억압으로부터 해방된 욕동에 의해 환자의 교양이 파괴되는 것)는 완전히 불가능합니다. 그러한 두려움은 우리의 경험이 우리에게 확실히 가르쳐준 사실을 고려하지 않은 결과입니다. 즉 신체적이고 심리적인 욕망의 힘은 일단 억압에 실패하면, 의식적일 때보다 무의식적일 때 훨씬 더 강합니다. 따라서 그 힘을 의식화한다는 것은, 곧 그것을 약화시킨다는 뜻입니다. 무의식적인 욕망은 어떠한 영향도 받지 않습니다. 그것은 그것과 대립되는 모든 반대 경향으로부터 독립되어 있습니다. 반면에 의식적인 욕망은 의식적임과 동시에, 그것과 대립되는 모든 것에 의해 억제될 수 있습니다. 따라서 정신분석적인 작업은 가장 가치 있는 고도의 문화적인 흐름에 이바지합니다. 그것은 성공하지 못한 억압의 더 좋은 대용물입니다.

* 독일어로 된 프로이트의 전집인 『Gesammelte Werke』에는, 이 문장의 뒷부분이 빠져 있다.

그렇다면 정신분석에 의해 자유로워진 무의식적인 욕망은 어떻게 될까요? 우리는 어떤 방법으로 그것이 주체의 삶에 해를 주지 않도록 할 수 있을까요? 거기에는 여러 가지 길이 있습니다. 가장 흔한 결과는 정신분석이 진행되는 동안 이미 그러한 욕망이, 그것과 반대되는 더 좋은 합리적인 정신 활동에 의해 소진되는 것입니다. '억압'은 가장 건전한 방향으로 수행되는 '비판적인 판단'(condemning judgement)으로 대체됩니다. 그것이 가능한 것은, 자아의 발달의 초기 단계에서 일어나는 결과를 제거하는 것으로 충분하기 때문입니다. 그 당시 주체는 아직 유기적으로 완전히 구성되지 않고 연약하기 때문에, 사용할 수 없는 욕동만을 억압합니다. 그러나 이제는 성숙하고 힘이 있기 때문에, 그에게 적대적인 것을 완벽하게 통제할 수 있습니다.

정신분석의 두 번째 결과는, 분석에 의해 드러난 무의식적인 욕동을 유용한 목적으로 사용할 수 있게 한다는 것입니다. 발달이 방해를 받지 않았다면, 그러한 목적은 벌써 발견되었을 것입니다. 어린 시절의 욕망의 근절이 발달의 이상적인 목표는 결코 아닙니다. 신경증 환자들은 억압을 통해 많은 심리적인 에너지의 원천을 희생시킵니다. 그 원천은 그들의 성격 형성과 그들의 삶의 활동에 대단히 귀중한 공헌을 하는 것들입니다. 우리는 '승화'(sublimation)라는 훨씬 더 바람직한 심리 과정을 알고 있습니다. 그 과정은 유년기적인 욕망의 에너지가 원천으로부터 끊기는 것이 아니라, 그대로 남아 있다가 성적인 목표보다 더 고상한 목표-여러 욕동의 목표를 대체한-를 위하여 사용되는 것입니다. 승화의 노력, 즉 성적인 목적을 사회적으로 더 가치 있는, 그것과 거리가 먼 목적으로 바꾸는 능력이야말로, 정확히 성적인 욕동의 구성요소들을 특징짓는 것입니다. 아마도 우리들의 고차원적인 문화적인 성공들은, 이런 방식으로 만들어진 에너지가 우리들의 정신 기능에 이바지했기 때문일 것입니다. 너무 이른 억압은 억압된 욕동의 승화를 불가능하게 만듭니다. 그러나 억압이 해제될 때, 승화의 길은 다시 열립니다.

우리는 정신분석의 결과 중에 세 번째 가능성을 생각해 보아야 합니다. 억압된 리비도 중에는 직접적인 만족을 받을 권리가 있는 부분이 있습니다. 그것은 생활 속에서 그러한 만족을 찾아야만 합니다. 우리의 문명화된 규범은 대부분의 사람에게 삶을 아주 어렵게 만듭니다. 그 결과 그것은 현실로부터의 피신을 조장하고, 과도한 성적인 억압으로 인해 문화적인 나머지 이득을 얻지 못하게 함으로써 신경증을 야기합니다. 우리의 원초적인 동물적 속성을 무시할 정도로, 우리 자신을 과대평가해서는 안 됩니다. 또한 개인의 행복과 만족이 우리의 문명의 목적 중에서 제외될 수 없다는 것도 잊어서는 안 됩니다. 승화 능력으로 나타나는 성적인 요소의 유연성은, 승화를 점점 더 멀리 밀고나감으로써 점점 더 큰 문화적인 성취를 이루고 싶은 유혹을 일으키기도 합니다. 그러나 기계가 소모하는 열량의 어떤 부분은 기계적인 일로 전환되지 않듯이, 성적인 욕동의 전 에너지를 그것의 목적으로부터 분리해내려고 해서는 안 됩니다. 그것은 성공할 수 없습니다. 성에 대한 구속이 지나치면, 그것은 반드시 토양 자체의 고갈이라는 온갖 해악을 가져오게 됩니다.

여러분들로서는 나의 이러한 경고가 지나친 것으로 생각될지 모릅니다. 나는 여러분들에게 그러한 나의 신념을 간접적으로 보여주기 위해, 옛날이야기를 하나 할까 합니다. 그것에 대한 판단은 여러분에게 맡기겠습니다. 독일 문학에서는 쉴다(Schilda)라는 이름의 작은 도시가 자주 등장합니다. 그 도시의 주민들은 갖가지 뛰어난 재주를 가지고 있었습니다. 옛날이야기에 따르면, 쉴다의 시민들은 말을 한 마리 기르고 있었습니다. 그들은 그 말의 재주를 아주 기쁘게 생각했습니다. 단 한 가지 나무랄 데를 빼고 말입니다. 즉 그것은 값비싼 밀을 너무 많이 먹었습니다. 그래서 그들은 완전한 금식에 익숙해질 때까지 매일 식량을 몇 줌씩 줄여나감으로써, 그 나쁜 버릇을 고치기로 결정하였습니다. 한동안은 일이 순조롭게 진행되었습니다. 말은 나쁜 습관에서 벗어나 하루에 한 줌의 밀만을 먹을 수 있게 되었습니다. 드디어 아무것도 먹지 않고 일만해야하는 날이 다가왔습니다. 그러나 그 날 아침, 그 말은 의리 없게 죽은 채 발견되었습니다. 그러나 쉴다의 시민들은 무엇 때문에 죽었는지 이해할 수 없었습니다.

여러분들은 그 말이 아사(餓死)했다고 생각할 것입니다. 그렇게 동물에게 어느 정도의 밀도 주지 않고 일을 기대할 수는 없는 것입니다.

초청해주셔서 감사합니다. 그리고 끝까지 경청해 주셔서 감사합니다.

해 설

1. '프로이트의 초발심으로 돌아가자' : '대화요법'

'정신분석' 하면 떠오르는 단어는, 아마 '프로이트', '무의식' 그리고 '성욕' 등일 것이다. 프로이트는 정신분석의 창시자이기 때문에 당연히 생각나는 이름일 것이고, '무의식'은 정신분석의 가장 대표적인 발견물로, '우리의 의식 속에 있는 우리가 모르는 의식' 정도로 알고 있을 것이다. 정신분석이 잘 이해가 가지 않는 어려운 학문으로 알려진 것은, 필경 무의식이라는 개념의 역할이 크다. 무의식 자체가 그것의 정의대로, 의식 바깥에 있는 암흑과 같은 세계로 의식이 미치지 않는데다, '이렇게 정신이 멀쩡한데 무의식이라니, 말도 안 되지'라는 심리가 겹쳤기 때문이다. 자의식이 강한 사람-특히 개화된 현대인-은 도대체 무의식의 존재를 인정하려 들지 않는다. 정신분석에 대한 이러한 오해의 상황은, 성욕이라는 개념에 이르면 한층 더 심각하다. 가령 천진난만한 어린아이에게도 성욕이 있다니, 그것도 어린아이의 발달에 따라 성욕이 신체의 서로 다른 부위와 결합한다니-그리하여 구강기, 항문기 등으로 나누니, 누가 들어도 도착증을 연상시키기에 충분하다. 그것만이 아니다. 정신분석은 성욕을 모든 욕망의 근원으로 볼 뿐만 아니라, 인간이 창조하고 사용하는 모든 상징을 성욕에 연결시킨다(이것은 '범성욕설'이라고 한다). 한마디로 정신분석은 성욕으로 얼룩져 있다. 가벼운 농담 한마디 한다면, 정신분석은 성으로 욕을 보고 있는 것이다. 성은 감추는 것이 예의바른 것이고, 또한 감추어질 때 더욱 아름다운 것이라는 일반적인 관념에 비추어볼 때, 그러한 정신분석의 오욕은 어찌 보면 당연한 것인지 모른다.

그러나 그러한 오명에 전혀 근거가 없는 것은 아니지만, 프로이트의 저작을 실제로 읽어보면 그러한 오명 자체가 프로이트를 전혀 읽지 않은 사람들에게서 나온 지레짐작에 불과하거나, 아니면 프로이트를 읽었다고 하더라도 전체적인 그의 사고의 발전 과정을 고려하지 않은 채 일부분만을 떼어내어 부각시켰기 때문이라는 것을 금방 알 수 있다. 우선 프로이트를 이해하기 위해서는, 프로이트가 정신분석을 창시한 그 시점으로 돌아가야 한다. 다시 말해 프로이트가 '정신분석'이라는 용어를 처음으로 사용한 것이 1896년이니까 그 당시로 돌아가, 정신분석이라는 새로운 방법이 정신의학으로부터 독립하는 배경과 그 의미를 파악해야한다.

정신분석의 출발선에 있는 것, 다시 말해 프로이트의 정신분석을 그 이전의 정신의학과 선을 가르는 것은, '무의식'과 '성욕'과 같은 개념이 아니다. 물론 그것들은 정신분석의 역사와 함께 한, 가장 중요한 개념임에 틀림없다. 그것들은 프로이트의 초기 저작들에, 때로는 분명히 때로는 암시적으로 드러나 있다. 그렇기 때문에 프로이트의 정신분석을 그러한 개념에 연결시키는 데 이의를 다는 사람은 아무도 없을 것이다. 그럼에도 우리가 간과해서는 안 될 것은, 정신분석을 독립된 학문이면서 독자적인 치료방법으로 만드는 것은 다른 데 있다는 것이다. 그것은 한마디로 '대화 요법(talking cure)'-이 용어는 브로이어와 프로이트의 환자였던 '안나 O'가, 훗날 정신분석이 될 그들의 방법을 가리켜 한 말이다-이다. 사실 '대화요법'-정확히 번역하면 '말에 의한 치료'-이라는 평범한 말 한 마디에는 정신분석의 모든 비밀이 숨어 있다.

첫째, 그것은 말 그대로 대화를 통해서 신경증 환자를 치료하는 방법이다. 따라서 그것은 일체의 약물치료와 물리치료를 배격한다. 대화가 보편화되어 있는 오늘날에-대화를 기본으로 하는 민주사회에서 사는 우리로서-그것은 너무나 당연해서 어쩌면 그것을 강조하는 것 자체가 우습게 느껴질지 모른다. 그러나 백년전의 상황은 전혀 달랐다. 그 당시의 정신 치료는, 다 알다시피 정신질환자를 비인간적으로 다루는 것 일색이었다. 그 당시 가장 보편적으로 사용된 최면 치료는 환자의 주체적인 의식과 의지를 묵살하고, 환자를 어느 특정인(최면술사)의 명령체계 속에 예속시킴으로써 일종의 정신적인 노예 상태를 만들어 버린다(그렇다고 최면에 효과가 전혀 없는 것은 아니다. 그것에 대한 논의는 다른 지면을 필요로 한다). 그리고 과학적으로 증명되지 않은 마취제의 사용은 중독의 후유증을 가져왔고, 요즘도 사회적으로 물의를 빚고 있는 격리치료, 고문을 연상시키는 전기치료 등은 정신질환자를 하나의 인격체로 대우한다기보다 사회에서 쓸모없는, 그래서 사회에서 없어져야 할 존재 정도로 여기고 있다. 그것에 비한다면 정신분석은 가히 혁명적이다. 어떠한 비인간적인 방법이나 수단도 동원하지 않는다는 점뿐 아니라, 환자의 자유의지와 의식을 인정하면서, 오히려 그것을 강화한다는 점에서 그렇다. 이러한 맥락에서 보면, 정신분석 운동은 형식과 내용 모든 면에서 비정상인을 정상인과 동등하게 대접하고, 정상적인 사회 속으로 편입시킨 인간주의 운동이라 할 수 있다.

정신분석이 다른 학문-정신의학, 심리학 등-으로부터 배척을 당하는 것도, 이러한 관점에서 보면 전혀 근거가 없다는 것을 알 수 있다. 정신 의학 측에서는 정신분석의 치료 효과가 상대적으로 떨어진다는 점에서, 심리학 측에서는 정신분석이 실험과학이 아니라 '추론과학'이라는 점에서, 정신분석을 푸대접해온 것은 사실이다. 그러나 그러한 비난이 설혹 근거가 있다 하더라도,

정신의학과 심리학이 지금까지 사용해오고 있는 주된 수단 중의 하나가 대화라는 점을 감안한다면 그러한 주장은 설득력을 잃어버린다. 즉 정신병원에서는 거의 예외 없이 다른 치료와 함께 대화요법을 병행하고 있고, 약간 성격은 다르지만, 상담심리학은 심리학 중에서도 가장 중요한 영역 중의 하나로 알려져 있다. 그만큼 대화는 정신 현상을 다루는 과학에서 무시할 수 없는 수단으로 인정받고 있다. 그러한 사실을 처음으로 인식하고 정신과학에 도입한 사람이 프로이트이다. 그럼에도 불구하고 정신분석의 업적을 간과하는 것은, 다시 말해 자신들이 지금도 사용하고 있는 방법의 시조를 부정하는 것은, 마치 자기를 낳아준 아버지를 부정하는 것과 같다(이것을 정신분석적인 용어로 말한다면, '오이디푸스 콤플렉스' 이다).

이러한 상황은 인문과학과 정신분석의 관계에도 그대로 반영되고 있다. 가령 정신분석이 인문과학 전반–문학, 예술, 철학 등–에 걸쳐 하나의 연구방법론을 제공하고 있는데도 불구하고, 그것들은 정신분석이 모든 것을 성욕으로 귀결시킨다고 비난하고 있다. 그러나 앞에서도 말했듯이, 프로이트의 정신분석이 성욕과 밀접한 관계가 있는 것은 사실이나, 정신분석적인 방법의 근간을 이루는 것은 성욕이 아니라 대화–즉 말–라는 것을 잊어버려서는 안 된다. 역자가 이 해설을 쓰는 날도, 한 일간지(조선일보, 1998년 10월 26일)에 〈넘치는 '담론' (discourse)··· 90년대 지식 사회의 유행어〉라는 제하의 특집에, 다음과 같은 글이 실려 있었다. "우리 사회에 '담론' 이 넘친다. 담론이란 용어 없이는 인문–사회 과학은 물론 문화현상을 설명할 수 없을 정도다. (···) 그러나 대다수 독자들은 혼란스럽다. 이 말은 언젠가부터 어떤 경위로 쓰이기 시작했으며, 정확한 의미는 무엇인가." 대답은 아주 간단하다. '담론' 이라는 말이 생긴 것은 아주 오래됐지만, 그것을 학문적인 용어로 끌어낸 것은 정신분석이다. 정확히 말해 그것은 '프로이트로 돌아가자' 라는 기치를 내건 불란서의 정신분석가인 라캉으로부터 도입된 뒤, 불란서의 언어학자인 벤

베니스트를 거쳐 보편적인 학문 용어로 자리를 잡았다. 그러나 여기서 중요한 것은, 정신분석이론가인 라캉이 왜 '프로이트로 돌아가자'고 하면서 '담론'이라는 용어에 관심을 기울였느냐 하는 문제이다. 이러한 의문에 대한 답은, 담론이 곧 말이고(담론에 대한 정의는 많은 논의를 필요로 하지만, 여기서는 일단 말로 정의한다), 말이 프로이트의 방법에서 가장 핵심적인 것이라는 데 있다. 그러나 "담론이란 용어 없이는 인문-사회 과학은 물론 문화 현상을 설명할 수 없을"만큼 '담론'에 대한 담론이 일반화되어 있는데도, 그것의 포문을 연 정신분석이 제외되는 것(그 신문의 특집에서도 언급되어 있지 않다)을 보면, 얼마나 정신분석에 대한 편견이 속속들이 배어 있는지를 충분히 짐작할 수 있다.

아무튼 여기서 다시 한 번 강조하고 넘어가야 할 것은, 정신분석은 말과 함께-일반화해서 말한다면 '망'과 함께-시작되었다는 사실이다. 이것을 거꾸로 이야기하면, 이렇게 말할 수도 있을 것이다. '말이 시작되는 곳에는 언제나 정신분석이 있다.' 성경에 "태초에 말이 있었다." (요한복음 1장 1절)라는 구절이 있다. 어떤 사람은 이것을 "태초에 행동이 있었다."(괴테)로 고쳐 쓰기도 하고, 어떤 사람은 성욕을 강조하는 정신분석을 빗대어 "태초에 성욕이 있었다."고 비아냥거리기도 하지만, 그것은 마치 정신분석을 염두에 두고 한 말처럼, 정신분석의 시발 및 그것이 강조하는 방법과 맞아떨어진다. 그래서 우리는 그것을 다음과 같이 바꿔 쓸 수 있다. "태초에 말이 있었다. 말과 함께 대화가 있었다. 대화와 함께 정신분석이 있었다."

그리하여 결론적으로, 우리는 감히 라캉의 기치-"프로이트로 돌아가자"-를, 불교의 용어를 빌어 다음과 같이 바꿔보고자 한다. '프로이트의 초발심으로 돌아가자.' 다 알다시피, 초발심이란 불문에 입문하려는 최초의 마음을 일컫는다, 따라서 '프로이트의 초발심으로 돌아가자'라는 말은, 프로이트가 정신분석이라는 방법과 이론을 발상할 당시로 돌아가자 라는 뜻이다. 우리가 앞에서 설명한 대로라면, 프로이트의 초발심으로 돌아가는 것은 결과적으로 말로 돌아가는 것이다. 그러나 '프로이트의 초발심으로 돌아가자' 라는 말이 정신분석이라는 방법에만 국한되는 것은 아니다. 그것은 프로이트가 만들어 낸 모든 개념-가령 위에서도 강조했듯이, 정신분석에서 가장 중요한 개념인 '무의식' 과 '성욕' 등-에 적용될 수 있다. 다시 말해 그가 어떤 개념을 구상하게 된 배경과 출발점으로 돌아가면, 그것이 곧 그의 초발심으로 돌아가는 것이다. 이렇게 초발심을 강조하는 데 특별한 이유가 있는 것은 아니다. 단지 무엇이든지 처음으로 돌아가면 이해하기 쉬울 뿐 아니라, 그 이후에 발전된 이론의 미로 속에서 헤매거나, 또 그 와중에서 개념을 왜곡시키는 일이 비교적 적기 때문이다. 프로이트의 초발심은 프로이트의 정신분석을 푸는 실마리이다. 우리의 번역도 이러한 각도에서 이루어졌다. 우리가 번역을 위해 선택한 논문이나 강연은, 대부분 프로이트의 초기(1895년-1900년대 초)의 작품들이고, 그의 개념이 만들어지는 시초에 관한 저작들이다.

2. '자유연상' 에 의한 꿈의 정신분석

둘째, 대화요법은 거기에 참여하는 사람의 머리 속에 떠오르는 생각을 '자유롭게' 이야기하는 것을 기본으로 하고 있다. 다시 말해 그것은 사회 문제나 철학적인 어떤 주제를 놓고 토론하는 것이 아니다. 거기에는 어떠한 구속이나 제한도 없다. 의식의 흐름에 몸을 싣고, 그저 생각나는 대로 말하면 된다. 우리는 그것을 보통 전문적인 용어로 '자유연상' 이라고 한다. 따라서 정신분석은 '자유연상' 을 통해서 자기 속으로 들어가고, 동시에 자기를 분석한다. 이러한 사실은 여러 가지 의미를 함축하고 있다. 우선 정신분석은 억지로 짜내는 생각-가령 수학 문제 푸는 식의-을 배격하고, 일상적인 자연스러운 의식 현상을 강조한다. 예컨대 우리는 길을 가다가 우연히 본 광경이나, 아니면 텔레비전의 어떤 드라마의 등장인물의 얼굴이나, 아니면 버스의 뒷자석에 앉은 사람들의 이야기나 그들의 목소리가 실마리가 되어, 자기도 모르게 과거로 돌아가거나 미래의 환상을 꿈꾸는 경우가 흔히 있다. 그것은 누가 시켜서 하는 것도 아니고, 그렇게 해야겠다고 마음을 먹고 하는 것도 아니다. 그것은 지극히 자연스럽고 자발적인 것이다. 그렇지만 그것이 무심코 일어나는 정신적인 경험인 만큼, 그것은 놓치기도 쉽다. 정신분석은 그렇게 놓치기 쉬운 연상을 놓치지 않는 데에 그 방법의 핵심이 있다. 그러기 위해 분석가는 환자에게 그것을 숨김없이 이야기하라고 요구한다. 방금 전에 '환자에게 요구하다.' 라는 표현을 썼지만, 엄격히 말해 그것은 요구가 아니라, 자유연상의 출발을 알리는 최소한의 신호일 뿐이다. 만약 그것이 글자 그대로 자유연상에 대한 강요라면 문제는 심각하다. 왜냐하면 억지춘향격의 자유연상은, 자유연상-있는 그대로-의 자연스러운 흐름에 손상과 왜곡을 가져오기 때문이다(그러나 넓게 보면 이러한 손상과 왜곡도 자유 연상에 속한다). 이러한 이유로 해서, 자유연상에 대한 주문은 마치 마라톤의 출발을 알리는 신호처럼 이루어져야 한다.

이러한 논리를 따라가다 보면, 이제 '환자에게' 라는 구절도 삭제되고 바뀌어야 한다. 사실 정신분석에는 '정신 질환자' 라는 말이 항시 꼬리표처럼 따라다녔다. 그것은 정신분석의 대상이 정신질환자의 범주를 벗어나지 못했었다는 것을 의미한다. 그렇기 때문에 정신분석은 정상을 다루는 일반 학문과 다른, 정신병을 연구하는 예외적인 학문으로 치부되어왔고, 그 결과 마치 정상인들이 비정상인을 보듯이 일반인으로부터 곱지 않은 시선을 받아온 것이 사실이다. 그러나 정신분석이 방법론적으로 선택한 길이 모든 사람-정상인과 비정상인 모두-의 일반적인 정신 현상인 자유연상이라면, 그리고 그 연상을 격의 없는 대화로 풀어간다면, 그것이 비정상인에 대한 치료 방법뿐만 아니라 정상인을 위한 분석 방법으로도 사용될 수 있으리라는 것은 자명한 사실이다. 정신분석을 아는 사람이라면 누구나 프로이트의 대표작으로 『꿈의 해석』을 꼽는 것도, 정신분석에 대한 그와 같은 일반인의 역설적인 시선을 반영하고 있다. 왜냐하면 『꿈의 해석』은 『히스테리 연구』나 구체적인 사례 연구-프로이트에게는 다섯 편의 사례 연구서가 있다-와 같은 신경증에 대한 전문 연구서가 아니라, 일상적인 정신 현상인 꿈에 대한 이론서이기 때문이다. 그런데도 그것을 그의 대표작으로 생각하는 것은, 정신분석을 정신병자를 다루는 학문으로 여기는 통념과 어쩐지 아귀가 맞지 않는 느낌이다. 이러한 사실로부터 알 수 있듯이 정신분석을 정신 질환에 관한 학문으로 낙인찍는 것은, 그 자체로 정신분석을 잘 모르는 소치이거나 무의식적인 편견의 결과이다. 우리가 생각하는 것보다 정신분석의 범위는 훨씬 더 넓고 보편적이다. 꿈을 비롯하여 실수, 실언, 망각, 농담 등, 자유 연상을 동반할 수 있는 정신 활동이면 무엇이든지 정신분석의 대상이 될 수 있다. 그만큼 정신분석은 인간의 모든 정신생활로 열려 있다.

이러한 각도에서 이 번역서는 정신분석이 정신병자를 치료하는 방법이라는 부정적인 이미지를 불식시키기 위하여, 모든 사람에게 일어나는 일상생활-예컨대 꿈, 망각, 회상 등-의 정신분석에 초점을 맞추었다. 이 번역서의 제목을 『꿈과 정신분석』이라고 붙이고 꿈의 정신분석을 부각시킨 것도 그러한 맥락이었다. 프로이트는 '자기 자신의 꿈을 연구함으로써'(『정신분석에 대하여』 세 번째 강연 참조) 분석가가 될 수 있다고 말하고 있다. 그만큼 꿈을 해석하는 것은 정신분석가의 수련에 있어서 중요한 과정이다. 그러나 그것은 비단 정신분석가의 수련에만 국한되는 것은 아니다. 자기 자신을 알고 싶은 사람이면 누구나 자신의 꿈부터 관찰하고 분석해보는 것이 좋다. 왜냐하면 상식적으로 생각해보아도 꿈을 꾸지 않는 사람이 없고, 게다가 합리적으로는 도저히 이해가 가지 않는 꿈을 꾸어보지 않은 사람이 없는데도, 그 꿈이 '자기 속에 있는 자기도 모르는 자기'의 작품이라고 생각하는 사람은 거의 없으니 말이다. 꿈은 바로 그러한 자기가 자기 속에 있다는 것의 징후이며, 동시에 그러한 자기 속으로 들어가는 문이다. 프로이트는 말하고 있다. 꿈은 무의식 자체는 아니지만, "꿈의 해석은 무의식에 이르는 왕도이다. 그것은 정신분석의 가장 확실한 기초이다."(『정신분석에 대하여』 세 번째 강연 참조) 따라서 꿈은 모든 연구가가 수련을 받아야 하는 분야이면서, 동시에 모든 사람들이 할 수 있는 '자기분석'*의 장이기도 하다.

* 엄격히 말해, 프로이트에 따르면 자기분석은 가능하지 않다. 자기분석은 자기가 자기를 분석하는 것인데, 즉 자기가 이중의 역할-분석가와 피분석자-을 동시에 수행하는 것인데, 그것은 정신분석의 출발에 있는 '대화'의 가정에 어긋난다. 왜냐하면 대화는 최소한 두 사람을 전제하기 때문이다. 특히 정신분석적인 대화는 그 두 사람 사이에서 일어나는 특수한 현상-'전이'-을 이용하여 무의식을 탐사하는 것이다.(『정신분석에 대하여』 참조) 반면에 자기분석은 혼자서 하는 것이기 때문에, 전이가 일어나지 않을 뿐더러, 설혹 전이가 일어나더라도 거기서 빠져나오기 힘들다.

그럼에도 불구하고 프로이트가 강연의 기회가 있을 때마다, 꿈의 해석에 관한 자세한 설명 대신, 정신분석을 개략적으로 소개하는 이유는 무엇일까? "나는 여러분에게 정신분석의 전영역에 대한 압축적인 개관 대신, 차라리 꿈의 해석에 관한 자세한 설명을 하는 것이 낫지 않을까 오랫동안 망설였습니다. (…) 그것은 시대에 뒤졌다고 무시당하는 정신분석이 갖고 있는 중요성이 채 인식되기도 전에, 내 모습이 해몽가로 비치는 것이 싫었기 때문입니다."(『정신분석에 대하여』 세 번째 강연 참조) 그러나 역자는 이것을 거꾸로 말하고 싶다. 정신분석이 소개된지 100년이 지났는데도, 그것(의 중요성)에 대한 인식이 별로 달라지지 않은 현 상황에서, 정신분석을 특수한 학문이 아닌 일반 인문 과학에 편입시키기 위해서라도, 정신분석에서 말하는 꿈의 해석이 전통적인 해몽과 전혀 다른 과학적인 것이라는 인상을 일반인에게 심어주는 것이 더 낫다고 말이다. 그리하여 역자는 프로이트가 간 길과는 반대로, 꿈의 정신분석에 초점을 맞추기 위하여 꿈에 관한 논문을 이 책의 맨 앞에 배치하고, 정신분석에 대한 일반론을 맨 뒤로 가져갔다. 그에 따라 이 번역서는 4부로 구성되어 있다.

1부에는, 위에서 말한 대로 꿈의 해석에 관한 강연(「꿈에 대하여」(1901))과, 흔히 말하는 꿈의 예언적 기능에 대해 일침을 가하고 있는 「실현된 예지몽」(1899)을 실었다.

2부는 일상적으로 일어나는 정신 현상인 회상(「덮개-기억에 대하여」(1899))과 망각(「망각의 심리적 메커니즘에 대하여」(1898))에 대한 정신분석을 담고 있다.

3부는 성욕과 신경증의 관계를 기술하고 있는 「신경증의 병인으로서의 성」(1898)과 「신경증의 병인으로서의 성의 역할에 대한 나의 견해」(1905)로 구성되어 있다.

마지막으로 4부에는 정신분석에 대한 가장 압축적인 강연록인 『정신분석에 대하여』를 실었다.

3. 꿈의 해석

정신분석에서 말하는 꿈의 해석 방법은 의외로 쉽다. 그것은 누구나 한번쯤 그 가능성을 어렴풋이 생각해 보았음직한 방법이다. 그런데도 프로이트가 나타나기 전까지, 2500여년-소크라테스 이후-의 화려한 서구정신사에서, 정신분석과 비슷한 방법이 전혀 없었다는 것은 신기할 정도이다. 꿈의 해석은 세 단계로 간단히 압축할 수 있다.

첫 번째 단계, 아침에 일어나자마자 전날 밤의 꿈을 생각나는 대로 꾸밈없이 적는다.(이것을 정신분석적인 용어로 '꿈-내용'이라고 한다)

두 번째 단계, 꿈-내용을 요소들로 분해하고 각각의 구성 요소로부터 연상되는 바를 계속해서 따라간다.(이것을 '꿈-사고'라고 한다)

세 번째 단계, 그렇게 연상의 길을 따라가다 보면 각 요소에 대한 연상들 사이에 공통점들이 나타나고 결국 한 점으로 귀결되면서, '아하! 이것 때문에 내가 이런 꿈을 꿨구나!' 하는 지점('아하 경험')에 이르게 된다. 그것이 바로 그 꿈의 원인이자 의미이다.

따라서 꿈-내용은 꿈에 직접 발현된 것이고, 꿈-사고는 꿈에는 직접 나타나 있지는 않지만 꿈의 형성에 관여한다고 생각되는 잠재적인 것이다. 전자가 꿈에서 깨어난 뒤 꿈에 대해 기억할 수 있는 모든 것이라면, 후자는 욕망으로 얼룩진 유년 시절의 기억이나 최근의 사건과 같은 꿈의 재료와 계기를 이루는 것을 말한다.* 우리가 보통 '해몽'-'꿈의 해석'-이라고 말할 때, 프로이트에 따르면, 그것은 꿈-내용으로부터 그것의 이면에 숨겨진 진정한 의미인 꿈-사고를 찾아가는 것이다. 이것을 역으로 이야기하면, 꿈-사고는 꿈-내용의 원인으로 꿈-내용의 제작에 참여한다는 말이 된다. 프로이트는 꿈-사고로부터 꿈-내용이 만들어지는 과정, 즉 꿈의 해석의 역과정을 '꿈의 작업'이라고 한다. 그러나 꿈-내용에 꿈-사고가 그대로 복제되는 것은 아니다. 그것은 일정한 법칙에 의해 가공되고 조립된다. 다시 말해 꿈-사고가 꿈-내용으로 편입될 때, 때로는 선택되고 때로는 변형되고 때로는 서로 결합되면서, '그림 수수께끼'와 같은 것이 만들어진다. 프로이트의 업적이 정신분석이라는 새로운 해석 방법을 열어놓은 데 있다면, 그것의 최초의 성과는 바로 꿈의 작업의 복잡한 메커니즘을 밝힌 데 있다.

* 엄격한 의미에서, '꿈의 재료'와 꿈-사고는 다르다. 꿈-사고는 꿈의 재료의 하나-그렇지만 가장 중요하고 가장 영향력 있는 하나-라고 할 수 있다. 가령 꿈의 재료에는 꿈-사고 이외에 육체적인 자극이 있을 수 있다. 우리가 잠을 잘 때, 오줌이 마려우면 오줌 누는 꿈을 꾼다거나, 팔을 베고 자서 팔이 저리면 팔이 무언가에 눌리는 꿈을 꾼다거나 하는 경우가 그것이다. 그 밖에 꿈의 재료에는 '낮의 잔재'가 있다. 그것은 꿈꾸기 전날 실제로 일어났던 사건이나 만났던 사람들이 꿈에 나타나는 것을 말한다. 그에 비해 꿈-사고는 과거의 기억이나 특히 그 기억에 얽힌 인상을 말한다. 따라서 꿈-사고는 구체적인 꿈의 재료에 비해 좀 더 깊은 데 있는 정신적이고 정서적인 것이다.

프로이트는 꿈의 작업을 크게 네 가지로 나누고 있다. '압축', '이동', '형상화' 그리고 '이차적 가공'이 그것이다. 이 중에서도 전자의 두 메커니즘은 프로이트 이후, 분석 현장에서 가장 많이 이용되고 있는 것일 뿐만 아니라, 다른 학문-특히 구조 언어학과 수사학-의 연구 성과와 접목될 정도로 주목을 받아온 것이다. 프로이트도 이미 압축과 이동이야말로 꿈의 작업을 움직이는 두 바퀴라고 말하고 있다.

압축은 꿈-사고의 많은 자료들이 꿈-내용에서 하나의 요소로 결집되는 현상을 말한다. 그렇다고 그것이 낱낱의 짚을 모아 짚단을 만들듯이, 단순히 꿈-사고의 자료들을 한데 모으는 것은 아니다. 그것은 "갈톤이 가족사진을 만들 때처럼, 두 개의 상을 포개어 공통된 특징은 한결 강하게 나타나게 하고, 일치하지 않는 특징은 상쇄하여 흐리멍텅하게 만든다."(『꿈의 해석』 6장) 그리하여 압축은 대표성을 고려하고, 그 나머지는 생략하는 방법을 채택한다. 그렇기 때문에 압축되어 나타난 혼합물은 거기에 참여한 요소들과는 전혀 다른 형태를 띠게 될 뿐만 아니라, 그 요소들이 여러 겹으로 교차됨으로 말미암아 다원적이고 다의적이 된다.

반면에 "꿈-내용에서 본질적으로 보이던 요소가 꿈-사고에서는 아주 미미한 역할을 하거나, 역으로 꿈-사고에서는 확연히 본질적이던 것이 꿈-내용에 전혀 나타나지 않는 경우가 있다. 말하자면 꿈-내용은 꿈-사고와 다른 중심점을 갖고 있다. 즉 그것은 꿈-사고와 다른 요소들 주위에 배열되어 있다."(『꿈의 해석』 6장) 이러한 꿈의 작업을 프로이트는 이동이라고 부른다. 이것은 자아가 받아들이기 힘든 요소를, 꿈이 받아들일 수 있는 요소로 대체할 때 생기는 현상이다. 그렇기 때문에 이동의 기능은 자기 방어적이다. 다시 말해 그것은 꿈꾸는 사람의 자아를 보호해주기 위한 것이다.

형상화에 대한 고려는 특수한 종류의 이동으로서, "꿈-사고의 추상적이고 무미건조한 표현이 꿈-내용에서 구상적이고 구체적인 표현에 자리를 내주는 것"(『꿈의 해석』 6장)을 말한다. 그것은 꿈의 영상적인 특성과 깊은 관련이 있다. 즉 꿈은 감각적인 이미지-특히 시각적인 이미지와 청각적 이미지-를 매개로 해서 영화처럼 전개된다는 본질적인 속성을 갖고 있기 때문에, 모든 꿈의 재료는 이미지로 전환됨으로써 꿈-내용에 진입할 수 있다. 그러한 까닭에 추상적인 개념이나 논설은 꿈속에서 반드시 구체적인 이미지로 바뀌게 마련이다. 우리가 보통 비둘기와 천칭을 평화와 정의의 상징으로 사용하는 것도 형상화에 대한 배려 때문이다.

마지막으로 '이차적 가공'은 다른 메커니즘에 의해 만들어진 꿈-내용을 최종적으로 손질하는 작업을 일컫는다. 그것은 "꿈의 표면적인 불합리나 부조화를 제거하고 꿈의 구멍을 메우기 위하여, 앞서 작업된 꿈-내용을 선별하고 첨가함으로써 꿈의 요소들을 전체적으로 또는 부분적으로 재조정하는 것"(『꿈의 해석』 6장)이다. 이러한 이차적 가공은 다른 꿈의 작업과 동시에 진행되기 때문에 잘 드러나지 않는다. 그것이 가장 잘 드러나는 때는, 꿈을 꾸면서 '이것은 꿈이다'라는 의식이 꿈속에 직접 나타나는 경우이다. 대개 그러한 깨어있는 의식이 이차적인 가공을 주관하기 때문이다.

이제 『꿈의 해석』에 나오는 구체적인 예를 들어가며 꿈을 해석해보자.

어느 날 동료 하나가 연구 논문을 하나 보내왔다. 그것은 나의 견해로, 최근의 어떤 생리학적인 발견을 과대평가하면서 아주 과장된 언사로 이야기하고 있었다. 그 다음날 밤, 나는 분명히 그 논문과 관계가 있는 듯한 문장을 꿈꾸었다. "그것은 대단히 노레크달(Norekdal)한 문체다." 처음에는 내가 어떻게 이 단어를 만들었는지 이해하기 아주 힘들었다. 분명한 것은 그것이 '굉장한'(kolossal)이나 '엄청난'(pyramidal)과 같은 최상을 나타내는 형용사의 흉내라는 것이었다. 그러나 나는 그것이 어디서 유래했는지 몰랐다. 그러다가 마침내 나는 그 괴물 같은 말에서, 입센(Ibsen)의 알려진 두 희곡에 나오는 노라(Nora)에 에크달(Ekdal)이라는 이름을 찾아내기에 이르렀다. 사실 나는 얼마 전에, 내 꿈속에서 비판하고 있는 그 동료가 쓴 입센에 대한 평론을 신문에서 읽은 적이 있었다.

이 간단한 꿈에서도 우리는 이동과 압축을 쉽게 찾을 수 있다.* 먼저 프로이트의 동료가 쓴 연구 논문에 대한 비판이 그 동료의 입센에 대한 평론으로 이동하고 있다. 그리고 그것은 다시 입센의 두 희곡-『인형의 집』과 『야생 오리』-으로 이동하고, 마지막에는 그 희곡의 주인공들이 꿈의 요소로 선택되고 있다. 이러한 과정에서 애초의 비판적인 의도는 무대 뒤로 숨어버려, 우리가 꿈에 나타난 요소만으로 그 의도를 짐작하기는 어렵다. 그만큼 그것은 최초의 의도로부터 멀리 이동하고 있다. 그것은 동료를 비난하고 싶은 속마음과 비난해서는 안 된다는 의식이 서로 충돌한 결과이다. 즉 내적 욕망을 의식적 자아가 '억압'한 나머지, 그 욕망이 직접적으로 분출하지 못하고 다른 곳으로 비집고 나온 것이다. 이것을 프로이트는 꿈의 '왜곡'이라고 말한다. 꿈은 이렇게 무의식적인 욕망을 왜곡된 형태로 실현시킨다.('욕망의 실현') 그것은

'노레크달' 이라는 합성 언어에서 아주 선명하게 나타나고 있다. 즉 꿈꾸는 사람은 처음에 '아주 과장된' (kolossal, pyramidal) 문체라는 직접적인 표현을 쓰고 싶었을 것이다. 그러나 그것을 감히 표현하지 못하고(그 표현을 억압하고), 이동을 통해 도달한 '노라' 와 '에크달' 로 그 형용사와 비슷한(어미를 공유하는) 말을 만듦으로써, 자신의 욕망을 은밀하게 실현시키고 있는 것이다.

* 사실 형상화가 이루어지지 않았거나 이차적 가공이 선명하게 드러나지 않는 경우는 있어도, 이동과 압축이 일어나지 않는 꿈은 없다. 만약 이동과 압축 작업이 없는 해석이 있다면, 그것은 십중팔구 제대로 된 해석이 아니다. 대개 그러한 경우는 꿈-사고를 끝까지 추적하지 않았거나, 꿈-사고 중에서 부끄러운 부분을 숨긴 경우이다.

(koloss)al
(pyramid)al
\+ Nor(a)+Ekdal
―――――――
norekdal

이렇게 꿈은 적어도 자기의 숨겨진 욕망의 실체를 보여준다. 프로이트의 압축된 표현에 따르면, 그것은 '욕망의 실현' 이다. 따라서 꿈을 해석하면, 자기 자신을 알 수 있다. 꿈의 해석은 전문적인 분석가가 되기 위한 수련 과정이기 이전에, 모든 사람이 자기를 인식할 수 있는 지름길이다. 그리하여 소크라테스는 '너 자신을 알라' 라고 말했지만, 우리는 '너 자신을 알기 위해 꿈을 먼저 분석하라' 고 감히 말하고 싶다.

프로이트 연보

이 연보는 프로이트의 생애와 참고문헌, 그리고 사고의 전개 과정에 있어서 중요한 사건과 그에 따른 이론의 전환을 종합하여 작성한 것이다.

1856년 5월 6일 체코(당시는 오스트리아)의 모라비아에 있는 작은 마을인 프라이베르크에서, 모직물 상인인 아버지 야곱(Jacob)과 어머니 아말리에(Amalie) 사이에 맏아들로 태어남. 태어날 때의 이름은 지기스문트 프로이트(Sigismund Freud)였으나, 22세 때 지그문트(Sigmund)로 개명함. 부모는 모두 유태인으로, 프로이트가 태어날 때 이미 이복형인 엠마누엘(Emmanuel)과 필리페(Philippe)가 있었음. 특히 엠마누엘에게는 욘(John)이라는 아들이 있었는데, 그는 삼촌인 지그문트보다 한 살 위로, 어렸을 적 지그문트의 가장 친한 소꿉친구였음.

1856년 라이프치히로 이사함. 이사하는 도중, 기차 안에서 본 가스등의 불빛이 사람의 영혼을 연상시켜 공포증을 일으킴. 이 신경증은 나중에 자기분석을 통하여 치료될 때까지 계속됨.

1860년 아버지의 사업이 공황으로 인해 파산하자 빈으로 이주함.

1865년 김나지움(중등학교)에 일 년 일찍 입학함.

1870년 루트비히 뵈르네(Ludwig Börne)의 전집을 얻어 탐독함. 이 작품들은 프로이트에게 지대한 영향을 미침.

1872년 고향인 프라이베르크를 휴가차 방문함. 이 여행은 〈덮개-기억에 대하여〉라는 논문에서 자기분석의 중요한 자료가 됨.

1873년 고등학교 졸업시험에서 우등상을 받음. 독일어 문체에 대한 찬사를 받음. 졸업 당시 이미 수개 국어로 많은 책을 읽은 상태임. 오래 전부터 다윈의 진화론에 심취해 있었으나, 괴테의 〈자연에 대하여〉라는 논문에 대한 강연을 듣고 의학을 전공하기로 결심함. 빈 대학 의학부로 진학.

1874년 대학에서 반유태주의적인 편견을 발견하고, 깊은 소외감을 느낌. 철학자 브렌타노(Brentano)의 강의를 열심히 들음.

1876년 뱀장어의 생식선에 대한 연구를 시작으로 연구자의 길에 들어섬. 브뤼케(Brücke)의 실험실에 들어감.

1877년 칠성장어 유충의 중추신경계에 대한 해부학적인 연구 결과를 발표.

1878년 브뤼케 실험실에서의 연구를 통해, 뉴런(1891년에 발다이어(Waldeyer)에 의해 명명됨)의 발견에 접근함. 정신분석이라는 새로운 방법을 여는 데 결정적인 기여를 할 뿐 아니라 프로이트를 물심양면으로 도와준, 프로이트보다 14살 위인 브로이어(Breuer)과 친교를 맺음.

1879년 마이네르트(Meynert)의 정신병리학 강의를 듣지만 별 흥미를 느끼지 못함. 오직 신경학적인 측면에서만 관심을 가짐.

1880년 브로이어가 '안나 O'로 알려진 베르타 파펜하임(Bertha Pappenheim)의 치료를 시작함. 거기서 브로이어는 '정화 요법'(cathartic cure)을 개발함. 나중에 프로이트의 '정신분석'의 기초가 된 '대화요법'(talking cure)이라는 명칭이 안나 O의 입으로부터 나옴. 존 스튜어트 밀(J. S. Mill)의 논문을 번역함.(〈노동 문제에 대하여〉, 〈여성해방론〉, 〈사회주의〉, 〈플라톤〉) 의료직을 피하고 연구나 교육에 종사할 생각을 함.

1881년 3년 늦게 의학부 졸업시험에서 '우수'라는 성적으로 통과함.

1882년 4월 유태계 지식인의 딸인 마르타 베르나이스(Martha Bernays)와 만나 6월에 약혼함. 경제적인 사정으로 결혼까지는 4년 3개월이 걸림. 그 사이에 900통 이상의 편지를 약혼자에게 보냄. 물질적인 이유로 연구 생활을 그만두고, 친구와 스승의 권유에 따라 빈 종합병원에 근무하기 시작함. 11월, 브로이어가 6월에 중단한 '안나 O'의 사례를 프로이트에게 처음 이야기함. 프로이트는 놀라움과 흥미를 느끼면서도 거기에 현혹되지 않음.

1883년 정신과 의사인 마이네르트의 조수로 들어감. 2급 의사가 됨. 10월에 피부과로 옮기고 이비인후과의 특별 코스에 참석하지만, 의학 전반에 싫증을 느낌. 그는 신경학에만 능통함. 마이네르트의 '정신착란'(amentia)이라는 개념에서 욕망의 역할을 어렴풋이 느낌. 그러나 거기에 몰두하지는 않음.

1884년 1월 신경과로 옮기고 7월에 수석 의사가 됨. 코카인에 대한 연구를 맡아, 그것의 진통 효과를 발견함, 그것의 마취 효과를 짐작했으면서도 무시해버림. 그 사이에 칼 콜러(Carl Koller)가 그것의 마취 효과를 연구하여 큰 성공을 거둠. 프로이트는 경솔하게 코카인을 자신에게 사용함. 그에게는 코카인에 대한 중독 성향이 없었기 때문에, 그것의 위험을 전혀 의심하지 않음. 그래서 그는 주위 사람들에게 코카인을 의심없이 사용함. 특히 모르핀에 중독되어 있던 친구 플라이쉴(Fleischl)을 코카인으로 고치려고 하다, 그의 상태를 악화시키고 그를 코카인 중독자로 만듦. (이것은 프로이트에게 양심의 가책을 느끼게 함. 꿈에서도 그를 괴롭힘) 의료계로부터 비난을 받음, 신경 질환에 '전기요법'을 시도하고, 에르프(W. Erb)의 방법을 적용함. 그와 같은 시기에 신경의 단면도를 착색하는 방법을 개발하여 논문으로 발표함. 그는 어떠한 발견을 해서라도 유명해지고 싶어 했음. 그 뒤 〈코카인에 대하여〉라는 논문을 발표함.

1885년 4월 자신의 모든 논문을 파기하고, 상황을 호전시키기 위하여 이민갈 생각을 잠시 함. 그 해 가을 브뤼케 교수의 추천으로 장학금을 받아 파리로 유학감. 당시 정신병리학의 성지라고 일컬어졌던 파리의 살페트리에르(Salpêtriére) 정신병원으로 들어가 샤르코(Charcot)에게 사사를 받음. 거기서 그는 히스테리와, 최면과 암시의 효과에 대한 샤르코의 연구에 깊은 감명을 받음. 샤르코의 강연에 대한 번역을 자원하여 그의 승낙을 받아냄.

1886년 파리를 떠나 빈으로 돌아오는 길에 베를린에 들림. 거기서 소아과를 전공하면서 아동정신병리학에 흥미를 느낌. 빈으로 돌아온 뒤, '아동질병연구소' 에 머물면서, 히스테리에 대한 강연을 통해 샤르코에게 본 것들을 보고하지만 반응은 냉담함. 4월 부활절에 개인 병원을 엶. 9월 13일 마르타와 결혼. 샤르코의 『신경 체계의 질환에 대한 강의』를 번역 출간함.

1887년 전기요법을 포기하지 않은 채, 최면을 사용하기 시작함. 10월 장녀 마틸데(Mathilde)가 태어남.(프로이트의 꿈의 소재로 많이 등장함) 유태계 이비인후과 의사인 플리스(Fliess)와의 교제가 시작됨. 11월에 보낸 첫 편지를 시작으로, 많은 편지를 보냄.(이 편지들은 나중에 책-『정신분석의 탄생』(1950)-으로 출판됨) 플리스에게 보낸 편지는 프로이트에게 자기분석(auto-analysis)의 장이 되었을 뿐 아니라, 바로 그러한 사실로 해서, 거기에는 그 이후에 발전될 정신분석이론의 싹이 들어 있음.

1888년 베르넴(Bernheim)의 『암시와 그것의 적용에 대하여』라는 책을 번역 출판함. 5월 브로이어에게서 영감을 받은 방법을 에미 폰 N 부인(Emmy von N.)에게 처음으로 적용함.(『히스테리 연구』에 수록되어 있음)

1889년 최면 치료를 완성시키려고 프랑스의 낭시(Nancy)로 가서, 몇 주간 베르넴과 리에보(Liébault)와 함께 일함. 도라(Dora)라는 소녀를 치료하는 중에, 꿈을 분석하는 것이 마음의 비밀을 푸는 열쇠가 될 수 있음을 깨달음. 12월 맏아들이 태어나자, 샤르코의 이름을 따서 얀-마르틴(Jean-Martin)이라 지음.

1891년 최초의 저술인 『실어증의 개념에 대한 고찰』이 출판됨. 차남 올리비에(Olivier) 탄생.(크롬웰의 이름인 올리버에서 따옴)

1892년 최면 치료에 대한 논문(〈최면 치료의 성공 사례〉) 발표. 브로이어가 프로이트와 공동 연구를 약속함. 엘리자벳 폰 R(Elisabeth von R)이라는 여자 환자의 충고로 '자유연상법'을 사용하기로 결정함. 베르넴의 두 번째 책을 번역 출간함. 3남 에른스트(Ernst) 출생.(브뤼케의 이름을 따서 지음)

1893년 8월 16일에 사망한 샤르코를 위한 기념 논문 〈운동신경의 마비와 히스테리성 마비의 비교 연구를 위한 몇몇 고찰〉을 불어로 발표함. '유혹 외상' 이론을 공식화함.(4년 후 이 이론은 포기됨) 브로이어와 공동으로 〈히스테리 현상의 메커니즘에 대하여〉를 강연함(『히스테리 연구』에 수록되어 있음). 차녀 조피(Sophie) 출생.

1894년 브로이어와의 공동 연구를 끝냄. 그러나 '안나 O'의 사례에 대한 해석의 차이로 사이가 나빠지기 시작함. 신경증과 정신병에 관한 〈방어 정신 신경증〉이라는 논문을 발표. 샤르코의 책을 새로 번역함(『화요 강의』).

1895년 〈강박증과 공포증〉 및 불안 신경증에 관한 논문 〈불안 신경증이라는 복합 증상을 신경쇠약으로부터 분리해야 하는 근거에 대하여〉를 발표함. 『히스테리 연구』 출판. 7월, 프랑스 벨뷔(Bellevue)에서 '이르마의 주사'의 꿈을 분석함. (『꿈의 해석』에 실려 있음) 12월 나중에 아동정신분석의 대가가 되는 셋째 딸 안나(Anna) 출생.

1896년 〈유전과 신경증의 병인〉이라는 불어 논문에서 처음으로 '정신분석'(psycho-analyse)이라는 용어를 사용하기 시작함. 브로이어에 대한 부정적인 감정이 드디어 폭발함. 빈에서 〈히스테리의 병인〉에 대한 강연을 하였으나 청중들의 빈축을 삼.(히스테리의 원인을 성욕에 두었기 때문임) 그러나 프로이트는 이때부터 성욕을 신경증의 중요한 원인으로 확신함. 10월 아버지 야콥 프로이트 사망.

1897년 5월 오이디푸스적인 꿈을 꾸면서 정신분석 이론에 중요한 전기가 마련됨.(그러나 프로이트는 이것을 '외상' 이론에 연결시킴) 이때부터 자기분석에 착수함. 이탈리아로 여행을 했지만, 한니발(Hannibal)에 대한 기억 때문에 움브리아(Umbria) 지방의 페루기아(Perugia)를 넘어가지 않고, 근방의 트라지메노(Trasimano) 호수에 머묾.(트라지메누스 호수는 한니발이 로마군에 큰 승리를 거둔 장소임) 프로이트는 한니발의 행적을 따라가며 그와 동일시할 만큼, 한니발을 어렸을 적부터 샘족의 영웅으로 숭앙해왔음. 프로이트의 어린 시절부터의 꿈은 유명한 교수와 학자가 되어, 한니발이 하지 못한 로마 정복을 이루는 것이었음.

1898년 〈신경증의 병인으로서의 성욕〉을 발표하면서, 처음으로 유아 성욕에 대해 언급. 『일상생활의 정신병리학』을 준비하고, 『농담과 무의식의 관계』에 쓸 예들을 수집함. 〈망각의 메커니즘〉을 발표. 7장을 제외한 『꿈의 해석』 완성.

1899년 요셉 포퍼-린코이스(Joseph Popper-Lynkeus)가 『사실주의자의 환상』을 출간함. 프로이트는 그것을 읽고 강한 인상을 받음. 〈덮개-기억에 대하여〉 발표. 『꿈의 해석』이 1900년으로 인쇄되어 출판됨.

1900년 『꿈의 해석』이 학계로부터 묵살되고, 〈꿈에 대하여〉라는 제목으로 대학에서 강연을 하였으나 청중은 단 세 명이었음. 10월 14일 도라를 분석하기 시작함.

1901년 『꿈에 대하여』가 출판됨. 플리스와의 관계가 악화되기 시작함. 『일상생활의 정신병리학』을 잡지에 게재하기 시작하면서, 우발적인 행동의 의미를 밝힘.

1903년 첫 제자들(페데른(Federn), 슈테켈(stekel) 등)이 생김.

1904년 블로일러(Bleuler)와 편지 왕래를 시작함.

1905년 『성욕에 관한 세 편의 에세이』와 『농담과 무의식의 관계』를 출판하고, 〈도라의 히스테리 분석〉을 발표.

1906년 융(Jung)과 편지 왕래를 시작함.

1907년 2월 융이 방문함. 아브라함(Abraham)을 만남. 『옌젠의 '그라비다'에 나타난 망상과 꿈』 발간.

1908년 2월 페렌치(Ferenczi)가 방문함. 부활절을 맞이하여 프로이트를 중심으로 브로이어, 융과 같은 유럽의 정신분석가들이 잘츠부르크에 모여 '국제정신분석회의'를 열고, 기관지(『정신분석 및 정신병리학 연구 연보』)를 발간하기로 결정함.

1909년 빈 대학 의학부 신경생리학 전임이 됨. 〈다섯 살배기 꼬마 한스의 공포증 분석〉과 〈쥐인간-강박신경증에 관하여〉를 발표함. 9월 미국의 심리학자인 스탠리 홀(Stanley Hall) 총장(메사추세츠 워체스터의 클라크 대학교)의 초청을 받고, 융과 페렌치와 함께 미국을 여행함. 거기서 프로이트는 다섯 차례에 걸쳐 『정신분석에 대하여』를 강연함.

1910년 누렘베르크(Nuremberg)에서 ‘국제정신분석학회’가 정식으로 발족되고, 초대 의장으로 융이 피선됨. 『정신분석에 대하여』와 『레오나르도 다빈치의 유년의 기억』이 출판됨.

1911년 아들러(Adler)가 탈퇴함. 바이마르(Weimar)와 부다페스트(Budapest) 학회에 참석함. 슈레버(Schreber) 법원장에 대한 〈편집증 환자 슈레버-자서전적 기록에 의한 정신분석〉이라는 논문을 발표함. 1910년과 1912년 사이에 정신분석 치료 방법에 관한 여러 편의 논문을 발표함.

1912년 정신분석을 다른 인문사회과학에 응용하는 것을 목적으로 『이마고』라는 잡지를 창간하고, 거기에 「토템과 터부」를 연재함.

1913년 융과 결별함. 국제정신분석학회에서 계속 이탈자가 생기자, 정신분석의 장래를 위해 프로이트를 지키고자 하는 위원회가 발족됨.(뮌헨 학회) 페렌치, 아브라함, 존즈(Jones), 작스(Sachs), 랑크(Rank) 등이 그 멤버임. 『토템과 터부』가 출판됨.

1914년 제1차 세계대전으로 드레스덴 학회가 취소됨. 융이 탈퇴함. 〈미켈란젤로의 모세 상〉과 〈정신분석 운동의 역사〉가 발표됨.

1915년 릴케가 방문함. 빈 대학에서 『정신분석 입문』을 강의하기 시작함. 메타심리학(metapsychology)에 대한 수 편의 논문을 집필함.

1917년 『정신분석 입문』 출판. 〈애도와 우울증〉을 발표함.

1918년 〈늑대인간-유아기 신경증에 관하여〉를 발표함.

1919년 『쾌락의 원칙을 넘어서』(‘반복강박’, ‘삶의 욕동’과 ‘죽음의 욕동’ 등의 개념을 처음으로 소개함)와 〈매 맞는 아이〉 등을 발표.

1920년 1월 차녀 조피 사망으로 정신적인 충격을 받음.

1921년 『집단 심리학과 자아 분석』(‘자아’에 대한 체계적이고 본격적인 연구서)을 출판함. 헤이그 학회가 열림.

1922년 4월 턱 암 진단을 받음.(그 해 10월과 11월에 걸쳐 두 차례의 수술을 받은 이후, 죽을 때까지 33번의 수술을 받음) 베를린 학회가 열림.
6월 셋째 딸 안나가 정신분석학회 회원이 됨.

1923년 프랑스 작가인 로맹 롤랑(Romain Roland)과 편지 교신을 시작함.『자아와 그거(the Moi and the Id)』*의 출간과 함께 종전의 이론(의식-전의식-무의식)을 크게 수정하여, 심리의 구조와 기능을 ‘자아-초자아-그거’로 나누어 설명하고, ‘자아 이상’이라는 개념을 제창함.

1924년 잘츠부르크 학회. 로맹 롤랑이 독일의 작가 츠바이크(Arnold Zweig)와 함께 방문함. 빈에서 《프로이트 전집》이 처음으로 발행됨.

1925년 함부르크에서 정신분석학회가 열렸으나, 암 수술로 인해 참석하지 못하고 셋째 딸 안나가 아버지의 원고를 대독함. 「나의 이력서」와 「부정」 등을 출간함. 12월 아브라함 사망.

1926년 70회 생일을 맞아 아인슈타인, 로맹 롤랑으로부터 축전을 받음. 츠바이크는 축하의 글을 신문에 발표함. 정신분석의 실제 활동에서 은퇴한다는 성명 발표. 『억제, 증상 그리고 불안』의 출판과 함께 ‘불안’에 대한 관점을 수정함.

1927년 「환상의 미래」(종교에 대한 논쟁을 담은 책으로, 프로이트가 말년에 전념한 사회학적인 문제에 대한 첫 번째 저서)를 출판함.

1929년 옥스퍼드에서 학회가 열림. 토마스 만이 〈근대 정신사에 있어서 프로이트의 지위〉에서 프로이트 학설의 정신사적 의의를 높이 평가함.『문명 속의 불만』('죽음의 충동' 에 대한 첫 번째 연구서)출판.

1930년 괴테상을 받음.(안나 프로이트가 프랑크푸르트의 수상식에 대신 참석하여 프로이트의 연설문을 낭독함) 9월 어머니가 95세로 사망함. 불리트(Bullitt)와 공동으로,『윌슨 대통령(Thomas Woodrow Wilson)』에 대한 정신분석적인 연구를 집필하기 시작함.

1932년 토마스 만의 방문.『새로운 정신분석 강의』출판.

1933년 5월 히틀러 정권의 수립과 함께 프로이트의 저서들이 불태워지고, 금서 처분을 받음.

1936년 80회 생일을 앞두고 토마스 만이 〈프로이트와 미래〉라는 제목의 축하 강연을 함. 영국 왕립 학술원의 객원으로 추천됨. 프로이트는 〈토마스 만의 회갑을 축하하며〉라는 글을 발표함.

1937년 〈끝이 있는 분석과 끝이 없는 분석〉 발표.

1938년 히틀러의 오스트리아 침공과 때를 같이 하여, 영국 런던으로 이주함. 루즈벨트 대통령과 무솔리니가 노벨상 후보로 추천하려고 했으나 본인이 사양함. 〈정신분석의 개요〉를 집필하기 시작함.(미완성으로 끝난 이 논문은 정신분석에 대한 결정판이라 할 수 있음)

1939년 9월 23일 런던에서 사망함.『모세와 일신교』가 프로이트 생존시 마지막 책으로 출판됨.

1940년 『정신분석의 개요』와 〈방어 과정에서의 자아의 분열〉 출판.

1950년 『정신분석의 탄생』(플리스에게 보낸 편지)이 출판됨.

1951년 부인 마르타 프로이트 사망.(프로이트가 그녀에게 보낸 편지는 모두 그녀가 보관하고 있었으나, 그 중 극히 일부분만 출판됨)

1954년 쥐인간에 대한 분석의 『원본 노트』가 출판됨.

1967년 『윌슨 대통령』이 출판됨.(불리트와 프로이트의 공저)

* '그거(Es. Id. ca)'는 지금까지 보통 '이드'로 번역되던 것으로, 역자가 새로 번역한 것이다. 독어의 '에스(Es)를 굳이 우리말로 '그거'로 번역한 것은, 첫째 글자 그대로 '에스(Es)'는 사물을 지칭하는 3인칭 단수 대명사('그것'이라는 뜻)가 명사로 쓰인 것이고, 둘째 '에스(Es)'는 성적인 것을 포함한 알 수 없는 비인칭적이고 무의식적인 것이기 때문이다.

계명교양총서 26

꿈과 정신분석

1999년 2월 15일 초판 1쇄 발행 〈값 8,000원〉
2010년 3월 1일 초판 4쇄 발행

저 자 | S.Rreud
역주자 | 임 진 수
발행인 | 신 일 희
발행처 | 계명대학교출판부
등록 | 1970년 9월 1일 대구 제4-28호
704-701 대구광역시 달서구 신당동 1000번지
전화 580-6232~33 팩스 583-5213

ISBN 89-7585-161-303180

※ 잘못된 책은 바꾸어 드립니다.